O NOVO DIREITO DO SANEAMENTO BÁSICO

Estudos sobre o novo marco legal
do saneamento básico no Brasil
(de acordo com a Lei nº 14.026/2020
e respectiva regulamentação)

FERNANDO VERNALHA GUIMARÃES
Coordenador

O NOVO DIREITO DO SANEAMENTO BÁSICO

Estudos sobre o novo marco legal do saneamento básico no Brasil (de acordo com a Lei nº 14.026/2020 e respectiva regulamentação)

Belo Horizonte

2022

© 2022 Editora Fórum Ltda.

É proibida a reprodução total ou parcial desta obra, por qualquer meio eletrônico, inclusive por processos xerográficos, sem autorização expressa do Editor.

Conselho Editorial

Adilson Abreu Dallari
Alécia Paolucci Nogueira Bicalho
Alexandre Coutinho Pagliarini
André Ramos Tavares
Carlos Ayres Britto
Carlos Mário da Silva Velloso
Cármen Lúcia Antunes Rocha
Cesar Augusto Guimarães Pereira
Clovis Beznos
Cristiana Fortini
Dinorá Adelaide Musetti Grotti
Diogo de Figueiredo Moreira Neto (*in memoriam*)
Egon Bockmann Moreira
Emerson Gabardo
Fabrício Motta
Fernando Rossi
Flávio Henrique Unes Pereira

Floriano de Azevedo Marques Neto
Gustavo Justino de Oliveira
Inês Virgínia Prado Soares
Jorge Ulisses Jacoby Fernandes
Juarez Freitas
Luciano Ferraz
Lúcio Delfino
Marcia Carla Pereira Ribeiro
Márcio Cammarosano
Marcos Ehrhardt Jr.
Maria Sylvia Zanella Di Pietro
Ney José de Freitas
Oswaldo Othon de Pontes Saraiva Filho
Paulo Modesto
Romeu Felipe Bacellar Filho
Sérgio Guerra
Walber de Moura Agra

FÓRUM
CONHECIMENTO JURÍDICO

Luís Cláudio Rodrigues Ferreira
Presidente e Editor

Coordenação editorial: Leonardo Eustáquio Siqueira Araújo
Aline Sobreira de Oliveira

Av. Afonso Pena, 2770 – 15º andar – Savassi – CEP 30130-012
Belo Horizonte – Minas Gerais – Tel.: (31) 2121.4900 / 2121.4949
www.editoraforum.com.br – editoraforum@editoraforum.com.br

Técnica. Empenho. Zelo. Esses foram alguns dos cuidados aplicados na edição desta obra. No entanto, podem ocorrer erros de impressão, digitação ou mesmo restar alguma dúvida conceitual. Caso se constate algo assim, solicitamos a gentileza de nos comunicar através do *e-mail* editorial@editoraforum.com.br para que possamos esclarecer, no que couber. A sua contribuição é muito importante para mantermos a excelência editorial. A Editora Fórum agradece a sua contribuição.

Dados Internacionais de Catalogação na Publicação (CIP) de acordo com a AACR2

N945	O novo direito do saneamento básico: estudos sobre o novo marco legal do saneamento básico no Brasil (de acordo com a Lei nº 14.026/2020 e respectiva regulamentação) / coordenado por Fernando Vernalha Guimarães. - Belo Horizonte: Fórum, 2022. 303 p. ; 14,5cm x 21,5cm. Inclui bibliografia. ISBN: 978-65-5518-299-6 1. Direito. 2. Direito Administrativo. 3. Saneamento Básico. 4. Direito Constitucional. 5. Direito Econômico. I. Título.
2021-4230	CDD: 341.3 CDU: 342.9

Elaborado por Vagner Rodolfo da Silva – CRB-8/9410

Informação bibliográfica deste livro, conforme a NBR 6023:2018 da Associação Brasileira de Normas Técnicas (ABNT):

GUIMARÃES, Fernando Vernalha (Coord.). *O novo direito do saneamento básico*: estudos sobre o novo marco legal do saneamento básico no Brasil (de acordo com a Lei nº 14.026/2020 e respectiva regulamentação). Belo Horizonte: Fórum, 2022. 303 p. ISBN 978-65-5518-299-6.

SUMÁRIO

APRESENTAÇÃO
Fernando Vernalha Guimarães.. 13

PARTE I
FUNDAMENTOS E ASPECTOS INTRODUTÓRIOS DO NOVO SERVIÇO DE SANEAMENTO BÁSICO

PRINCÍPIOS DO DIREITO DO SANEAMENTO
Sergio Ferraz 19

CONSIDERAÇÕES INICIAIS SOBRE A LEI Nº 14.026/2020 – NOVO MARCO REGULATÓRIO DO SANEAMENTO BÁSICO
Alexandre Santos de Aragão, Rafael Daudt D'Oliveira 27
1   Introdução.. 27
2   Aspectos de concorrência, desestatização e privatização 28
3   Aspectos regulatórios... 31
3.1   A ANA passa a regular o saneamento básico mediante a edição de normas de referência 31
3.2   Regulação dos serviços de saneamento por agências reguladoras estaduais e municipais.. 34
3.3   Regulação por contrato, cláusulas obrigatórias e os meios alternativos de resolução de conflitos... 35
4   Titularidade do saneamento básico, integração metropolitana e ADI nº 1.842-RJ.. 37
5   A regionalização dos serviços de saneamento básico 39
6   A regulação por performance e as metas de desempenho e de universalização.. 43
7   Os planos de saneamento básico.. 47
8   Licenciamento ambiental.. 49
9   Conclusão... 50

LIXO URBANO. EVOLUÇÃO NO TRATAMENTO DO PROBLEMA
Adilson Abreu Dallari.. 51
I   Introdução.. 51

II	A Constituição Federal de 1988	52
III	A Lei nº 11.445 de 5.1.2007 – Saneamento básico	53
IV	A Lei nº 12.305 de 2.8.2010 – Resíduos sólidos	56
V	A Lei nº 14.026 de 15.7.2020 – Novo marco legal	59
VI	Conclusões	60

PARTE II
TITULARIDADE E REGIONALIZAÇÃO

NAS REGIÕES METROPOLITANAS E AFINS A TITULARIDADE DO SERVIÇO DE SANEAMENTO BÁSICO É DO ESTADO

Vera Monteiro		65
	Introdução	65
1	O que diz a Constituição sobre a titularidade no setor de saneamento básico?	67
2	Como o debate constitucional sobre a titularidade foi decidido no STF?	68
3	Como a reforma legislativa setorial dos anos 2020 definiu a titularidade nas regiões metropolitanas e afins?	71
4	Qual o papel do Estatuto da Metrópole na prestação regionalizada?	75
5	Companhia estatal estadual pode ser contratada diretamente, sem licitação, pelos municípios metropolitanos para a prestação de serviço de saneamento?	77

SANEAMENTO BÁSICO: TITULARIDADE, REGULAÇÃO E DESCENTRALIZAÇÃO

André Luiz Freire		81
1	Introdução	81
2	O que significa ser o "titular" do serviço de saneamento básico?	82
2.1	Um aumento da complexidade...	83
2.2	A titularidade original das competências referentes aos serviços de saneamento básico	84
2.3	O conteúdo das competências administrativas no saneamento básico	85
2.3.1	Competências administrativas de organização	86
2.3.1.1	Planejamento	86
2.3.1.2	Regulação	87
2.3.2	Competências administrativas de prestação	89
2.4	As formas de descentralização administrativa	90

3	A descentralização técnica da titularidade de competências administrativas	91
3.1	A distinção em relação à titularidade de interesses públicos	92
3.2	A descentralização técnica para autarquias municipais no saneamento básico	93
3.3	A descentralização técnica para associações públicas (consórcio público) no saneamento básico	94
3.4	A descentralização técnica para entes regionais estaduais	95
3.4.1	O ente regional possui personalidade jurídica?	97
3.4.2	O ente regional é estadual ou interfederativo?	99
3.4.3	É possível uma dupla descentralização técnica?	100
3.5	As novas figuras da Lei nº 14.026/2020: unidade regional e bloco de referência	101
3.6	A possibilidade de descentralização de qualquer competência administrativa de saneamento básico	102
4	A descentralização por colaboração em saneamento básico	103
4.1	Os convênios para delegação de competências de organização a autarquias estaduais	104
4.2	Os polêmicos contratos de programa	105
4.3	Os contratos de concessão e subconcessão	110
4.4	As formas de descentralização por colaboração	114
5	O novo papel da Agência Nacional de Águas e Saneamento Básico	115
6	Um resumo...	118
	Referências	118

PARTE III
REGULAÇÃO E CONTROLE

NORMAS DE REFERÊNCIA DA ANA (AGÊNCIA NACIONAL DE ÁGUAS E SANEAMENTO BÁSICO) E CONFLITOS REGULATÓRIOS

Cesar Pereira	123
Introdução	123
Normas de referência nacionais	124
Fundamento constitucional	125
Objeto das normas de referência da ANA	126
Procedimento participativo	127
Mecanismos de efetivação	127
Inexistência de delegação de função legislativa	129
Normas gerais (caráter obrigatório)	131

Legitimidade da utilização do *spending power* como sanção premial 133

Procedimentos da ANA para efetivação das normas de referência 140

Incentivo ao cumprimento espontâneo pelo regulador local 140

Outros instrumentos para a uniformidade regulatória 141

Conclusão.. 141

Referências 142

NOVA REGULAÇÃO DO SANEAMENTO BÁSICO: DA REGULAÇÃO LOCAL ÀS NORMAS DE REFERÊNCIA

Bernardo Strobel Guimarães 145

1	O novo marco legal e suas premissas	145
2	A Lei nº 11.445/2007 e a aposta na regulação local	147
3	Normas estruturantes da regulação no novo marco legal	150
4	Problemas de competência legislativa no setor de saneamento	153
5	Diretrizes para o desenvolvimento urbano, inclusive saneamento: a inteligência do art. 21, XX, da Constituição	155
6	Intensidade das diretrizes e vinculação finalística	158
7	As normas de referência em matéria regulatória como normas-diretrizes: a validade do modelo do novo marco legal	161
8	Natureza da vinculação das normas locais às normas de referência nacional	163
9	Conclusão	165

APONTAMENTOS SOBRE O DECRETO Nº 10.710/2021 E A COMPROVAÇÃO DA CAPACIDADE ECONÔMICO-FINANCEIRA DOS PRESTADORES DE SERVIÇO DE SANEAMENTO BÁSICO PARA VIABILIZAR A SUA UNIVERSALIZAÇÃO

Fernando Vernalha Guimarães.. 167

1	Introdução	167
2	Âmbito de aplicação do Decreto nº 10.710/2021 (norma do art. 1º, §1º)	169
3	A invalidade da restrição à extensão de prazo dos contratos vigentes para os fins da comprovação da capacidade econômico-financeira (art. 7º, §3º, I)	170
3.1	As consequências jurídicas da impossibilidade de incorporação das novas metas de universalização nos contratos vigentes	177
3.2	O direito dos prestadores a perceber indenização prévia e justa na hipótese do encerramento precoce dos contratos ante a impossibilidade de seu reequilíbrio econômico-financeiro	180

| 4 | A interpretação das normas do art. 2º, III, e do art. 7º, §4º do Decreto nº 10.710/2021 – Insubmissão de parcerias público-privadas à restrição da norma do *caput* do art. 11-A da Lei nº 11.445/2007 | 182 |

| 5 | A ilegalidade do prazo para a apresentação do requerimento de comprovação da capacidade econômico-financeira definido pelo art. 10 do Decreto nº 10.710 | 190 |

| 6 | Conclusões | 192 |

A EVOLUÇÃO DAS AGÊNCIAS E A SEGURANÇA JURÍDICA NAS DECISÕES REGULATÓRIAS

Daniela Sandoval, Thaís Rey Grandizoli 195

| 1 | Os avanços nas normas da ANA para aumentar a segurança jurídica | 199 |

| 2 | As próximas normas da ANA e a segurança jurídica | 201 |

| 2.1 | Períodos máximos para a duração dos processos | 202 |

| 2.2 | Preservação das previsões contratuais e das decisões anteriores | 203 |

| 2.3 | Regramento sobre a apropriação de eficiência na regulação por agência | 204 |

| 2.4 | Detalhamento de regras de governança | 206 |

| 3 | Conclusões | 208 |

CONDIÇÕES DE VALIDADE DOS CONTRATOS DE PRESTAÇÃO DE SERVIÇOS PÚBLICOS DE SANEAMENTO

Angélica Petian 209

| 1 | Introdução | 209 |

| 2 | Os contratos de prestação de serviços de saneamento e o plano da validade | 210 |

| 3 | Condições de validade dos contratos de prestação de serviços de saneamento | 211 |

| 3.1 | Cláusulas obrigatórias nos contratos de prestação de serviços de saneamento | 212 |

| 3.2 | Condições pré-contratuais de validade dos contratos de prestação de serviços de saneamento | 216 |

| 4 | Considerações finais | 219 |

OS TRIBUNAIS DE CONTAS E A UNIVERSALIZAÇÃO DO SANEAMENTO

Guilherme Jardim Jurksaitis, Rafael Hamze Issa 221

| 1 | Introdução | 221 |

2	A Nova Lei do Saneamento e a busca pela universalização	223
3	A importância dos tribunais de contas na Nova Lei de Saneamento	225
3.1	Os tribunais de contas no controle das licitações para a concessão de saneamento básico	225
3.2	O Painel do Saneamento do TCE-SP: os tribunais de contas engajados no monitoramento do saneamento básico e do cumprimento da meta de universalização	230
4	Conclusão	233
	Referências	233

PARTE IV
ESTUDOS DE CASOS

A PRIVATIZAÇÃO DE EMPRESAS ESTATAIS DE SANEAMENTO: BREVE ESTUDO DO "CASO CORSAN"

Gustavo Kaercher Loureiro, Egon Bockmann Moreira		237
	Introdução	237
	Parte I – O pano de fundo da privatização: novo marco do saneamento básico	238
I.1	A universalização como princípio do NMSB e as metas do art. 11-B	238
I.2	Manutenção do protagonismo dos municípios	240
I.3	A reconfiguração das competências estaduais e o não favorecimento do contrato de programa como modelo futuro	241
I.3.1	A reconfiguração das competências estaduais	241
I.3.2	Contratos de programa: vedados para o futuro, mas preservados como mecanismos de transição	242
	Parte II – A privatização de empresas estatais no NMSB	244
II.1	A privatização, em geral	244
II.2	A privatização de empresas estaduais de saneamento	246
II.3	A situação dos contratos de programa em caso de privatização; hipóteses de sua alteração e/ou de substituição por concessões	248
	Parte III – O papel dos municípios na privatização da Corsan	251
III.1	Quem faz o que no setor de saneamento?	251
III.2	A titularidade do serviço no saneamento – Aspectos gerais	252
III.3	As competências do município especificamente no âmbito da privatização das companhias estaduais	253
III.3.1	O objeto da manifestação dos municípios	254
III.3.2	A prévia comunicação aos municípios: hipóteses	254

III.3.3 Efeitos da não observância da exigência de consulta aos municípios 257

III.3.4 Novas metas e lei municipal 258

Parte IV – Privatização e licitação 259

Conclusões 261

ASPECTOS REGULATÓRIOS DO "LEILÃO DA CEDAE"
Rafael Véras de Freitas, Frederico Turolla 263

Introdução 263

1 Da regulação econômica do saneamento básico 266

2 Das eficiências do "Leilão da Cedae": *competition for the market.* 271

3 Da compatibilização da modelagem licitada com a prestação regionalizada de que trata a Lei nº 14.026/2020 274

4 Das eficiências econômicas do critério de julgamento do "maior valor da outorga" e dos "gatilhos de investimentos" 276

5 Do equilíbrio econômico-financeiro da modelagem 278

Conclusões 281

Referências 281

A CONTRATAÇÃO DIRETA DAS EMPRESAS ESTATAIS PARA A PRESTAÇÃO DE SERVIÇOS DE PRODUÇÃO DE ÁGUA – O CASO CEDAE
Fernando Vernalha Guimarães, Flávio Amaral Garcia 285

1 Nota introdutória 285

2 O fundamento legal da dispensa de licitação e seus contornos jurídicos 288

3 A interpretação do §2º do art. 10-A da Lei nº 11.445/2007 292

4 Breves conclusões 298

SOBRE OS AUTORES 301

APRESENTAÇÃO

É com satisfação que apresento ao leitor esta obra coletiva sobre o novo regime jurídico do saneamento básico no Brasil, escrita por grandes juristas e especialistas no tema. O livro surge da necessidade de debater os novos temas jurídicos do saneamento, trazidos com a Lei nº 14.026/2020 e as alterações que produziu no conteúdo da Lei Nacional do Saneamento (Lei nº 11.445/2007). São diversas inovações, que vão muito além de um mero *facelift* na disciplina legal do serviço, provocando mudanças estruturais no seu tratamento jurídico. Talvez se possa aludir ao advento de um novo modelo jurídico de prestação do serviço de saneamento, que impõe novas abordagens particularmente quanto à sua forma de contratação, âmbito territorial da prestação e modo de regulação. Em contextos assim, em que se experimentam mudanças substanciais no regime legal de certo instituto, pesa sobre os juristas, controladores e operadores da legislação a responsabilidade em decifrar o seu sentido e alcance, na direção da formação de consensos interpretativos sobre as suas regras, princípios e diretrizes. A presente obra pretende oferecer alguma contribuição para isso, reunindo textos voltados a analisar os diversos ângulos jurídicos do novo serviço público de saneamento básico no Brasil.

Historicamente, a prestação dos serviços de abastecimento de água e esgotamento sanitário tem se ressentido de um problema de origem: o interesse local. Sem adentrar a discussão acerca da ausência de assertividade do texto constitucional quanto à atribuição deste serviço aos entes locais, fato é que, a partir do julgamento da ADI nº 1.842/RJ, pelo Supremo Tribunal Federal, a sua titularidade é um quase consenso doutrinário e jurisprudencial – pelo menos no que diz com a prestação restrita ao âmbito municipal. E o reconhecimento da titularidade local deste serviço tem gerado, ao longo dos anos, a necessidade de, por meio de arranjos interfederativos, contornar a ausência de capacidade técnica e institucional dos entes locais em bem geri-los. Foi isso que deu origem a um desenho jurídico-institucional, forjado à época do Planasa, em que, por delegação dos municípios, os estados passaram a prestar os serviços de abastecimento de água e esgotamento sanitário, por meio da criação das chamadas CESBs (Companhias Estaduais de

Saneamento Básico), sob financiamento federal provido pelo então Banco Nacional de Habitação (BNH).

Este arranjo funcionou para que investimentos fossem implementados e a universalização avançasse. A partir de certa altura, no entanto, com a gradativa perda da capacidade de investimento por parte dos governos e operadores, ampliou-se o déficit de acesso a estes serviços. Este diagnóstico ensejou, já em 2007, uma mudança relevante na disciplina legal do saneamento, com a edição da Lei nº 11.445/2007.

Com ela, novas e importantes diretrizes e regras foram editadas com vistas induzir a retomada da agenda de universalização. Sem os avanços desejados, o tema voltou alguns anos depois à discussão no âmbito do Executivo, motivada pela ideia de ampliar investimentos no setor a partir da instituição da competitividade e do aperfeiçoamento da regulação. Disso resultou a edição da Medida Provisória nº 844, sucedida pela Medida Provisória nº 868, ambas gestadas no Programa de Parcerias de Investimento (PPI). Com a perda de vigência desta MP, advieram os projetos de lei (do Senado) nº 3.261/2019 e (da Câmara) nº 4.162/2019, com a conversão deste último na Lei nº 14.026/2020, que introduziu diversas inovações importantes nas leis que tratam do saneamento no Brasil. Estava criado, assim, o novo marco legal do saneamento básico.

Suas inovações giram em torno de três eixos temáticos principais. O primeiro diz respeito ao modo de regulação do saneamento. Atualmente, a regulação deste serviço é provida por dezenas de agências reguladoras, entre agências estaduais, municipais, intermunicipais e distrital. Isso acaba gerando uma regulação fragmentada e heterogênea, com prejuízo à coerência regulatória e oneração dos custos de transação dos operadores. Com vistas a uniformizar a regulação e melhorar a sua qualidade técnica, a nova lei atribui à ANA – Agência Nacional de Águas e Saneamento Básico a competência para editar *normas de referência* sobre o saneamento. Ainda que a União detenha competência constitucional para editar *diretrizes* sobre o serviço, com vistas a evitar disputas jurídicas em torno da delimitação da competência regulatória, dada a sua titularidade local, a lei se vale de um *soft law*, substituindo o *enforcement* normativo típico pelo uso de seu *spending power* como fator de indução dos entes e agências regionais e locais a aderirem à regulação nacional. Não terão acesso a recursos e financiamentos federais aqueles entes que não seguirem as tais *normas de referência* da ANA.

O segundo eixo temático relaciona-se com a modalidade de contratação destes serviços. Com o advento da nova lei, sua prestação passa a depender unicamente da celebração de contrato de concessão precedido de licitação, eliminando-se o cabimento, para esse fim, de contratos de programa por via de contratação direta entre os titulares (municípios) e entidades integrantes de estrutura administrativa alheia (companhias estaduais, por exemplo). Esta mudança visa instituir a competitividade no setor, com vistas a promover ganhos de eficiência e de qualidade na sua prestação. Atualmente, aproximadamente 70% da operação dos serviços está nas mãos das CESBs, sendo que sua prestação se dá na maioria dos casos por meio da gestão associada estabelecida entre estados e municípios, e contratos de programa celebrados por dispensa de licitação entre aquelas e estes. Dado o advento da impossibilidade da celebração de novos contratos de programa, com o encerramento dos vínculos vigentes, os municípios que não pretenderem prestar diretamente esses serviços serão obrigados a licitar a contratação para a sua prestação ou aderir a arranjos de prestação regionalizada.

Neste contexto, a nova lei busca ainda encorajar a privatização das companhias estaduais. Sob a legislação antiga, a venda do controle estatal dessas empresas acarretava paradoxalmente a extinção automática dos contratos de programa, o que inviabilizava a operação. Afinal, valor das ações dessas companhias está diretamente relacionado à extensão de seu direito de explorar o serviço no âmbito dos municípios. Bem por isso, a nova legislação cria um processo simplificado para adequar o conteúdo e os prazos dos contratos de programa vigentes com vistas a viabilizar a venda do controle em condições favoráveis. É um estímulo aos estados para que ponham à venda o controle de suas companhias de saneamento.

O terceiro eixo é a regionalização. A nova lei busca induzir a *prestação regionalizada* do serviço. A ideia é evitar tanto quanto possível que a operação do serviço seja conduzida localmente pelos municípios, desconsiderando-se as suas implicações regionais. Num contexto de "abertura" do mercado a operadores privados, a abordagem regional inibe o fenômeno do *cherry picking* (a escolha seletiva pelo mercado apenas dos bons negócios), viabiliza subsídios cruzados entre operações rentáveis e deficitárias, e contribui para a universalização do serviço em regiões menos favorecidas.

Por fim, deve-se mencionar um outro endereçamento importante da nova legislação. Trata-se da imposição de novas metas de universalização e qualidade para a prestação do serviço de abastecimento de água e esgotamento sanitário. Este é um comando endereçado também aos contratos vigentes. Segundo a lei, os contratos atuais de prestação do serviço, embora tenham sua vigência preservada, haverão de ser adaptados, até 31.3.2022, para contemplar metas de atendimento, a serem implementadas até 31.12.2033, de 99% da população para os serviços de coleta e o tratamento de esgoto, e de 90% para os serviços de abastecimento de água potável. Além disso, terão de incorporar, assim como os novos contratos, metas quantitativas de não intermitência do abastecimento, de redução de perdas e de melhoria dos processos de tratamento.

Talvez este seja um dos principais desafios da aplicação prática da nova legislação: quais as repercussões que as novas metas de universalização trazem para os contratos vigentes, e como adaptá-los para que possam contribuir com a sua implementação. Neste aspecto, uma preocupação marcante do legislador foi garantir que os operadores atuais possuam a capacidade econômico-financeira para fazê-lo. Nos termos da nova lei, esta capacidade deverá estar demonstrada até 31.3.2022 – marco temporal estabelecido para que os contratos já estejam todos adaptados. A metodologia para isso foi definida por meio do Decreto nº 10.710/2021, editado sete meses e meio após o prazo previsto pela lei. Além de intempestivo, o regulamento parece padecer de imprecisões e contrariedades, especialmente se contrastado com o conteúdo da própria legislação.

Todas estas inovações, seu sentido e desdobramentos compõem, enfim, um material jurídico relevante a ser explorado e descortinado pela doutrina. Os textos reunidos neste livro, assinados por alguns dos principais publicistas brasileiros, propõem-se a discuti-lo. Tenho certeza de que contribuirão enormemente para a melhor compreensão do novo direito do saneamento básico no Brasil.

Fernando Vernalha Guimarães

PARTE I

FUNDAMENTOS E ASPECTOS INTRODUTÓRIOS DO NOVO SERVIÇO DE SANEAMENTO BÁSICO

PRINCÍPIOS DO DIREITO DO SANEAMENTO

SERGIO FERRAZ

1 Num texto que se propõe a apresentar meditações sobre os *princípios* do direito do saneamento e de seus marcos legais fundamentais, parece-nos imprescindível dedicar algum tempo ao estabelecimento de certas precisões semânticas. E assim será feito com o propósito de não se estabelecer qualquer polêmica ou dúvida, quando utilizarmos certos vocábulos. Ou seja, clarificaremos, a título mesmo de convenção na relação autor-leitor, o que desejamos significar, quando da utilização de diversas palavras-chave ou expressões.

Para *iniciar*, pois aqui está realmente o marco primeiro da estrada que vamos percorrer, vem o que tomar em consideração quando falamos em *políticas públicas*. Com tal expressão significamos o conjunto de compromissos e medidas que as equacionam e se vocacionam à implementação de determinado fim, orgânico e estrutural, da ação governamental.

Ao imaginar ou ao definir-se por certa política pública, surge a necessidade de elaborar *planos* ou *programas*. Tais palavras estão sendo usadas aqui como um núcleo organizacional arquitetado para viabilizar e efetivar a concretização da política pública a que se referem.

Concertados os planos e/ou programas, a eles necessariamente harmonizados, por imperativos até lógicos, são revelados os *instrumentos*. Como tais são considerados todos os meios e as medidas de que se valerá o Poder Público, na consecução dos planos e programas.

Concomitantemente à etapa precedente, ou a ela imediatamente subsequente, são estabelecidas as *diretrizes*: trata-se do "manual do usuário". São elas as linhas vetoriais que orientam a utilização dos instrumentos, com o propósito de atingir as metas das políticas públicas.

Ficaram propositadamente de fora dois conceitos de importância absolutamente inafastável, nuclear mesmo, que por tal relevância devem ser abordados separadamente.

2 Não poucos autores respeitáveis sinonimizam, formal e informalmente, princípios e objetivos. Cuida-se, a nosso ver, de um equívoco. Nos termos do esquema de trabalho aqui eleito, *princípios* e *objetivos* são, numa linha temporal, vocábulos radicalmente opostos. Aliás, até no linguajar coloquial, *princípio* está ligado a ponto de partida; *objetivo*, a ponto de chegada. Embora opostos cronologicamente, *princípios* e *objetivos têm de ser* harmônicos, coerentes e congruentes. Só para resumir: nenhuma política pública se perfaz sem que seus princípios e objetivos sejam *a priori* harmônicos ou ao menos harmonizáveis supervenientemente.

Objetivos são os fins buscados, as metas que se deseja alcançar ou concretizar, quando se estabelece uma política pública (no ângulo restrito que baliza o presente trabalho). É o coroamento de qualquer plano e programa atingir os fins estabelecidos numa política pública. Já a ideia e o conceito de *princípios* são topograficamente antípodas da ideia e conceito de objetivo. Em realidade, segundo se há de expor, os princípios estão na base e na raiz da formulação das políticas públicas e, pois, de seus objetivos. E imantam, com sua carga semântica e ideológica, a elaboração de planos e programas, bem como a eleição dos instrumentos e diretrizes. Ou seja, o DNA dos princípios impregna toda a cadeia de ações que vai da explicitação da política pública até a implementação de seus objetivos.

Princípios jurídicos são formulações de ideias de considerável generalidade, abstração e abrangência, consagradoras do pensamento jurídico e da cultura jurídica de certo momento e lugar. Tais formulações são dotadas de tríplice função: elas informam a criação da norma jurídica; conformam sua interpretação; e, quando integram positivamente (implícita ou explicitamente) o sistema jurídico, constituem elas verdadeiras regras de direito. Nesse último sentido, os princípios são, repita-se, regras, e, por isso, dispõem de caráter coercitivo, seja para aplicação positiva direta (por exemplo, para obstar nomeações de agentes viciadas de violação a um princípio), seja para bloquear a aplicação de uma regra que os contrarie. Conquanto a temática dos princípios date já de muitas décadas, ganhou o tema relevo excelso entre nós com a Constituição de 1988, que contém uma expressiva coleção de princípios (muitos dos quais explícitos). A partir desse marco, houve uma verdadeira hipervalorização dos princípios, a ponto de, com frequência, decisões judiciais serem tomadas com sua invocação, fazendo tábula rasa do direito positivo, mesmo quando a antinomia fosse sobretudo aparente, passível de superação com o emprego do múltiplo instrumental hermenêutico disponível. Tal hipertrofia foi ainda mais acentuada com as hábeis construções teóricas de Dworkin e sua engenhosa dicotomia: as regras pertenceriam ao universo do tudo/nada; os princípios seriam medidos pela escala da ponderação. A formulação em questão, por mais arguta que pareça, é falaciosa: a ponderação dos princípios por vezes leva ao afastamento completo de um deles, em clara similaridade com o esquema do tudo/nada; por outra parte, com a amplitude normativa positiva incessante, muitas vezes a dirimência de uma questão se faz com a ponderação e decantação de várias normas, aplicando-se ao caso concreto um pouco de cada uma.

Feitas as ressalvas, afirmamos nossa convicção de que, sem acromegalias, a técnica dos princípios jurídicos é muito rica e inspiradora, atuando como valioso instrumento na busca da mais completa intelecção do ordenamento jurídico. Daí, aliás, a decisão de apresentar um texto específico para o exame dos princípios jurídicos balizadores do marco legal do saneamento básico.

3 Ao falar-se em direito do saneamento, mostra-se não só conveniente, mas primordial mesmo, apontar a plataforma normativa aqui a referir reduzimo-la, por imperativos metodológicas, ao que é essencial às finalidades deste ensaio; assim diremos que tal plataforma se concretiza na Lei nº 11.445, de 5.1.2017, com as alterações que lhe agregou a Lei nº 14.026, de 15.7.2020. Bem sabemos que muito digna de atenção, quando se fala das diversas facetas do saneamento básico, é uma coletânea composta pelo Código das Águas (Decreto Federal nº 24.624/1934), pela Lei das Águas (Lei nº 9.433/1997), pela Lei da ANA (Lei nº 9.984/2000), pelo Estatuto da Cidade (Lei nº 10.257/2001), pela Lei Nacional de Resíduos Sólidos (Lei nº 12.305/2010) e pelo Estatuto da Metrópole (Lei nº 13.089/2015), afora alguns outros diplomas. Mas é que o destaque acima aposto, às leis nºs 11.445 e 14.026, se mostra suficiente e expressivo, para cuidar do constrito tema dos princípios jurídicos do saneamento básico. E é nesse sentido e por tal motivo que demarcaremos a continuação da exposição. Doravante, referiremos as leis nºs 11.445 e 14.026 pela sigla MLSB (marco legal do saneamento básico).

Os primeiros (e extensos) 7 (sete) artigos do MLSB têm por título "Dos Princípios Fundamentais". À exceção do art. 2º, em realidade os demais, do aludido capítulo, claramente de *princípios* não tratam.

Em busca de objetividade, analisaremos inicialmente o aludido art. 2º para, na sequência, tentar apresentar, com harmônica adequação ao que posto no segmento anterior, os efetivos princípios jurídicos do saneamento básico.

Transcreva-se, a propósito, o art. 2º da Lei nº 11.445, com as modificações da Lei nº 14.026/2020:

> Art. 2º Os serviços públicos de saneamento básico serão prestados com base nos seguintes princípios fundamentais:
>
> I - universalização do acesso e efetiva prestação do serviço;
>
> II - integralidade, compreendida como o conjunto de atividades e componentes de cada um dos diversos serviços de saneamento que propicie à população o acesso a eles em conformidade com suas necessidades e maximize a eficácia das ações e dos resultados;
>
> III - abastecimento de água, esgotamento sanitário, limpeza urbana e manejo dos resíduos sólidos realizados de forma adequada à saúde pública, à conservação dos recursos naturais e à proteção do meio ambiente;
>
> IV - disponibilidade, nas áreas urbanas, de serviços de drenagem e manejo das águas pluviais, tratamento, limpeza e fiscalização preventiva das redes, adequados à saúde pública, à proteção do meio ambiente e à segurança da vida e do patrimônio público e privado;
>
> V - adoção de métodos, técnicas e processos que considerem as peculiaridades locais e regionais;
>
> VI - articulação com as políticas de desenvolvimento urbano e regional, de habitação, de combate à pobreza e de sua erradicação, de proteção ambiental, de promoção da saúde, de recursos hídricos e outras de interesse social relevante, destinadas à melhoria da qualidade de vida, para as quais o saneamento básico seja fator determinante;
>
> VII - eficiência e sustentabilidade econômica;
>
> VIII - estímulo à pesquisa, ao desenvolvimento e à utilização de tecnologias apropriadas, consideradas a capacidade de pagamento dos usuários, a adoção de soluções graduais e progressivas e a melhoria da qualidade com ganhos de eficiência e redução dos custos para os usuários;
>
> IX - transparência das ações, baseada em sistemas de informações e processos decisórios institucionalizados;
>
> X - controle social;
>
> XI - segurança, qualidade, regularidade e continuidade;
>
> XII - integração das infraestruturas e dos serviços com a gestão eficiente dos recursos hídricos;
>
> XIII - redução e controle das perdas de água, inclusive na distribuição de água tratada, estímulo à racionalização de seu consumo pelos usuários e fomento à eficiência energética, ao reúso de efluentes sanitários e ao aproveitamento de águas de chuva;

XIV - prestação regionalizada dos serviços, com vistas à geração de ganhos de escala e à garantia da universalização e da viabilidade técnica e econômico-financeira dos serviços;
XV - seleção competitiva do prestador dos serviços; e
XVI - prestação concomitante dos serviços de abastecimento de água e de esgotamento sanitário.

O *primeiro* princípio a ser adentrado é o da *universalização*. Com tal denominação, o que se tem em mente é a garantia de se propiciar saneamento básico a toda a população, sem distinções entre os destinatários, e com observância inteira do que a Lei nº 8.987/56 define como *serviço público adequado*:

> Art. 6º Toda concessão ou permissão pressupõe a prestação de serviço adequado ao pleno atendimento dos usuários, conforme estabelecido nesta Lei, nas normas pertinentes e no respectivo contrato.
> §1º Serviço adequado é o que satisfaz as condições de regularidade, continuidade, eficiência, segurança, atualidade, generalidade, cortesia na sua prestação e modicidade das tarifas.

O *segundo* princípio, consagrado no art. 2º do MLSB, é o da *integralidade*. Com isso, o que se afirma é que, em qualquer de suas modalidades (abastecimento de água, esgotamento sanitário, limpeza urbana, drenagem urbana de águas), o saneamento básico é um compromisso de cumprimento *concomitante* de *todas as etapas* implicadas em cada um dos quatro processos fundamentais do MLSB, acima elencadas ente parênteses.

O *terceiro* princípio a ser enfatizado é o da *perenidade* (que corresponde à figura axiológica da *continuidade*, posta no texto da Lei nº 8.987 acima transcrito). É dizer, em condições de normalidade o serviço há de ser prestado sem interrupções. É evidente, não se está a excluir, o que seria objetiva e logicamente impensável, a eventualidade de reparos, de implementação de melhorias, de superveniência de emergências e de ampliação dos mecanismos de segurança dos sistemas.

Num *quarto momento*, o que divisamos é uma tríade de princípios, que funcionam em ambiência de sequenciamento, de causas e efeitos e de recíprocas adequações: *transparência, controle social, responsabilidade*. A transparência impõe ao prestador do serviço a manutenção de sistema de informações acessível, veraz, facilmente inteligível e interativo (aí envolvidos prestador, usuário, concedente e Administração Pública). O controle social reforça o primado da coparticipação, no atendimento aos anseios e necessidades da coletividade; para tanto, canais diretos, abertos e dialógicos haverão de estar disponíveis para os usuários e as entidades representativas da sociedade civil. A responsabilidade, tanto do prestador quanto do usuário, estratifica-se na garantia de que as falhas na prestação do serviço implicam não só a obrigação de as corrigir, como a de reparar eventuais prejuízos. Acrescente-se: também o concedente e a Administração Pública integram a rede de responsabilização acima entretecida.

Por último, enunciamos o *princípio da sustentabilidade*. A extensão, a dimensão e a profundidade da implementação não são escusas à certeza da intangibilidade do meio ambiente sadio, que a Constituição assegura aos brasileiros do hoje e do amanhã. Doutra parte, como outra faceta da ideia de sustentabilidade, e mesmo para viabilizar a observância dos princípios antecedentemente enumerados, a prestação dos serviços de saneamento básico, de regra extremamente custosa e onerosa, há de ser contratada com mecanismos que assegurem e plausibilidade técnica e econômica do empreendimento. A lume desse vetor é que o ideal da modicidade das tarifas deve ser imaginado. Em realidade, trata-se de transpor, para a compreensão do MLSB, a garantia contratual do equilíbrio econômico-financeiro dos contratos. Definitivamente, do ângulo da sustentabilidade econômica, o serviço há de ser prestado sem oneração desequilibrada em detrimento do usuário, do prestador particular ou do Poder Público.

Os demais incisos, art. 2º do MLSB, não envolvem propriamente *princípios jurídicos*. São bem antes objetivos, diretrizes e instrumentos do propiciamento do serviço. Por isso não serão aqui examinados. Em compensação, incidem no tema do saneamento básico todos os princípios dos arts. 5º e 37 da Constituição, além dos que referidos na Lei nº 8.987. Com isso afirmamos que existe, no campo dos serviços de saneamento básico, uma ampla e valiosa trama estimativa, com indicativos seguros e nítidos capazes de nos orientar, na construção, afinal, de um sistema de saneamento integral, confiável e sustentável na realidade brasileira.

4 O desafio de construir, para as dimensões do Brasil, um sistema digno de saneamento básico é de conhecimento geral. Dificuldades de monta, tanto no plano tecnológico, quanto no econômico-financeiro, são de fácil constatação na realidade do país.

A Lei nº 11.445/2007 foi um importante enfrentamento dos óbices acima sumarizados. Talvez sua mais notável contribuição tenha sido a fixação, por primeira vez, de diretrizes nacionais para o saneamento básico. Nem por isso, contudo, o grave problema do saneamento encontrava resposta suficiente. Foi para suplantar tal verdadeiro drama que adveio a Lei nº 14.026, de 15.4.2020. Com a malha normativa que ela aditou à Lei nº 11.445/2007, se pretende edificar uma arquitetura propiciadora e confiável para a captação de investimentos privados de vulto, com segurança jurídica, condições estruturais de previsibilidade e estabilidade e ambiente concorrencial incentivador do ingresso da iniciativa privada no segmento. Caberá ao estudioso do direito, em todas as áreas reservadas a seu protagonismo, colaborar no acertamento de balizas claras de interpretação e aplicação da MLSB, com o que estará contribuindo notadamente para a abertura de novos horizontes à implementação generalizada do princípio constitucional da dignidade humana.

Informação bibliográfica deste texto, conforme a NBR 6023:2018 da Associação Brasileira de Normas Técnicas (ABNT):

FERRAZ, Sergio. Princípios do direito do saneamento. *In*: GUIMARÃES, Fernando Vernalha (Coord.). *O novo direito do saneamento básico*: estudos sobre o novo marco legal do saneamento básico no Brasil (de acordo com a Lei nº 14.026/2020 e respectiva regulamentação). Belo Horizonte: Fórum, 2022. p. 19-25. ISBN 978-65-5518-299-6.

CONSIDERAÇÕES INICIAIS SOBRE A LEI Nº 14.026/2020 – NOVO MARCO REGULATÓRIO DO SANEAMENTO BÁSICO

ALEXANDRE SANTOS DE ARAGÃO
RAFAEL DAUDT D'OLIVEIRA

1 Introdução

O objeto do presente artigo é novo marco legal do saneamento básico, extensivamente compreensivo, em seus próprios termos, do abastecimento de água potável, esgotamento sanitário, limpeza urbana e manejo de resíduos sólidos e drenagem e manejo das águas pluviais urbanas (novo art. 3º, I, da Lei nº 11.445/2007).

Talvez a grande relevância do novo marco regulatório do saneamento básico – introduzido pela Lei nº 14.026/2020, além de conter disposições próprias (arts. 12 a 19) –, esteja na nova redação que dá a uma série de dispositivos constantes de leis específicas ou genericamente relacionadas ao setor: (i) a Lei nº 9.984/2000, para atribuir à Agência Nacional de Águas e Saneamento Básico (ANA) competência para editar normas de referência sobre o serviço de saneamento; (ii) a Lei nº 10.768/2003, para alterar as atribuições do cargo de especialista em recursos hídricos e saneamento básico; (iii) a Lei nº 11.107/2005, para vedar a prestação por contrato de programa dos serviços públicos de saneamento, embora contemple soluções transitórias;[1] (iv) a Lei nº

---

[1] Cujo veto ainda se encontra pendente de apreciação.

11.445/2007, para aprimorar as condições estruturais do saneamento básico no país; (v) a Lei nº 12.305/2010, para tratar dos prazos para a disposição final ambientalmente adequada dos rejeitos; (vi) a Lei nº 13.089, de 12.1.2015 (Estatuto da Metrópole), para estender seu âmbito de aplicação às microrregiões; e (vii) a Lei nº 13.529, de 4.12.2017, para autorizar a União a participar de fundo com a finalidade exclusiva de financiar serviços técnicos especializados.

A Lei nº 14.026/2020 traz algumas relevantes inovações: prevê a obrigatoriedade de os contratos preverem metas de universalização dos serviços; adota como princípio a regionalização dos serviços de saneamento; promove mudanças substanciais na sua regulação; e estimula a concorrência e a privatização das empresas estatais de saneamento, entre outras. Além disso, segue parcialmente a lógica da decisão do STF na ADI nº 1.842-RJ (j. 6.3.2013) que fixou a titularidade das regiões metropolitanas, aglomerações urbanas e microrregiões para o saneamento básico,[2] criando também novas modalidades de grupamentos federativos, como as unidades regionais de saneamento básico (art. 3º, inc. VI, alínea "b") e os blocos de referência (art. 3º, inc. VI, alínea "c").

Longe da pretensão de sermos exaustivos, passamos a analisar algumas mudanças do novo marco regulatório que vemos como entre as mais relevantes.

2 Aspectos de concorrência, desestatização e privatização

A lei institui a concorrência no setor ao prever a obrigatoriedade de licitação. Busca atrair investimentos privados e permitir o aumento gradual da desestatização do setor, estimulando também a privatização das atuais empresas estatais de saneamento.

Como explica Marcos Juruena Villela Souto, desestatização é "a retirada da presença do Estado de atividades reservadas constitucionalmente à iniciativa privada (princípio da livre iniciativa) ou de setores em que ela possa atuar com maior eficiência (princípio da economicidade)".[3] Já a privatização, ao lado da concessão, da permissão e da terceirização,

---

[2] O art. 25, §3º, da Constituição da República Federativa do Brasil (CRFB), prevê que os estados podem criar as referidas regiões, por lei complementar, para integrar a organização, o planejamento e a execução de funções públicas de interesse comum.

[3] SOUTO, Marcos Juruena Villela. *Direito administrativo da economia*. 3. ed. Rio de Janeiro: Lumen Juris, 2003. p. 147.

seria espécie do gênero desestatização. Consiste na mera alienação dos direitos que asseguram a preponderância nas deliberações sociais e o poder de eleger a maioria dos administradores da sociedade.[4]

Até hoje, os serviços de saneamento básico são prestados, na maior parte do Brasil, por empresas estatais estaduais. Essas empresas ainda dominam o mercado de saneamento, especialmente no que diz respeito à captação e ao tratamento da água e, em grande parte, também a distribuição.

A disciplina até então vigente era a da possibilidade genérica de prestação do serviço de saneamento por meio de contratos de programa celebrados entre os titulares e empresas estatais estaduais sem licitação.

A nova lei impõe aos titulares dos serviços a necessidade de celebração de contrato de concessão, pela licitação, para a prestação dos serviços públicos de saneamento básico por entidade que não integre a administração do titular, sendo "vedada a sua disciplina mediante contrato de programa, convênio, termo de parceria ou outros instrumentos de natureza precária" (novo art. 10 da Lei nº 11.445/2007). É uma mudança de paradigma: a lei prevê agora a obrigatoriedade de concorrência, por meio da licitação, para a seleção da proposta mais vantajosa para a prestação dos serviços de saneamento básico, obrigando as empresas estatais do setor a competir em igualdade de condições com as empresas privadas por esses contratos.

Note-se que essa igualdade de condições, em relação às estatais, é uma imposição de via dupla: nem as empresas estatais podem receber vantagens competitivas, como dispensas de licitação, nem podem ser discriminadas negativamente, como vedações a participarem de licitações, linhas de créditos públicos apenas para as empresas privadas etc. Igualdade em ônus e em bônus, de parte a parte.[5] Contudo, o espírito da lei, em princípio, parece ser mais o de atrair empresas privadas para atuar no setor, em substituição às estatais.

Obviamente, fala-se de concorrência apenas na fase de licitação para selecionar a melhor proposta, haja vista que os serviços de saneamento constituem o chamado *monopólio natural*.[6]

---

[4]   SOUTO, Marcos Juruena Villela. *Direito administrativo da economia*. 3. ed. Rio de Janeiro: Lumen Juris, 2003.

[5]   Cf. ARAGÃO, Alexandre Santos de. *Empresas estatais*: o regime jurídico das empresas públicas e sociedades de economia mista. 2. ed. São Paulo: Forense, 2017.

[6]   Monopólio natural é a "situação em que uma empresa pode produzir o *output* desejado por menor custo do que de qualquer combinação de duas ou mais empresas" (ARIÑO ORTIZ, Gaspar; CASTRO GARCÍA-MORATO, Lucía López de. *Derecho de la Competencia en Sectores Regulados*. Granada: Comares, 2001. p. 22). Para aprofundar a noção de monopólio natural,

É bem verdade que o projeto de lei tal como aprovado pelo Congresso Nacional permitia uma solução transitória em relação aos contratos de programa. Existia, ainda, a possibilidade excepcional de nova formalização ou renovação dos contratos de programa e reconhecimento das situações de fato (aquelas em que tal prestação ocorra sem a assinatura de contrato de programa ou cuja vigência esteja expirada) da prestação dos serviços públicos de saneamento básico por empresa pública ou sociedade de economia mista. Desse modo, poderiam ser reconhecidas como contratos de programa e formalizados ou renovados mediante acordo entre as partes, até 31.3.2022, e teriam prazo máximo de vigência de 30 anos, vedada nova prorrogação ou adição de vigência contratual (art. 16, *caput* e parágrafo único, do projeto de lei, cujo veto presencial encontrava-se sob análise do Congresso Nacional quando da elaboração deste trabalho).

De qualquer forma, os contratos de saneamento em geral e os contratos de programa em particular deverão ser revistos para "definir metas de universalização que garantam o atendimento de 99% (noventa e nove por cento) da população com água potável e de 90% (noventa por cento) da população com coleta e tratamento de esgotos até 31 de dezembro de 2033", assinalando o prazo de até 31.3.2022 para viabilizar essa inclusão nos contratos em vigor (art. 11-B, §1º). Voltaremos a este artigo no tópico relativo às metas de universalização.

O novo marco regulatório busca também estimular a privatização propriamente dita no setor. Com efeito, o art. 14 da nova lei prevê que os contratos de programa ou de concessão em execução poderão ser substituídos por novos contratos de concessão nos casos de alienação de controle acionário de empresa pública ou sociedade de economia mista prestadora de serviços públicos de saneamento básico.

> Caso o controlador da empresa pública ou da sociedade de economia mista proponha alteração de prazo, de objeto ou de demais cláusulas do contrato de que trata este artigo antes de sua alienação, deverá ser apresentada proposta de substituição dos contratos existentes aos entes públicos que formalizaram o contrato de programa. (§2º)

---

ver CRAIG, P. P. *Administrative law*. 4. ed. London: Sweet & Maxwell, 2001. p. 332-333; RACHLINE, François. *Services Publics et Économie de Marché*. Paris: Presses de Sciences PO, 1996. p. 69; e GARCIA, Flávio Amaral. Os Monopólios Naturais e a sua Regulação. *In*: SOUTO, Marcos Juruena Villela; MARSHALL, Carla C. (Org.). *Direito empresarial público*. Rio de Janeiro: Lumen Juris, 2002. p. 285-291.

Da mesma forma, o art. 18 da Lei nº 14.026/2020 estabelece que os "contratos de parcerias público-privadas ou de subdelegações que tenham sido firmados por meio de processos licitatórios deverão ser mantidos pelo novo controlador, em caso de alienação de controle de empresa estatal ou sociedade de economia mista".

As duas regras supramencionadas incentivam a privatização, à medida que preveem que o licitante vencedor pode continuar com os contratos em vigor, que constituem um dos grandes ativos da empresa estatal. Não faria sentido privatizar uma empresa e retirar dela todos os futuros recebíveis. O grande valor da empresa a ser vendida está justamente nos contratos que possui e nos respectivos recebíveis futuros.

Merece destaque a regra prevista no art. 13 da Lei nº 14.026/2020, que estimula tanto a desestatização como a privatização. Prevê a edição de decreto federal que deverá dispor sobre apoio técnico e financeiro da União à adaptação dos serviços públicos de saneamento básico às disposições desta lei, observadas algumas etapas. A última destas etapas é a "licitação para concessão dos serviços ou para alienação do controle acionário da estatal prestadora, com a substituição de todos os contratos vigentes" (inc. VI).

Por fim, vale registrar que a transferência dos serviços de um prestador para outro é "condicionada, em qualquer hipótese, à indenização dos investimentos vinculados a bens reversíveis ainda não amortizados ou depreciados [...] facultado ao titular atribuir ao prestador que assumirá o serviço a responsabilidade por seu pagamento" (novo art. 42, §5º, da Lei nº 11.445/2007). É interessante observar que, na versão que chegou ao Senado, este dispositivo falava da indenização "prévia", todavia, esta palavra fora suprimida da versão final aprovada e encaminhada à Presidência da República para sanção. Logo, a indenização de que trata o artigo poderá ser feita ao longo do tempo pelo novo delegatário.

3 Aspectos regulatórios

3.1 A ANA passa a regular o saneamento básico mediante a edição de normas de referência

A competência da ANA foi substancialmente ampliada. Agora, além da água, passa a regular o saneamento básico como um todo, mediante a edição de normas de referência. E isso foi feito pela alteração da Lei nº 9.984/2000, lei de criação da referida agência reguladora. Espera-se que a ampliação de competências seja acompanhada de significativo investimento em estrutura e pessoal na ANA, para que ela possa dar conta das novas tarefas que lhe foram atribuídas.

Interessante observar que a regulação da ANA se limita à edição normas de referência (arts. 1º e 3º da Lei nº 9.984/2000 e art. 25-A da Lei nº 11.445/2007). Com efeito, o art. 4º-A, §1º, da Lei nº 9.984/2000, dispõe que compete à ANA estabelecer normas de referência em questões como: (i) padrões de qualidade e eficiência na prestação, na manutenção e na operação dos sistemas de saneamento básico; (ii) regulação tarifária dos serviços; (iii) padronização dos instrumentos negociais de prestação de serviços públicos de saneamento básico; (iv) metas de universalização dos serviços: (v) critérios para a contabilidade regulatória; (vi) redução progressiva e controle da perda de água; (vii) metodologia de cálculo de indenizações devidas em razão dos investimentos realizados e ainda não amortizados ou depreciados; (viii) governança das entidades reguladoras; (ix) reúso dos efluentes sanitários tratados; (x) parâmetros para determinação de caducidade na prestação dos serviços; (xi) normas e metas de substituição do sistema unitário pelo sistema separador absoluto de tratamento de efluentes; (xii) sistema de avaliação do cumprimento de metas de ampliação e universalização da cobertura dos serviços; e (xiii) conteúdo mínimo para a prestação universalizada e para a sustentabilidade econômico-financeira dos serviços. O §3º do mesmo artigo prevê a finalidade das normas de referência, como promover a prestação adequada dos serviços, estimular a livre concorrência, incitar a cooperação entre os entes federativos, incentivar a regionalização da prestação dos serviços, entre outras.

A ideia do legislador é gerar um ambiente de segurança jurídica e regulatória, com regras claras e uniformes em todo o país, a fim de que possa atrair investimentos para o setor e contribuir com a universalização dos serviços públicos. O art. 4º-A, §7º, da Lei nº 9.9984/2000, estabelece que "a ANA zelará pela uniformidade regulatória do setor de saneamento básico e pela segurança jurídica na prestação e na regulação dos serviços". E o art. 48, III, da Lei nº 11.445/2007, prevê como diretrizes da política de saneamento básico da União a "uniformização da regulação do setor e divulgação de melhores práticas".

A nova lei não traz a definição do que sejam normas de referência. Consideramos apropriada a adoção do mesmo raciocínio que é empregado para as normas gerais da União no exercício da competência legislativa concorrente prevista no art. 24 da CRFB. Assim, normas gerais são preceitos principiológicos destinados "ao estabelecimento de diretrizes nacionais a serem pormenorizadas pelos Estados-membros"[7] ou "normas não exaustivas, normas incompletas" que não podem "esgotar na competência da União a matéria da legislação concorrente".[8] Os estados só poderiam estabelecer normas suplementares às normas gerais da União, sem, contudo, contrariá-las.

Desse modo, as normas de referência devem se ater ao estabelecimento de diretrizes nacionais que possam ser uniformemente aplicadas em todo o território nacional. Não podem descer a minúcias nem adentrar especificidades locais. Portanto, estados e municípios podem e devem regular a prestação dos serviços de saneamento; contudo, devem observar as normas de referência da ANA.

É bem verdade que não é obrigatório, mas, sim, voluntário o cumprimento das referidas normas de referência. No entanto, o referido cumprimento é condição para o recebimento de verbas federais (art. 4º-B da Lei nº 9.984/2000 e art. 50, III, da Lei nº 11.445/2007), o que leva a crer que, em geral, tais normas serão observadas.

Trata-se de solução compromissória encontrada pelo legislador federal para conciliar a titularidade dos serviços de saneamento por outros entes federativos, autônomos, portanto, para regulá-los, com a inegável necessidade de termos alguns padrões homogêneos de disciplina do setor. Em outras palavras, trata-se de uma tentativa do legislador de buscar preservar a autonomia dos entes federados locais (que podem ou não seguir as normas de referência) e, ao mesmo tempo, de estimular a sua observância (cuja "penalidade" pela inobservância seria o não recebimento de verbas federais).

O fundamento para a edição de normas gerais pela União sobre serviços de saneamento, como a maioria das regras trazidas pela Lei nº 14.026/2020, é duplo: (i) competência legislativa concorrente para legislar sobre direito ambiental (art. 24, VI, CRFB); e (ii) competência legislativa (privativa) para editar normas gerais sobre contratos administrativos (art. 22, XXVII, CF), entre eles os contratos de delegação desses serviços.

Se alguns dos dispositivos da Lei nº 14.026/2020 já podem ser discutíveis por serem excessivamente específicos para se enquadrar no conceito de norma geral do art. 22, XXVII, e do art. 24, VI, CRFB, certamente estes dispositivos constitucionais não teriam elasticidade suficiente para permitir à ANA, agência reguladora federal, editar, de

---

[7] MOREIRA NETO, Diogo de Figueiredo. *Constituição e revisão*: temas de direito político e constitucional. Rio de Janeiro: Forense, 1991. p. 156.

[8] HORTA, Raul Machado. Repartição de competências na Constituição Federal de 1988. *Revista Trimestral de Direito Público*, São Paulo, v. 2, p. 249-274, 1993.

forma coercitiva para os entes subnacionais, toda a disciplina regulatória do setor.

3.2 Regulação dos serviços de saneamento por agências reguladoras estaduais e municipais

As novas disposições da Lei nº 11.445/2007, introduzidas pela Lei nº 14.026/2020, preveem que titular dos serviços públicos de saneamento básico deverá definir a entidade responsável pela regulação e fiscalização desses serviços (art. 8º, §5º, art. 9º, II). A nova lei apela para a consensualidade entre os titulares dos serviços na definição da agência reguladora independente que irá regulá-los.

A regulação poderá ser delegada a qualquer entidade reguladora, visto que "o ato de delegação explicitará a forma de atuação e a abrangência das atividades a serem desempenhadas pelas partes envolvidas" (art. 23, §1º). A delegação também poderá, em curiosa exceção ao princípio da territorialidade, ocorrer a uma agência reguladora em outro estado da Federação. Mas essa opção só poderá ocorrer quando: (i) não houver agência reguladora no estado ou, quando existir, que ela não tenha aderido às normas de referência da ANA; (ii) for dada prioridade às agências reguladoras mais próximas à localidade do titular dos serviços; e (iii) houver anuência da agência reguladora escolhida, a qual, inclusive, poderá cobrar uma taxa de regulação diferenciada (art. 23, §1º-A).

A lei exige que a entidade reguladora seja "dotada de independência decisória e autonomia administrativa, orçamentária e financeira" e atenda "aos princípios de transparência, tecnicidade, celeridade e objetividade das decisões" (art. 21).

Ponto interessante a ser debatido é a intensidade da autonomia que a agência reguladora municipal ou estadual deve ter para se enquadrar no dispositivo: se a autonomia que qualquer entidade da Administração indireta já possui ontologicamente, ou se a autonomia reforçada que o modelo de agência reguladora federal padrão possui. A autonomia é um conceito jurídico extremamente indeterminado, que abrange múltiplos graus de liberdade de decisão, ou seja, todo o leque que se encontre entre a hierarquia e a soberania.[9]

A autonomia que as agências reguladoras federais possuem é maior do que a que possui a maioria das demais autarquias. Aquelas

---

[9] ARAGÃO, Alexandre Santos de. *A autonomia universitária no Estado contemporâneo e no direito positivo brasileiro*. Rio de Janeiro: Lumen Juris, 2001.

são dotadas de autonomia orgânica (colegiado formado por dirigentes nomeados por mandato fixo, vedada a exoneração *ad nutum*) e de autonomia funcional (por constituírem a última instância administrativa). Note-se que a maioria das leis instituidoras das autarquias já prevê, de alguma forma, a sua autonomia administrativa, orçamentária e financeira.[10]

A nosso ver, seria desnecessário a lei federal se referir de forma específica à necessidade de disciplina por agência reguladora independente, se a esta pudesse ser atribuído qualquer grau de autonomia, por menor que fosse. Entendemos então que a norma se refere à agência reguladora dotada no mínimo da autonomia reforçada supradescrita.

3.3 Regulação por contrato, cláusulas obrigatórias e os meios alternativos de resolução de conflitos

Sabemos que a regulação de serviços públicos é dupla: regulação por contrato e regulação por agência.[11] As agências atuam nas lacunas e na interpretação das cláusulas contratuais.[12] O contrato é, assim, o elemento essencial da regulação. É nele que as principais regras do jogo devem ser definidas com clareza, trazendo segurança jurídica e previsibilidade para todas as partes envolvidas. O poder das agências reguladoras não é, contudo, diminuto, já que os contratos de concessão são exemplos por excelência de contratos incompletos[13] e em razão de eles próprios usualmente conterem uma série de remissões à legislação da agência reguladora.

De acordo com Pedro Gonçalves:

---

[10] ARAGÃO, Alexandre Santos de. *Agências reguladoras e a evolução do direito administrativo econômico*. 3. ed. Rio de Janeiro: Forense, 2013.

[11] Sobre o tema v.: GÓMES-IBANEZ, José A. *Regulating infrastructure*: monopoly, contracts and discretion. Cambridge: Harvard University Press, 2006.

[12] Nesse sentido, Flávio Amaral Garcia leciona que "a regulação por contrato é naturalmente incompleta, inacabada e dotada de lacunas que deverão ser objeto de uma atuação integrativa da agência capaz de manter o equilíbrio sistêmico entre os interesses juridicamente protegidos de todas as partes envolvidas" (GARCIA, Flávio Amaral. A mutabilidade e incompletude na regulação por contrato e a função integrativa das agências. *Revista de Contratos Públicos – RCP*, Belo Horizonte, ano 3, n. 5, p. 59-83, mar./ago. 2014. p. 76).

[13] "Contratos completos seriam aqueles capazes de especificar, em tese, todas as características físicas de uma transação, como data, localização, preço e quantidade para cada estado da natureza futuro" (CATEB, Alexandre Bueno; GALLO, José Alberto Albeny. *Breves considerações sobre a teoria dos contratos incompletos*. Disponível em: www.revista.amde.org.br/index.php/ramde/article/download/9/8. Acesso em: 10 ago. 2020).

o estabelecimento de um sistema duplo de regulação – regulação por contrato combinada com a regulação por agência – pretende introduzir, no processo regulatório, as vantagens do compromisso contratual (com a diminuição da discricionariedade regulatória da agência) e da protecção reforçada do equilíbrio entre o que se exige da empresa regulada e o que se lhe dá em troca, em termos de garantia do retorno do investimento efectuado.[14]

Nessa linha, o atual art. 10-A da Lei nº 11.445/2007 prevê um conteúdo mínimo de disposições consideradas essenciais nos contratos de prestação de serviços públicos de saneamento básico, como metas de desempenho, previsão de receitas alternativas, metodologia de cálculo para a indenização dos bens reversíveis não amortizados e a repartição de riscos entre as partes. A ausência destas cláusulas obrigatórias implica nulidade do contrato.

Vamos tratar das metas de desempenho mais à frente em tópico específico (inc. I do artigo). Aqui vale destacar o inc. II do art. 10-A que prevê:

> possíveis fontes de receitas alternativas, complementares ou acessórias, bem como as provenientes de projetos associados, incluindo, entre outras, a alienação e o uso de efluentes sanitários para a produção de água de reúso, com possibilidade de as receitas serem compartilhadas entre o contratante e o contratado, caso aplicável.

As receitas alternativas são importantes para "complementar ou substituir a tarifa por outro meio de remuneração em favor do concessionário",[15] o que contribui com a modicidade tarifária e torna mais atrativa a concessão.

Vale fazer menção também ao inc. IV do art. 10-A a respeito da "repartição de riscos entre as partes, incluindo os referentes a caso fortuito, força maior, fato do príncipe e álea econômica extraordinária". O dispositivo segue a linha de customização da alocação de riscos que vem sendo crescentemente adotada, por exemplo, pela Lei das PPPs e pelo Estatuto das Estatais. Para além da tradicional divisão doutrinária entre áleas ordinárias e extraordinárias – aquelas de responsabilidade do

---

[14] GONÇALVES, Pedro Costa. Regulação administrativa e contrato. *In*: MIRANDA, Jorge (Coord.). *Estudos em Homenagem ao Prof. Doutor Sérvulo Correia.* Coimbra: Coimbra Editora, 2010. v. II. p. 987-1023.

[15] SOUTO, Marcos Juruena Villela. *Direito administrativo da economia.* 3. ed. Rio de Janeiro: Lumen Juris, 2003. p. 33.

particular e estas do Estado –, essas leis mais recentes têm expressamente transferido ao contrato a divisão dos riscos envolvidos no exercício da atividade.[16]

É bastante positiva também a possibilidade de os contratos adotarem os chamados meios alternativos de resolução de conflitos, incluindo a arbitragem, prevista no §1º do art. 10-A:

> Os contratos que envolvem a prestação dos serviços públicos de saneamento básico poderão prever mecanismos privados para resolução de disputas decorrentes do contrato ou a ele relacionadas, inclusive a arbitragem, a ser realizada no Brasil e em língua portuguesa, nos termos da Lei nº 9.307, de 23 de setembro de 1996.

Questão que provavelmente surgirá é se, diante da largueza da previsão constante do dispositivo, a arbitragem no setor de saneamento se limitará ou não a questões que envolvam apenas direitos patrimoniais disponíveis, como limitado pela Lei de Arbitragem – Lei nº 9.307/96, para lides envolvendo a Administração Pública (art. 1º, §1º, Lei nº 9.307/96).

Por um lado, a remissão pelo próprio art. 10-A a essa lei indicaria que encamparia os limites nela previstos; por outro, se assim fosse, a previsão do art. 10-A seria desnecessária, já que a arbitragem, com esses limites, já poderia de toda sorte ser normalmente adotada no setor de saneamento diretamente com base no art. 1º, §1º, Lei nº 9.307/96.[17]

4   Titularidade do saneamento básico, integração metropolitana e ADI nº 1.842-RJ

Como já afirmamos, a nova lei segue parcialmente a lógica do julgamento da ADI nº 1.842-RJ pelo STF referente à titularidade dos serviços. Consta da ementa do acórdão:

> O interesse comum e a compulsoriedade da integração metropolitana não são incompatíveis com a autonomia municipal. O mencionado

---

[16]   Cf. ARAGÃO, Alexandre Santos de. *Direito dos serviços públicos*. 4. ed. Belo Horizonte: Fórum, [s.d.].

[17]   "Com efeito, os MARC de natureza ambiental apresentam várias vantagens quando comparados à resolução de litígios pelo Poder Judiciário, dentre as quais destacamos a celeridade, consensualidade (mesmo na arbitragem as partes optam pelo juízo arbitral), segurança jurídica, pacificação social, eficiência e efetividade na resolução do conflito e na proteção do ambiente" (D'OLIVEIRA, Rafael Lima Daudt. *A simplificação no direito administrativo e ambiental*. Rio de Janeiro: Lumen Juris, 2020. p. 173).

interesse comum não é comum apenas aos municípios envolvidos, mas ao Estado e aos municípios do agrupamento urbano. O caráter compulsório da participação deles em regiões metropolitanas, microrregiões e aglomerações urbanas já foi acolhido pelo Pleno do STF. [...] O parâmetro para aferição da constitucionalidade reside no respeito à divisão de responsabilidades entre municípios e estado. É necessário evitar que o poder decisório e o poder concedente se concentrem nas mãos de um único ente para preservação do autogoverno e da autoadministração dos municípios. Reconhecimento do poder concedente e da titularidade do serviço ao colegiado formado pelos municípios e pelo estado federado. A participação dos entes nesse colegiado não necessita de ser paritária, desde que apta a prevenir a concentração do poder decisório no âmbito de um único ente. [...] A instituição de regiões metropolitanas, aglomerações urbanas ou microrregiões pode vincular a participação de municípios limítrofes, com o objetivo de executar e planejar a função pública do saneamento básico, seja para atender adequadamente às exigências de higiene e saúde pública, seja para dar viabilidade econômica e técnica aos municípios menos favorecidos. Repita-se que este caráter compulsório da integração metropolitana não esvazia a autonomia municipal.

Inspirado neste precedente do STF, o legislador fez a distinção entre serviços públicos de saneamento básico de interesse comum e serviços públicos de saneamento básico de interesse local. Estes últimos são caracterizados quando as infraestruturas e instalações operacionais referentes aos serviços atendam a um único município (art. 3º, XV). Os primeiros são caracterizados quando os serviços de saneamento básico são

> prestados em regiões metropolitanas, aglomerações urbanas e microrregiões instituídas por lei complementar estadual, em que se verifique o compartilhamento de instalações operacionais de infraestrutura de abastecimento de água e/ou de esgotamento sanitário entre dois ou mais Municípios, denotando a necessidade de organizá-los, planejá-los, executá-los e operá-los de forma conjunta e integrada pelo Estado e Munícipios que compartilham, no todo ou em parte, referidas instalações operacionais. (art. 3º, XIV)

Em nossa opinião, o legislador restringiu o alcance dado à titularidade das regiões metropolitanas, aglomerações urbanas e microrregiões para os serviços de saneamento pela ADI nº 1.842-RJ, ao condicioná-la ao compartilhamento de instalações operacionais de infraestrutura. Parece que a melhor interpretação é aquela que considera que estas regiões possuem a titularidade dos serviços, desde que tenham sido criadas por lei complementar estadual e haja a proporcionalidade de poder entre seus membros propugnada por aquele julgado do STF, independentemente de compartilharem as infraestruturas necessárias para a prestação do serviço.

Quanto à titularidade dos serviços de saneamento básico, a nova lei estabelece:

> Art. 8º Exercem a titularidade dos serviços públicos de saneamento básico:
> I - os Municípios e o Distrito Federal, no caso de interesse local;
> II - o Estado, em conjunto com os Municípios que compartilham efetivamente instalações operacionais integrantes de regiões metropolitanas, aglomerações urbanas e microrregiões, instituídas por lei complementar estadual, no caso de interesse comum.
> §1º O exercício da titularidade dos serviços de saneamento poderá ser realizado também por gestão associada, mediante consórcio público ou convênio de cooperação, nos termos do art. 241 da Constituição Federal, observadas as seguintes disposições: [...].

Como se verifica, a lei prevê agora três formas de titularidade dos serviços públicos de saneamento: (i) dos municípios e Distrito Federal em caso de interesse local; (ii) das regiões metropolitanas, aglomerações urbanas e microrregiões, instituídas por lei complementar estadual, no caso de interesse comum; e, finalmente, (iii) por gestão associada entre entes federativos, mediante consórcio público ou convênio de cooperação.

Acrescentamos, ainda, outras formas de titularidade relacionadas às hipóteses de prestação regionalizada, não referentes às regiões metropolitanas, aglomerações urbanas e microrregiões, mas aquelas que são dirigidas diretamente pelos estados ou pela União, conforme o caso. Estamos falando da unidade regional de saneamento básico (art. 3º, inc. VI, alínea "b"), que pode ser instituída pelos estados, e do bloco de referência (art. 3º, inc. VI, alínea "c"), que pode ser instituído pela União Federal.

Passamos a tratar desta questão no próximo tópico.

5   A regionalização dos serviços de saneamento básico

A regionalização dos serviços de saneamento básico é importantíssima para a universalização dos serviços, na medida em que confere viabilidade técnica e econômico-financeira para atender a diversos municípios ao mesmo tempo. É o modelo em que uma prestadora/ concessionária presta serviços de saneamento a um agrupamento de municípios não necessariamente limítrofes, e nem todos necessariamente lucrativos.

Os ganhos de escala tornam economicamente viável atender, no mesmo contrato, a municípios maiores e com mais recursos e municípios menores e com menos recursos. Mesclar municípios *mais ricos* e *mais pobres* segue a lógica de colocar no mesmo bloco os popularmente designados *filé e osso*. Dificilmente, os municípios menores e de baixo poder aquisitivo, separados ou até conjuntamente, terão condição de despertar o interesse do mercado numa licitação para os serviços de saneamento. Daí a necessidade de mesclar os municípios, a fim de viabilizar técnica e economicamente a universalização dos serviços.

Como já mencionado, a regionalização também permite a adoção da política de subsídios cruzados para atender a parcelas mais pobres da população, contribuindo para a universalização dos serviços. Nesse sentido, o novo art. 31, *caput* e inc. III, da Lei nº 11.445/2007, prevê que "os subsídios destinados ao atendimento de usuários determinados de baixa renda serão, dependendo da origem dos recursos", "internos a cada titular ou entre titulares, nas hipóteses de prestação regionalizada".

A importância da prestação regionalizada foi reconhecida pelo legislador que a considerou princípio fundamental dos serviços de saneamento básico, "com vistas à geração de ganhos de escala e à garantia da universalização e da viabilidade técnica e econômico-financeira dos serviços" (art. 2º, XIV, Lei nº 11.445/2007).

A importância e a lógica da prestação regionalizada foram muito bem captadas pelo já citado precedente do STF no julgamento da ADI nº 1.842-RJ:

> Nada obstante a competência municipal do poder concedente do serviço público de saneamento básico, o alto custo e o monopólio natural do serviço, além da existência de várias etapas – como captação, tratamento, adução, reserva, distribuição de água e o recolhimento, condução e disposição final de esgoto – que comumente ultrapassam os limites territoriais de um município, indicam a existência de interesse comum do serviço de saneamento básico. A função pública do saneamento básico frequentemente extrapola o interesse local e passa a ter natureza de interesse comum no caso de instituição de regiões metropolitanas, aglomerações urbanas e microrregiões, nos termos do art. 25, §3º, da Constituição Federal. *Para o adequado atendimento do interesse comum, a integração municipal do serviço de saneamento básico pode ocorrer tanto voluntariamente, por meio de gestão associada, empregando convênios de cooperação ou consórcios públicos, consoante os arts. 3º, II, e 24 da Lei Federal 11.445/2007 e o art. 241 da Constituição Federal, como compulsoriamente, nos*

termos em que prevista na lei complementar estadual que institui as aglomerações urbanas. (Grifos nossos)

Ocorre que, ao tratar da prestação regionalizada dos serviços, a lei parece necessitar de especial esforço hermenêutico. Cabe, pois, aos juristas fazer uma interpretação teleológica e sistemática para permitir a compreensão da verdadeira intenção da lei.

O art. 3º da Lei nº 11.445/2007 assim define a prestação regionalizada:

> Art. 3º Para fins do disposto nesta Lei, considera-se: [...]
> VI - prestação regionalizada: modalidade de prestação integrada de um ou mais componentes dos serviços públicos de saneamento básico em determinada região cujo território abranja mais de um Município, podendo ser estruturada em:
> a) região metropolitana, aglomeração urbana ou microrregião: unidade instituída pelos Estados mediante lei complementar, de acordo com o §3º do art. 25 da Constituição Federal, composta de agrupamento de Municípios limítrofes e instituída nos termos da Lei nº 13.089, de 12 de janeiro de 2015 (Estatuto da Metrópole);
> b) unidade regional de saneamento básico: unidade instituída pelos Estados mediante lei ordinária, constituída pelo agrupamento de Municípios não necessariamente limítrofes, para atender adequadamente às exigências de higiene e saúde pública, ou para dar viabilidade econômica e técnica aos Municípios menos favorecidos;
> c) bloco de referência: agrupamento de Municípios não necessariamente limítrofes, estabelecido pela União nos termos do §3º do art. 52 desta Lei e formalmente criado por meio de gestão associada voluntária dos titulares; [...].

Num primeiro momento, parece que as formas de prestação regionalizada se esgotam no inc. VI do art. 3º. No entanto, consideramos a gestão associada também um modo de prestação regionalizada, na forma do art. 3º, II, que a define como "associação voluntária entre entes federativos, por meio de consórcio público ou convênio de cooperação, conforme disposto no art. 241 da Constituição Federal".

Assim, entendemos que existem quatro formas de prestação regionalizada: (i) por meio da região metropolitana, aglomerações urbanas ou microrregiões de municípios limítrofes, de acordo com lei complementar estadual; (ii) por intermédio da unidade regional de saneamento básico, constituída pelo agrupamento de municípios não necessariamente limítrofes, que pode ser instituída pelos estados mediante lei ordinária; (iii) por meio do bloco de referência, constituído por municípios não necessariamente limítrofes, que pode ser instituída pela União Federal de forma subsidiária aos estados mediante acordo voluntário entre os integrantes; e, finalmente, (iv) por gestão associada entre os entes federativos por meio de consórcio público ou convênio de cooperação.[18]

Reforça este entendimento o disposto no art. 50, VIII, da Lei nº 11.445/2007, que menciona três distintas estruturas de governança: unidade regional de saneamento básico, bloco de referência e gestão associada.

Vale dizer, ainda, que a interpretação ora proposta vai ao encontro dos fundamentos constantes do julgamento da ADI nº 1.842-RJ pelo STF. Conforme a parte grifada da transcrição da ementa do acórdão *supra*, o STF fixou entendimento no seguinte sentido:

> para o adequado atendimento do interesse comum, a integração municipal do serviço de saneamento básico pode ocorrer tanto voluntariamente, por meio de gestão associada, empregando convênios de cooperação ou consórcios públicos, consoante o arts. 3º, II, e 24 da Lei Federal 11.445/2007 e o art. 241 da Constituição Federal, como compulsoriamente, nos termos em que prevista na lei complementar estadual que institui as aglomerações urbanas.

Nas palavras do Ministro Nelson Jobim, "a decisão do Supremo, nessa matéria, deve viabilizar soluções flexíveis".

De fato, nem poderia o legislador ordinário restringir o alcance do art. 241 da CRFB que permite a celebração de "convênios de cooperação entre os entes federados, autorizando a gestão associada de serviços públicos, bem como a transferência total ou parcial de encargos, serviços, pessoal e bens essenciais à continuidade dos serviços transferidos". Como reconhece a doutrina, a CRFB é ampla o suficiente para admitir variadas formas de federalismo cooperativo.[19]

---

[18] No mesmo sentido: ANTUNES, Paulo de Bessa; D'OLIVEIRA, Rafael Lima Daudt. Breves considerações sobre o novo marco regulatório do saneamento básico – Lei nº 14.026, de 15 de julho de 2020. *Genjuridico.com.br*, 23 jul. 2020. Disponível em: http://genjuridico.com.br/2020/07/23/marco-regulatorio-saneamento-basico/. Acesso em: 3 ago. 2020.

[19] "Esse quadro de interações entre os entes federativos acentua-se consideravelmente tendo em conta os modelos contemporâneos de federalismo cooperativo – do qual a Constituição de 1988 é um exemplo –, em que as competências dos entes não são estanques, mas se comunicam sob variadas formas" (BARROSO, Luís Roberto. Parecer nº 02/2007. *R. Dir. Proc. Geral*, Rio de Janeiro, v. 62, 2007. p. 365).

Interessante observar que, salvo na hipótese de interesse metropolitano (região metropolitana, aglomerações urbanas ou microrregiões, cuja integração é compulsória, de acordo com a ADI nº 1.842-RJ), a adesão às estruturas das formas de prestação regionalizada é facultativa (art. 8º-A da Lei nº 11.445/2007).

Entretanto, pode implicar impedimento para o recebimento de verbas federais. Assim se diz porque consta do art. 50 da Lei nº 11.445/2007 que a alocação de recursos públicos federais e os financiamentos com recursos da União ou com recursos geridos ou operados por órgãos ou entidades da União serão condicionados: (i) à estruturação de prestação regionalizada (inc. VII); (ii) à adesão pelos titulares dos serviços públicos de saneamento básico à estrutura de governança correspondente em até 180 (cento e oitenta) dias contados de sua instituição, nos casos de unidade regional de saneamento básico, blocos de referência e gestão associada (inc. VIII).

6   A regulação por performance e as metas de desempenho e de universalização

A nova lei encampa a chamada regulação por *performance* ou baseada em desempenho, que é utilizada, há muito, em alguns países do mundo na regulação ambiental.[20] Trata-se de técnica regulatória que, em vez de prescrever exatamente quais condutas devem os regulados adotar, "o regulador limita-se a estabelecer metas de desempenho", com base em parâmetros mensuráveis, objetivos e bem definidos que são utilizados para monitorar o desempenho dos regulados.[21] Estes "têm flexibilidade para determinar como cumprir os critérios de desempenho estabelecidos".[22]

A regulação por *performance*, dada a sua flexibilidade quanto aos meios utilizados, fomenta a inovação tecnológica e a adoção das melhores tecnologias disponíveis. Além disso, reduz o custo regulatório

---

[20] Daniel Fiorino afirma que se trata de uma nova regulação ambiental com base em modernos parâmetros, destacando que o resultado desejado seria um contínuo aprimoramento das atividades com base numa variada gama de indicadores ambientais, com o objetivo contínuo da redução de impactos ambientais adversos, em vez da conformidade com um conjunto de regras (FIORINO, D. J. *The new environmental regulation*. Massachusetts: The MIT Press, 2006. p. 197).

[21] D'OLIVEIRA, Rafael Lima Daudt. *A simplificação no direito administrativo e ambiental*. Rio de Janeiro: Lumen Juris, 2020. p. 84-85.

[22] D'OLIVEIRA, Rafael Lima Daudt. *A simplificação no direito administrativo e ambiental*. Rio de Janeiro: Lumen Juris, 2020. p. 85.

para todas as partes envolvidas. Para o seu sucesso, a doutrina alerta para a necessidade da adoção de *indicadores de desempenho*, que são métricas que quantificam a *performance* dos agentes de acordo com os objetivos pretendidos.[23]

O novo art. 10-A da Lei nº 11.445/2007 prevê que os contratos de prestação dos serviços de saneamento básico deverão conter, expressamente, sob pena de nulidade:

> metas de expansão dos serviços, de redução de perdas na distribuição de água tratada, de qualidade na prestação dos serviços, de eficiência e de uso racional da água, da energia e de outros recursos naturais, do reúso de efluentes sanitários e do aproveitamento de águas de chuva, em conformidade com os serviços a serem prestados. (inc. I)

Cuida-se de previsão expressa da regulação por *performance* com os objetivos de (i) proceder à universalização (metas de expansão) e (ii) melhorar a qualidade dos serviços, (iii) reduzir perdas na distribuição de água, (iv) racionalizar o uso da água e dos recursos naturais e incentivar (v) a eficiência energética, (vi) o reúso de efluentes sanitários e (vii) o aproveitamento da água da chuva.

O que ora afirmamos é reforçado pelo disposto no art. 2º, XIII, da Lei nº 11.445/2007, que estabelece como princípio fundamental dos serviços de saneamento básico a "redução e controle das perdas de água, inclusive na distribuição de água tratada, estímulo à racionalização de seu consumo pelos usuários e fomento à eficiência energética, ao reúso de efluentes sanitários e ao aproveitamento de águas de chuva". E pelo art. 11, V, da mesma lei, que prevê como condição de validade dos contratos "a existência de metas e cronograma de universalização dos serviços de saneamento básico".

Em relação às metas de universalização, a lei é ambiciosa. Com efeito, o art. 11-B da Lei nº 11.445/2007 prevê que:

> os contratos de prestação dos serviços públicos de saneamento básico deverão definir metas de universalização que garantam o atendimento de 99% (noventa e nove por cento) da população com água potável e de 90% (noventa por cento) da população com coleta e tratamento de esgotos até 31 de dezembro de 2033, assim como metas quantitativas de não intermitência do abastecimento, de redução de perdas e de melhoria dos processos de tratamento.

---

[23] D'OLIVEIRA, Rafael Lima Daudt. *A simplificação no direito administrativo e ambiental*. Rio de Janeiro: Lumen Juris, 2020. p. 85-86.

Entretanto, existe uma possibilidade de dilação do prazo para o cumprimento das metas de universalização até, no máximo, 1º.1.2040, desde que haja anuência prévia da agência reguladora: "quando os estudos para a licitação da prestação regionalizada apontarem para a inviabilidade econômico-financeira da universalização na data referida no *caput* deste artigo, mesmo após o agrupamento de Municípios de diferentes portes" (art. 11-B, §9º).

Pode se inferir então que a flexibilização a maior do prazo de cumprimento das metas de universalização deve se dar *a priori*, ou seja, já quando da licitação da concessão. Será, portanto, bastante discutível que eventuais reequilíbrios econômico-financeiros se deem – *a posteriori* – mediante a flexibilização do prazo de cumprimento das metas de universalização.

Há uma regra para os contratos firmados por meio de procedimentos licitatórios que possuam metas diversas daquelas apontadas adrede (art. 11-B, §2º). Esses contratos não serão alterados, em regra, em homenagem à segurança jurídica e à proteção da confiança legítima. Mas "o titular do serviço deverá buscar alternativas para atingir as metas definidas", por meio da "prestação direta da parcela remanescente", "licitação complementar para atingimento da totalidade da meta" e "aditamento de contratos já licitados, incluindo eventual reequilíbrio econômico-financeiro, desde que em comum acordo com a contratada" (§2º, incs. I, II e III, respectivamente).

Vale destacar que o §8º, do mesmo artigo, estabelece que "os contratos provisórios não formalizados e os vigentes prorrogados em desconformidade com os regramentos estabelecidos nesta Lei serão considerados irregulares e precários". E o seu §5º procura tornar efetivo o cumprimento das metas de universalização, à medida que prevê a sua verificação anual pela agência reguladora, "observando-se um intervalo dos últimos 5 (cinco) anos, nos quais as metas deverão ter sido cumpridas em, pelo menos, 3 (três), e a primeira fiscalização deverá ser realizada apenas ao término do quinto ano de vigência do contrato".

A redação do citado §5º é extremamente confusa, referindo-se a um sem-número de termos *a quo* e prazos diversos, intricados entre si, o que certamente demandará um esforço adicional dos intérpretes aplicadores da regra. Cremos que, primariamente, o §5º deve ser interpretado juntamente com o §7º do mesmo art. 11-B.[24]

---

[24] "§7º No caso do não atingimento das metas, nos termos deste artigo, deverá ser iniciado procedimento administrativo pela agência reguladora com o objetivo de avaliar as ações a

Os reguladores e os contratos devem conter o gradualismo no cumprimento de metas que a lei preconiza, para que eventuais problemas na universalização do serviço sejam já do seu início percebidas e, se for o caso, sancionadas. Mister se faz também que sejam previstas garantias para o caso do seu descumprimento.

Além disso, é recomendável que, desde o início, o não cumprimento das metas seja refletido no valor da remuneração da concessionária, diminuindo-o, haja vista que a regulação por *performance* pretende justamente criar estímulos econômicos ao cumprimento anual das metas de desempenho.

O art. 10-B da Lei nº 11.445/2007 prevê que a celebração ou continuidade dos contratos serão condicionadas "à comprovação da capacidade econômico-financeira da contratada, por recursos próprios ou por contratação de dívida, com vistas a viabilizar a universalização dos serviços na área licitada até 31 de dezembro de 2033, nos termos do §2º do art. 11-B desta Lei".

O §7º do art. 11-B traz uma regra que visa a dar efetividade ao cumprimento das metas de desempenho, ao prever que:

> no caso do não atingimento das metas, nos termos deste artigo, deverá ser iniciado procedimento administrativo pela agência reguladora com o objetivo de avaliar as ações a serem adotadas, incluídas medidas sancionatórias, com eventual declaração de caducidade da concessão, assegurado o direito à ampla defesa.

Esperamos que as agências reguladoras não sejam complacentes com o descumprimento das metas de desempenho e que, além da sanção, adotem também incentivos ao aprimoramento contínuo das atividades reguladas e ao cumprimento dos indicadores e que as verifiquem a cada passo.

Para finalizar este tópico, vale mencionar a importantíssima regra prevista no art. 44, §3º, da Lei nº 11.445/2007:

> a agência reguladora competente [e acresceríamos naturalmente o próprio contrato] estabelecerá metas progressivas para a substituição do sistema unitário pelo sistema separador absoluto, sendo obrigatório o tratamento dos esgotos coletados em períodos de estiagem, enquanto durar a transição.

---

serem adotadas, incluídas medidas sancionatórias, com eventual declaração de caducidade da concessão, assegurado o direito à ampla defesa".

A regra, sem dúvida nenhuma, é de extrema importância para finalmente viabilizar a separação entre os sistemas de esgotos e das galerias de águas pluviais, que hoje, em boa parte do país, são unificados. E prevê a técnica chamada de *captação em tempo seco*, a ser utilizada de forma transitória. Espera-se que soluções transitórias não se tornem definitivas, como de costume no setor.

7 Os planos de saneamento básico

A Lei nº 11.445/2007 foi alterada para se acrescentar parágrafos ao art. 17 que versa sobre o plano regional de saneamento básico para o conjunto de municípios atendidos. O §1º permite que o plano regional de saneamento básico contemple "um ou mais componentes do saneamento básico, com vistas à otimização do planejamento e da prestação dos serviços". Os §§2º e 3º trazem a regra de bom senso de que o plano regional de saneamento básico prevalece sobre e dispensa a elaboração dos planos municipais de saneamento. Finalmente, o §4º prevê o suporte para a elaboração dos planos não só de órgãos e entidades públicos, como também dos prestadores dos serviços.

O art. 19 da Lei nº 11.445/2007 igualmente sofreu acréscimo de parágrafos. O seu atual §1º prevê que os planos de saneamento básico "serão aprovados por atos dos titulares e poderão ser elaborados com base em estudos fornecidos pelos prestadores de cada serviço". O dispositivo citado fala na aprovação por "atos dos titulares", o que pressupõe a edição, não só de lei, mas principalmente de regulamento, promovendo uma simplificação[25] na elaboração dos planos, o que constituiu medida elogiável.

Além disso, o referido parágrafo contempla a possibilidade de os planos serem elaborados com base em estudos formulados pelos próprios prestadores de serviços. Parece-nos que esta previsão também é positiva, na medida em que, como se sabe, nem sempre o Poder Público tem recursos para efetuar tais estudos. É recomendável, no entanto, uma análise cuidadosa dos estudos apresentados, que podem ser tendenciosos, com intuito de favorecimento da própria empresa e, assim, podem revelar conflitos de interesses. Apesar da louvável

---

[25] Sobre a simplificação, cf.: D'OLIVEIRA, Rafael Lima Daudt. *A simplificação no direito administrativo e ambiental*. Rio de Janeiro: Lumen Juris, 2020.

cooperação entre público e privado, realmente os riscos de captura e de assimetria informacional não são desprezíveis.[26]

De forma semelhante, o parágrafo único do art. 19 da Lei nº 14.026/2020 traz a previsão de que "os estudos que fundamentem a concessão ou a privatização, desde que contenham os requisitos legais necessários", serão considerados planos de saneamento básico, sendo medida que facilita a elaboração dos planos.

O §3º prevê a necessidade de compatibilidade dos planos de saneamento básico "com os planos das bacias hidrográficas e com planos diretores dos Municípios em que estiverem inseridos, ou com os planos de desenvolvimento urbano integrado das unidades regionais por eles abrangidas". O §4º impõe a revisão dos planos em prazo não superior a 10 (dez) anos.

O §9º traz regra interessante quando prevê a possibilidade de os municípios com população inferior a 20.000 (vinte mil) habitantes apresentarem planos simplificados de saneamento, com menor nível de detalhamento. Trata-se da simplificação dos planos de saneamento, segundo os princípios da proporcionalidade e da realidade.

Registramos, ainda, que o art. 19 da Lei nº 14.026/2020 estabeleceu:

> os titulares de serviços públicos de saneamento básico deverão publicar seus planos de saneamento básico até 31 de dezembro de 2022, manter controle e dar publicidade sobre o seu cumprimento, bem como comunicar os respectivos dados à ANA para inserção no Sinisa.

---

[26] A corrupção no Brasil vem sendo observada no cenário internacional já há alguns anos. Em episódio internacionalmente conhecido, ocorrido em outubro de 2007, quando da visita realizada pelo Presidente dos EUA Bill Clinton ao Brasil, o Departamento do Comércio dos Estados Unidos elaborou um relatório indicando que havia "um excelente potencial de negócios no Brasil, mas aqui a corrupção ainda é endêmica na cultura brasileira". Mais recentemente, o WikiLeaks divulgou o teor de um telegrama confidencial de 19.2.2009, enviado pela embaixada dos Estados Unidos no Brasil para o Governo norte-americano, que definia as instituições brasileiras como generalizadamente corruptas: "Apesar de muitos juristas serem de alto nível, o sistema judiciário brasileiro é frequentemente descrito como disfuncional e afetado por jurisdições que se sobrepõem, falta de treinamento, burocracia absurda e acúmulos [de processos] esmagadores. A corrupção persistente e generalizada afeta os três poderes do governo [Executivo, Legislativo e Judiciário]. A aptidão das forças da ordem é afetada por falta de treinamento, rivalidades burocráticas, corrupção em algumas agências e as forças policiais são muito pequenas para cobrir um país de quase 200 milhões de habitantes" (CHADE, Jamil. Carta de embaixador dos EUA mostra preocupação com corrupção no governo Lula. *Estadão*, 9 set. 2011. Disponível em: http://politica.estadao.com.br/noticias/geral,carta-de-embaixador-dos-eua-mostra-preocupacao-com-corrupcao-no-governo--lula,770155. Acesso em: 10 ago. 2020).

8 Licenciamento ambiental

O novo marco regulatório prevê algumas novidades em relação ao licenciamento ambiental. O art. 44 da Lei nº 11.445/2007 disciplina aspectos do licenciamento ambiental, prescrevendo que, para o tratamento de esgotos sanitários, de água e das instalações integrantes dos serviços públicos de manejo de resíduos sólidos, serão considerados requisitos "de eficácia e eficiência, a fim de alcançar progressivamente os padrões estabelecidos pela legislação ambiental". Adota, também aqui, a ideia da regulação por *performance*, uma vez que o dispositivo fala em alcançar os padrões ambientais.

O §1º do art. 44 consagra o princípio da simplificação de procedimentos, eis que estabelece que devem ser previstos "procedimentos simplificados de licenciamento para as atividades a que se refere o *caput* deste artigo, em função do porte das unidades, dos impactos ambientais esperados e da resiliência de sua área de implantação".

Já o art. 21 da Lei nº 14.026/2020, cujo veto se encontra sob apreciação do Congresso Nacional, trataria de competência do licenciamento ambiental, o que, a nosso ver, só poderia ser feito por lei complementar, atualmente a LC nº 140/2011, editada na forma prevista no parágrafo único do art. 23 da CRFB. Portanto, parece-nos inconstitucional a previsão da competência municipal para o licenciamento ambiental das atividades, empreendimentos e serviços de saneamento básico, por violação das regras previstas na LC nº 140/2011.

Com efeito, de acordo com o art. 9º, XIV, da LC nº 140/2011, a competência do licenciamento ambiental municipal ocorre apenas em duas hipóteses de atividades: "a) que causem ou possam causar impacto ambiental de âmbito local, conforme tipologia definida pelos respectivos Conselhos Estaduais de Meio Ambiente, considerados os critérios de porte, potencial poluidor e natureza da atividade"; ou "b) localizados em unidades de conservação instituídas pelo Município, exceto em Áreas de Proteção Ambiental (APAs)".

Fora das hipóteses de atividades localizadas no interior de suas unidades de conservação, os municípios só podem licenciar atividades de impacto ambiental de âmbito local, de acordo com a definição dos respectivos conselhos estaduais de meio ambiente. Logo, a lei ordinária não pode contrariar esta regra, sob pena de inconstitucionalidade pela violação das regras da lei complementar.

Por fim, o §2º do art. 21 da Lei nº 14.026/2020, cujo veto ainda estava sob apreciação durante a elaboração deste artigo, prevê que "a aprovação do licenciamento de projeto de saneamento básico terá prioridade sobre os demais que tramitem no órgão ambiental". A regra seria muito importante, pois contribuiria para acelerar a análise de projetos essenciais para a proteção da saúde, do meio ambiente e para a dignidade e qualidade de vida dos cidadãos. Tratar-se-ia de um critério de sustentabilidade ecológica para estabelecer uma prioridade da tramitação de procedimentos altamente relevantes para a população. Sua efetividade prática teria, no entanto, poucos instrumentos coercitivos para se impor aos órgãos ambientais. Além disso, poderia, *prima facie*, ser questionável seu enquadramento como norma geral, eis que veicula uma obrigação procedimental a ser observada por estados e municípios – os quais têm competência para eleger as suas próprias prioridades no âmbito dos seus territórios.

9 Conclusão

A lei traz importantes inovações a respeito de diversos temas, como tivemos a oportunidade de examinar ao longo do texto, como incentivos à concorrência e à desestatização, melhoria do ambiente regulatório, ênfase na prestação regionalizada, previsão de metas de desempenho e de ambiciosas metas de universalização.

Contudo, em alguns pontos, a lei pareceu confusa, sendo o exemplo mais paradigmático as formas de prestação regionalizada que não são claras. Reafirmamos aqui a possibilidade da gestão associada de serviços públicos por meio de convênios de cooperação, nos termos do art. 241 da CRFB.

Sua implementação também deve ser bem criteriosa, já que a transferência do exercício de serviços públicos à iniciativa privada não é um fato que, por si só, represente a melhoria na sua prestação. Exige para tanto a adequada modelagem dos contratos de concessão e a eficiente regulação e controle das metas de desempenho e de universalização.

Informação bibliográfica deste texto, conforme a NBR 6023:2018 da Associação Brasileira de Normas Técnicas (ABNT):

ARAGÃO, Alexandre Santos de; D'OLIVEIRA, Rafael Daudt. Considerações iniciais sobre a Lei nº 14.026/2020 – Novo marco regulatório do saneamento básico. *In*: GUIMARÃES, Fernando Vernalha (Coord.). *O novo direito do saneamento básico*: estudos sobre o novo marco legal do saneamento básico no Brasil (de acordo com a Lei nº 14.026/2020 e respectiva regulamentação). Belo Horizonte: Fórum, 2022. p. 27-50. ISBN 978-65-5518-299-6.

LIXO URBANO. EVOLUÇÃO NO TRATAMENTO DO PROBLEMA

ADILSON ABREU DALLARI

I Introdução

O problema da coleta, transporte e disposição de resíduos sólidos produzidos por seres humanos, ou simplesmente o lixo, existe desde os primórdios da humanidade. Mas esse problema ficou mais acentuado com a urbanização, tanto pelo aumento do volume de resíduos, quanto pela maior dificuldade com a disposição final. A concentração de resíduos e a falta de meios de afastamento e tratamento de esgotos, certamente, contribuíram para as pestes que periodicamente assolavam as populações.

Este estudo enfoca apenas os problemas de limpeza pública, coleta, transporte e disposição final de resíduos sólidos urbanos, no Brasil e no momento atual, mediante o exame da legislação agora vigente. Não se trata de comentários à legislação vigente, mas, sim, apenas de exame dos dispositivos mais relevantes. Mais exatamente, o que se pretende é destacar alguns pontos da copiosa legislação em vigor, para, ao final, demonstrar como se pode evoluir nesse setor.

Um ponto relevante é a grande heterogeneidade entre as concentrações urbanas, desde as capitais e regiões metropolitanas até os pequenos municípios nas, também heterogêneas, regiões brasileiras. A autonomia administrativa e as carências de recursos permitiram certa tolerância (ou mesmo negligência) que impediu, ao longo do tempo, a adoção de medidas mais racionais e eficazes e, também, a busca de soluções em conjunto. A legislação em vigor, muito especialmente a Lei nº 14.026, de 15.7.2020, trouxe uma série de alterações na legislação anteriormente vigente, podendo permitir um grande avanço na solução do milenar problema.

II A Constituição Federal de 1988

Na Constituição Federal, a questão dos resíduos sólidos é tratada como um problema de saúde pública. Em seu art. 200, a CF trata do principal instrumento de cuidados com a saúde, o Sistema Único de Saúde – SUS, dizendo, em seu inc. IV, que a ele compete "participar da formulação da política e da execução das ações de saneamento básico", nas quais estão inseridos os problemas com o lixo urbano.

Ao dispor sobre a distribuição constitucional de competências, a CF, no art. 21, inc. XX, estabelece que compete à União "instituir diretrizes para o desenvolvimento urbano, inclusive habitação, saneamento básico e transportes urbanos", o que significa a possibilidade de indicar políticas públicas em matéria de saneamento básico, aí compreendida a questão dos resíduos sólidos. Mas o art. 23, inc. IX, dispõe ser de competência comum, da União, dos estados, do Distrito Federal e dos municípios "promover programas de construção de moradias e a melhoria das condições habitacionais e de saneamento básico". Por último, no art. 24, inc. XII, fica estabelecida a competência concorrente de todos os entes federados para legislar sobre "defesa da saúde", o que, como vimos, compreende o saneamento básico e, por conseguinte, o lixo urbano.

É certo, portanto, que a União pode legislar sobre o problema dos resíduos urbanos, determinando condutas e estabelecendo diretrizes, desde que não invada as competências dos entes menores ou impeça que eles cuidem da questão segundo suas peculiaridades.

A atuação da Administração Pública nesse setor pode ser feita por órgãos e entidades da Administração direta ou indireta, ou com o auxílio de particulares, por meio da concessão ou permissão de serviços públicos, prevista no art. 175 da CF, que é um instituto tradicional e consagrado no direito brasileiro. Mas a CF, com o advento da chamada Reforma Administrativa (Emenda Constitucional nº 19, de 4.6.1998), possibilitou a utilização de dois novos institutos: os consórcios públicos e os convênios de colaboração, previstos no art. 241:

A União, os Estados, o Distrito Federal e os Municípios disciplinarão por meio de lei os consórcios públicos e os convênios de cooperação entre os entes federados, autorizando a gestão associada de serviços públicos, bem como a transferência total ou parcial de encargos, serviços, pessoal e bens essenciais à continuidade dos serviços transferidos.

O consórcio público tem um importantíssimo papel na evolução dos serviços de operação de resíduos sólidos, porque é uma entidade apta para firmar convênios e contratos, outorgar concessões, promover desapropriações, receber auxílios, contribuições e subvenções, além de cobrar tarifas e preços.

III A Lei nº 11.445 de 5.1.2007 – Saneamento básico

Ao longo do tempo, diversas leis federais cuidaram da matéria, mas, no momento, está em vigor a Lei nº 11.445, de 5.1.2007, que estabelece diretrizes nacionais para o saneamento básico. Para melhor e rápido entendimento das ações que podem ser identificadas como integrantes do problema do lixo urbano, é preciso que se façam algumas transcrições, ainda que de fragmentos dessa lei.

O art. 3º aponta o que, dentro do conceito mais amplo de saneamento básico, deve ser entendido como limpeza urbana e manejo de resíduos sólidos:

Art. 3º Para fins do disposto nesta Lei, considera-se:
I - saneamento básico: conjunto de serviços públicos, infraestruturas e instalações operacionais de: [...]
c) limpeza urbana e manejo de resíduos sólidos: constituídos pelas atividades e pela disponibilização e manutenção de infraestruturas e instalações operacionais de coleta, varrição manual e mecanizada, asseio e conservação urbana, transporte, transbordo, tratamento e destinação final ambientalmente adequada dos resíduos sólidos domiciliares e dos resíduos de limpeza urbana.

O art. 3º-C, acrescentado ao texto original pela Lei nº 14.026, de 15.7.2020, trouxe uma especificação daquilo que está sumariamente apontado na alínea "c" acima transcrita:

Art. 3º-C. Consideram-se serviços públicos especializados de limpeza urbana e de manejo de resíduos sólidos as atividades operacionais de coleta, transbordo, transporte, triagem para fins de reutilização ou reciclagem, tratamento, inclusive por compostagem, e destinação final dos:

I - resíduos domésticos;

II - resíduos originários de atividades comerciais, industriais e de serviços, em quantidade e qualidade similares às dos resíduos domésticos, que, por decisão do titular, sejam considerados resíduos sólidos urbanos, desde que tais resíduos não sejam de responsabilidade de seu gerador nos termos da norma legal ou administrativa, de decisão judicial ou de termo de ajustamento de conduta; e

III - resíduos originários dos serviços públicos de limpeza urbana, tais como:

a) serviços de varrição, capina, roçada, poda e atividades correlatas em vias e logradouros públicos;

b) asseio de túneis, escadarias, monumentos, abrigos e sanitários públicos;

c) raspagem e remoção de terra, areia e quaisquer materiais depositados pelas águas pluviais em logradouros públicos;

d) desobstrução e limpeza de bueiros, bocas de lobo e correlatos;

e) limpeza de logradouros públicos onde se realizem feiras públicas e outros eventos de acesso aberto ao público; e

f) outros eventuais serviços de limpeza urbana.

Por sua vez o art. 7º, com a redação dada pela Lei nº 14.026, de 2020, mostra duas coisas importantes: a preocupação com o reaproveitamento dos resíduos, que pode reduzir o seu volume, e a interface com drenagem do solo urbano, dado que falhas ou omissões nessa tarefa podem resultar em inundações:

Art. 7º Para os efeitos desta Lei, o serviço público de limpeza urbana e de manejo de resíduos sólidos urbanos é composto pelas seguintes atividades:

I - de coleta, de transbordo e de transporte dos resíduos relacionados na alínea "c" do inciso I do caput do art. 3º desta Lei;

II - de triagem, para fins de reutilização ou reciclagem, de tratamento, inclusive por compostagem, e de destinação final dos resíduos relacionados na alínea "c" do inciso I do caput do art. 3º desta Lei; e

III - de varrição de logradouros públicos, de limpeza de dispositivos de drenagem de águas pluviais, de limpeza de córregos e outros serviços, tais como poda, capina, raspagem e roçada, e de outros eventuais serviços de limpeza urbana, bem como de coleta, de acondicionamento e de destinação final ambientalmente adequada dos resíduos sólidos provenientes dessas atividades.

O art. 8º autorizou os titulares de serviços de saneamento básico a delegar a organização, a regulação, a fiscalização e a prestação desses serviços a consórcios públicos, uma nova entidade criada pelo art. 241 da

CF e disciplinada pela Lei nº 11.107, de 6.4.2005, que pode se constituir como associação pública ou pessoa jurídica de direito privado. Além dessa plasticidade em sua criação, que permite ajustamentos a situações concretas específicas, cabe destacar as amplas competências da entidade, mediante a transcrição do art. 2º da mencionada lei:

> Art. 2º Os objetivos dos consórcios públicos serão determinados pelos entes da Federação que se consorciarem, observados os limites constitucionais.
> §1º Para o cumprimento de seus objetivos, o consórcio público poderá:
> I - firmar convênios, contratos, acordos de qualquer natureza, receber auxílios, contribuições e subvenções sociais ou econômicas de outras entidades e órgãos do governo;
> II - nos termos do contrato de consórcio de direito público, promover desapropriações e instituir servidões nos termos de declaração de utilidade ou necessidade pública, ou interesse social, realizada pelo Poder Público; e
> III - ser contratado pela administração direta ou indireta dos entes da Federação consorciados, dispensada a licitação.
> §2º Os consórcios públicos poderão emitir documentos de cobrança e exercer atividades de arrecadação de tarifas e outros preços públicos pela prestação de serviços ou pelo uso ou outorga de uso de bens públicos por eles administrados ou, mediante autorização específica, pelo ente da Federação consorciado.
> §3º Os consórcios públicos poderão outorgar concessão, permissão ou autorização de obras ou serviços públicos mediante autorização prevista no contrato de consórcio público, que deverá indicar de forma específica o objeto da concessão, permissão ou autorização e as condições a que deverá atender, observada a legislação de normas gerais em vigor.

Por último, cabe transcrever o §1º e seus incisos, do art. 12, que destaca a importância da regulação, para o estabelecimento de padrões de serviço, para a articulação de diferentes prestadores e para a sustentabilidade econômica dos serviços.

> Art. 12. Nos serviços públicos de saneamento básico em que mais de um prestador execute atividade interdependente com outra, a relação entre elas deverá ser regulada por contrato e haverá entidade única encarregada das funções de regulação e de fiscalização.
> §1º A entidade de regulação definirá, pelo menos:
> I - as normas técnicas relativas à qualidade, quantidade e regularidade dos serviços prestados aos usuários e entre os diferentes prestadores envolvidos;

II - as normas econômicas e financeiras relativas às tarifas, aos subsídios e aos pagamentos por serviços prestados aos usuários e entre os diferentes prestadores envolvidos;

III - a garantia de pagamento de serviços prestados entre os diferentes prestadores dos serviços;

IV - os mecanismos de pagamento de diferenças relativas a inadimplemento dos usuários, perdas comerciais e físicas e outros créditos devidos, quando for o caso;

V - o sistema contábil específico para os prestadores que atuem em mais de um Município.

Enfim, neste tópico foram destacados alguns dispositivos especificamente relacionados com o lixo urbano, constantes de uma lei geral de diretrizes nacionais para o saneamento básico. Cabe agora examinar a legislação específica sobre o assunto.

IV A Lei nº 12.305 de 2.8.2010 – Resíduos sólidos

A Lei nº 12.305, de 2.8.2010, conforme expresso em sua ementa, institui a Política Nacional de Resíduos sólidos, consolidando a legislação anteriormente existente e reunindo em um só texto normas sobre as diretrizes relativas à gestão integrada e ao gerenciamento de resíduos sólidos, às responsabilidades dos geradores e do Poder Público e aos instrumentos econômicos aplicáveis.

Trata-se de uma lei nacional, de observância obrigatória pela União, estados, Distrito Federal e municípios. Ao mesmo tempo em que estabelece um tratamento integrado e articulado entre os níveis de governo, traz um problema sério decorrente da heterogeneidade entre as regiões brasileiras e, principalmente, entre os municípios, entre os quais um grande número não tem a menor condição de dar efetivo cumprimento a todas as suas muitas (e muito detalhadas) disposições. De todo modo, é um avanço no tratamento da matéria, exigindo, entretanto, um cuidado na sua aplicação, que deve levar em conta as peculiaridades de cada caso.

Logo no art. 3º a lei tem um glossário, um rol de definições, para uniformizar a linguagem e o entendimento sobre cada um dos específicos temas enfocados, a começar pelo conceito de resíduos sólidos, no inc. XVI:

> resíduos sólidos: material, substância, objeto ou bem descartado resultante de atividades humanas em sociedade, a cuja destinação final se

procede, se propõe proceder ou se está obrigado a proceder, nos estados sólido ou semissólido, bem como gases contidos em recipientes e líquidos cujas particularidades tornem inviável o seu lançamento na rede pública de esgotos ou em corpos d'água, ou exijam para isso soluções técnica ou economicamente inviáveis em face da melhor tecnologia disponível.

Pelo menos fica claro sobre o que se está dispondo.

Não é o caso de se transcrever todos os dezenove incisos, bastando a referência a três deles, de maior importância para a demonstração da evolução no tratamento da matéria, copiando apenas o essencial. O inc. XII define a logística reversa como "instrumento de desenvolvimento econômico e social caracterizado por um conjunto de ações, procedimentos e meios destinados a viabilizar a coleta e a restituição dos resíduos sólidos ao setor empresarial, para reaproveitamento"; o inc. XIV trata da reciclagem como "processo de transformação dos resíduos sólidos que envolve a alteração de suas propriedades físicas, físico-químicas ou biológicas, com vistas à transformação em insumos ou novos produtos"; e o inc. XVII cuida da responsabilidade compartilhada, como

> conjunto de atribuições individualizadas e encadeadas dos fabricantes, importadores, distribuidores e comerciantes, dos consumidores e dos titulares dos serviços públicos de limpeza urbana e de manejo dos resíduos sólidos, para minimizar o volume de resíduos sólidos e rejeitos gerados, bem como para reduzir os impactos causados à saúde humana e à qualidade ambiental decorrentes do ciclo de vida dos produtos.

Em seu conjunto, esses assuntos que serão objeto de disciplina pelos artigos da lei já mostram a preocupação com a redução dos resíduos, o seu reaproveitamento e a responsabilidade conjunta ou solidária pela solução dos problemas que, ao longo do tempo, não eram objeto de maiores preocupações, sendo o lixo tratado mediante práticas ineficientes, sem qualquer articulação entre os agentes, agressivas ao meio ambiente, e que somente agravavam os aspectos negativos.

Um salto para o art. 6º, que aponta os princípios e objetivos da Política Nacional de Resíduos Sólidos, comprova o novo encaminhamento do problema, bastando que se destaquem os seguintes:

> VI - a cooperação entre as diferentes esferas do poder público, o setor empresarial e demais segmentos da sociedade;
> VII - a responsabilidade compartilhada pelo ciclo de vida dos produtos;
> VIII - o reconhecimento do resíduo sólido reutilizável e reciclável como um bem econômico e de valor social, gerador de trabalho e renda e promotor de cidadania.

Essa atuação conjunta articulada é incentivada por uma série de instrumentos destinados à implantação dessa política nacional, merecendo destaque a criação de dois fundos financeiros (art. 8º, X): o Fundo Nacional do Meio Ambiente e o Fundo Nacional de Desenvolvimento Científico e Tecnológico, cujo acesso vai depender do cumprimento das normas aqui estabelecidas.

A lei, nos arts. 11 e 15, especifica as competências dos estados e da União para a implantação do plano nacional. Mas, no tocante aos resíduos sólidos urbanos, o papel mais relevante cabe aos municípios, que deverão ter, cada um deles, seu plano de gestão integrada. Para que se tenha uma visão do conteúdo desse plano é forçoso transcrever o art. 18 e seu §1º:

> Art. 18. A elaboração de plano municipal de gestão integrada de resíduos sólidos, nos termos previstos por esta Lei, é condição para o Distrito Federal e os Municípios terem acesso a recursos da União, ou por ela controlados, destinados a empreendimentos e serviços relacionados à limpeza urbana e ao manejo de resíduos sólidos, ou para serem beneficiados por incentivos ou financiamentos de entidades federais de crédito ou fomento para tal finalidade.
>
> §1º Serão priorizados no acesso aos recursos da União referidos no caput os Municípios que:
>
> I - optarem por soluções consorciadas intermunicipais para a gestão dos resíduos sólidos, incluída a elaboração e implementação de plano intermunicipal, ou que se inserirem de forma voluntária nos planos microrregionais de resíduos sólidos referidos no §1º do art. 16;
>
> II - implantarem a coleta seletiva com a participação de cooperativas ou outras formas de associação de catadores de materiais reutilizáveis e recicláveis formadas por pessoas físicas de baixa renda.

A lei deixa muito claro que a União vai se valer da possível transferência de recursos financeiros federais para induzir a somatória de esforços, a atuação conjunta e articulada, a redução dos danos ambientais e a solução de problemas sociais. Nesse sentido, merecem destaque o art. 42, que trata dos instrumentos econômicos para a melhoria do serviço relativo a resíduos sólidos, o art. 43, que cuida da concessão de benefícios creditícios, o art. 47, que proíbe o lançamento de resíduos *in natura* a céu aberto e quaisquer corpos hídricos, e o art. 48, que proíbe, nas áreas de disposição final de resíduos sólidos, a utilização dos rejeitos dispostos como alimentação, a catação (salvo quando associada a programas de inclusão social e à emancipação econômica de catadores de materiais reutilizáveis e recicláveis), a criação de animais domésticos e a fixação de habitações temporárias ou permanentes.

Esta parte final é muito relevante para se evidenciar a evolução humanitária no tratamento do problema do lixo. Desde muito tempo e no atual momento, muita gente mora em habitações precárias em meio aos lixões, com animais domésticos, em condições sanitárias deploráveis, dedicando-se à coleta de resíduos aproveitáveis, inclusive para a própria alimentação, como é o caso de produtos alimentícios com prazo de validade vencido. É de se esperar que, pelo menos, tais situações deixem de existir.

V A Lei nº 14.026 de 15.7.2020 – Novo marco legal

A Lei nº 14.026, de 15.7.2020, atualiza o marco legal do saneamento básico, alterando a legislação vigente sobre a matéria. Em seu art. 1º, ela redefine as funções da ANA (Agência Nacional de Águas), que passa a ser Agência Nacional de Águas e Saneamento, sendo responsável pela instituição de normas de referência para a regulação de serviços de saneamento básico, compreendendo, necessariamente, o setor de resíduos sólidos urbanos. Tais normas de referência são aplicáveis aos titulares dos serviços, e suas respectivas entidades reguladoras e fiscalizadoras.

Nos termos do §1º do art. 4º-A, caberá à ANA estabelecer normas de referência sobre, entre outros temas, padrões de qualidade e eficiência na operação dos sistemas de saneamento básico; regulação tarifária dos serviços, com vistas a promover a prestação adequada, o uso racional de recursos naturais, o equilíbrio econômico-financeiro e a universalização do acesso ao saneamento básico; governança das entidades reguladoras; conteúdo mínimo para a prestação universalizada e para a sustentabilidade econômico-financeira dos serviços públicos de saneamento básico.

Entre os objetivos almejados cabe destacar: promover a prestação adequada dos serviços, com atendimento pleno aos usuários; estimular a livre concorrência, a competitividade, a eficiência e a sustentabilidade econômica na prestação dos serviços; estimular a cooperação entre os entes federativos; incentivar a regionalização da prestação dos serviços, de modo a contribuir para a viabilidade técnica e econômico-financeira, a criação de ganhos de escala e de eficiência e a universalização dos serviços.

Seguindo tendências atuais no tocante à solução de eventuais conflitos, o §5º deste mesmo art. 4º-A determina que a ANA disponibilizará, em caráter voluntário e com sujeição à concordância entre as partes, ação mediadora ou arbitral nos conflitos que envolvam titulares, agências reguladoras ou prestadores de serviços públicos de saneamento básico. Certamente isso poderá evitar um considerável número de conflitos que se eternizam no âmbito do Poder Judiciário. Nessa mesma linha de evitar problemas, a ANA prestará orientação na avaliação do impacto regulatório e no cumprimento das normas de referência pelos órgãos e pelas entidades responsáveis pela regulação e pela fiscalização dos serviços, cabendo-lhe, ainda, promover a capacitação de recursos humanos para a regulação adequada e eficiente do setor de saneamento básico.

Atentando para com a diversidade entre os municípios e, especialmente para a existência de entidades locais carentes de recurso, o §8º determina que as normas de referência de regulação tarifária estabeleçam mecanismos de subsídios para as populações de baixa renda, a fim de possibilitar a universalização dos serviços.

Como se pode notar, há uma sensível preocupação em assegurar a eficácia das normas que disciplinam as atividades referentes ao problema dos resíduos sólidos urbanos, de maneira a assegurar que eles sejam prestados com eficiência.

VI Conclusões

Até pouco tempo atrás, na área de saneamento básico e, especialmente, de serviços de limpeza urbana e cuidados com resíduos sólidos, havia uma pluralidade de atuações isoladas, sem coordenação ou integração, e algumas poucas ações conjugadas de entidades públicas, mas apenas por meio de convênios ou consórcios tradicionais, desprovidos de personalidade jurídica, funcionando como associações precárias, dependentes da constante renovação da vontade dos parceiros, exigindo sempre a busca constante de um consenso. Dessa forma, muitas vezes algo extremamente importante para o conjunto todo poderia ser desinteressante para um integrante, o que inviabilizava a realização da atividade ou programa de interesse geral.

Hoje, porém, depois da alteração do art. 241 da Constituição Federal, da edição da Lei Federal nº 11.107, de 6.4.2005, e da nova redação dada a esta lei pelo novo marco legal do saneamento (Lei nº 14.026, de 15.7.2020), é inquestionavelmente possível a utilização da figura do consórcio público, constituído sob a forma de pessoa jurídica de direito público, ou de direito privado, capaz de ser titular de um serviço público, em caráter permanente. Essa pessoa jurídica é que buscará sempre a realização dos interesses públicos que ensejaram a sua criação. O interesse dessa pessoa jurídica não se confunde com os interesses específicos de cada uma das entidades que contribuíram para sua formação.

Dizendo melhor: o consórcio público, por não ser uma simples associação e por ter personalidade jurídica, não precisa estar sempre em busca da unanimidade, para não se fragmentar ou inviabilizar a realização de atividades de interesse geral. Outro ponto importante diz respeito ao fato de o consórcio público poder firmar convênios e contratos, outorgar concessões, promover desapropriações, receber auxílios, contribuições e subvenções, além de cobrar tarifas e preços. Vale dizer, trata-se de uma entidade pública que detém todas essas prerrogativas, devendo, por conseguinte, observar as normas de direito público sobre licitações e contratos, admissão de pessoal, contabilidade e prestação de contas, inclusive fiscalização pelo Tribunal de Contas competente.

Já tivemos oportunidade de discorrer sobre esse tema, destacando suas possíveis formas de atuação, previstas no art. 241 da CF:

> Esse novo instituto, especialmente destinado à gestão associada de serviços públicos, deve operar por meio da celebração de contratos de programas, nos quais devem ficar estabelecidos os objetivos a serem atingidos, os meios a serem utilizados e as responsabilidades dos parceiros. Ou seja, através do contrato de programa se estabelece exatamente o que vai ser feito, e uma vez estabelecido o entendimento com relação aos objetivos e meios, a operação fica bem mais facilitada.[27]

Em síntese, as novas normas, agora em vigor, certamente vão possibilitar avanços significativos para a solução do secular problema de coleta, transporte e destinação final dos resíduos sólidos urbanos.

---

[27] DALLARI, Adilson Abreu. Consórcios públicos e saneamento básico. *Revista de Direito da Procuradoria Geral – CEJUR*, Rio de Janeiro, 2012. Edição especial em homenagem à memória do Procurador Marcos Juruena Villela Souto. p. 55.

Informação bibliográfica deste texto, conforme a NBR 6023:2018 da Associação Brasileira de Normas Técnicas (ABNT):

DALLARI, Adilson Abreu. Lixo urbano. Evolução no tratamento do problema. *In*: GUIMARÃES, Fernando Vernalha (Coord.). *O novo direito do saneamento básico*: estudos sobre o novo marco legal do saneamento básico no Brasil (de acordo com a Lei nº 14.026/2020 e respectiva regulamentação). Belo Horizonte: Fórum, 2022. p. 51-62. ISBN 978-65-5518-299-6.

PARTE II

TITULARIDADE E REGIONALIZAÇÃO

NAS REGIÕES METROPOLITANAS E AFINS A TITULARIDADE DO SERVIÇO DE SANEAMENTO BÁSICO É DO ESTADO

VERA MONTEIRO

Introdução

A criação das empresas estaduais de saneamento surgiu no âmbito da política desencadeada para fins de exploração do serviço na década de 1970, quando o governo militar instituiu o Planasa. À luz deste plano foram criadas diversas sociedades de economia mista estaduais voltadas à exploração do saneamento, uma em cada estado da Federação. Foi a origem das companhias estaduais de saneamento básico.

Tais companhias passaram a atuar mediante delegação dos serviços locais de saneamento básico pelos municípios, feita geralmente pelo prazo de 30 anos. Eram financiadas, de início, por empréstimos concedidos pelo Banco Nacional de Habitação (BNH). Embora fossem encarregadas da execução do serviço público de saneamento, deviam observância à política tarifária da União, fixada pelo Ministério do Interior.

Foi nessa época do Planasa que foram realizadas as chamadas "concessões-convênio" dos serviços de saneamento básico (uma espécie de transferência em branco da prestação, sem fixação de tarifa ou metas de cobertura pelo município). Por meio deste instrumento, o município outorgava o serviço de água e esgoto à empresa estatal estadual, estimulado pelas linhas de financiamento, concedidas pela União, via

BNH. Como tais linhas só eram fornecidas na hipótese de o município "conceder" o serviço à companhia estadual de saneamento, ocorreu enorme prevalência destas empresas na prestação do saneamento.

Neste modelo não havia, por parte do município, os poderes típicos de uma concessão de serviço público, os quais importam no controle, de um modo geral, de sua prestação. O município não detinha as prerrogativas relativas ao planejamento, à regulação, à fiscalização da prestação do serviço, não podendo, também, sancionar a companhia estadual de saneamento por eventual descumprimento do ajustado. Tais poderes eram concentrados nas próprias companhias estaduais de saneamento (que assumiram o papel de prestadoras e também controladoras dos serviços de saneamento básico).

Há, ainda hoje, reflexos desta política no setor de saneamento. Lembro que o processo de reforma do Estado ocorrido no Brasil a partir da segunda metade dos anos 1990 não envolveu o saneamento básico e a definição sobre a titularidade dos entes federativos.

Somente em 2001 (Governo FHC), o Poder Executivo encaminhou ao Congresso Nacional o PL nº 4.147 para regular o tema. Ele não foi aprovado e só em 2007 é que foi editada a Lei de Saneamento Básico (LSB, Lei nº 11.445, de 2007). Ela buscou dar tratamento ao tema da possibilidade de delegação da regulação entre entes federativos (via convênio de cooperação, a fim de propiciar à grande massa de pequenos municípios, acostumados a lidar com escassez de capital humano na gestão pública, o acoplamento a agências estaduais, supostamente dotadas de capacidade regulatória mais sofisticada) e obrigou os municípios a elaborarem os chamados "planos de saneamento".

Mas a legislação de 2007 não conseguiu compor adequadamente os interesses envolvidos. Ela também não definiu a titularidade do serviço e ainda teve de lidar com a figura jurídica dos contratos de programa, criada dois anos antes pela Lei nº 11.107, de 2005 (Lei de Consórcios Públicos), para formalizar os arranjos jurídicos (as antigas concessões-convênio) entre municípios e empresas estatais estaduais sem necessidade de realização de licitação. Este arranjo, embora possa ter conferido alguma segurança jurídica a um setor até então marcado por relações pouco formalizadas, não estimulou o incremento da qualidade do serviço prestado, que continuou a sofrer com sérias dificuldades em temas tão relevantes quanto índices de perdas, metas de cobertura para universalização de acesso à água e melhoria no tratamento de esgoto.

Apesar do esforço da LSB de 2007 de tentar organizar situações não formalizadas envolvendo a prestação do serviço, bem como o advento do contrato de programa, não houve pacificação no setor, nem a atração do volume de investimentos necessários à universalização dos serviços.

1 O que diz a Constituição sobre a titularidade no setor de saneamento básico?

Parte desta falta de pacificação no setor decorre da circunstância de a Constituição brasileira não ter atribuído, *explicitamente*, a este ou àquele ente da Federação a titularidade do serviço de saneamento básico. O que há são disposições que sinalizam ora para a competência municipal para organizá-los e prestá-los (art. 30, V),[1] ora para competência estadual (art. 25, §§1º e 3º),[2] ora, ainda, para a atuação conjunta dos entes da Federação em prol da sua prestação (como é o caso do art. 23, IX).[3] Estabeleceu ainda que à União compete "instituir diretrizes para o desenvolvimento urbano, inclusive habitação, saneamento básico e transportes urbanos" (nos termos do art. 21, XX). E, ainda, que ao sistema único de saúde compete, nos termos da lei, "participar da formulação da política e das ações de saneamento básico" (art. 200, IV).

Este conjunto de disposições constitucionais tem ensejado muitas dúvidas acerca da titularidade sobre o serviço público de saneamento básico, isto é, acerca de qual ente da Federação é competente para organizá-lo e prestá-lo. Essas dúvidas têm origem em um embate

---

[1] Estabelece o art. 30, V, da Constituição, que "Compete aos Municípios organizar e prestar, diretamente ou sob regime de concessão ou permissão, os serviços públicos de interesse local, incluído o de transporte coletivo, que tem caráter essencial; [...]". Partindo-se da premissa de que o saneamento básico seja um serviço público de interesse local, a competência para organizá-lo e prestá-lo será dos municípios.

[2] Diz o art. 25, §1º: "§1º São reservadas aos Estados as competências que não lhes sejam vedadas por esta Constituição". Trata-se da chamada competência residual dos estados-membros da Federação brasileira, por força da qual, basicamente, lhes é assegurado tratar de tudo aquilo que não esteja reservado à União ou aos municípios. Partindo-se da premissa de que o saneamento básico não é tarefa reservada à União, tampouco aos municípios quando predominar um interesse regional na sua exploração, a competência para organizá-lo e prestá-lo nessas hipóteses de predomínio do interesse regional será do estado. Ademais, diz o art. 25, §3º: "§3º Os Estados poderão, mediante lei complementar, instituir regiões metropolitanas, aglomerações urbanas e microrregiões, constituídas por agrupamentos de Municípios limítrofes, para integrar a organização, o planejamento e a execução de funções públicas de interesse comum". O dispositivo acena com a possibilidade de titularidade estadual sobre os serviços públicos de saneamento prestados nessas organizações regionais, desde que tenham sido devidamente qualificados como "função pública de interesse comum".

[3] O art. 23, IX, da Constituição dispõe que "É competência comum da União, dos Estados, do Distrito Federal e dos Municípios promover programas de construção de moradias e a melhoria das condições habitacionais e de saneamento básico; [...]".

entre municipalistas e estadualistas sobre o saneamento, não só na arena política, mas, inclusive, na literatura jurídica. As divergências são históricas e visíveis na doutrina e na jurisprudência sobre o tema.

2 Como o debate constitucional sobre a titularidade foi decidido no STF?

Mesmo sem que a legislação federal tenha tratado do tema, em 2013 o Supremo Tribunal Federal (STF) finalizou o julgamento da ADI nº 1.842-RJ, cujo objeto era analisar a constitucionalidade de legislação do estado do Rio de Janeiro que instituía a Região Metropolitana do Rio de Janeiro e a Microrregião dos Lagos e transferia a titularidade para prestação de serviços públicos de interesse metropolitano ao Estado. Esta decisão, que levou anos para ser tomada, se tornou o *leading case* acerca da titularidade do serviço de saneamento.[4] Nas suas 310 páginas há clara ponderação com relação à necessidade de se atentar para as peculiaridades da prestação dos serviços de saneamento em regiões metropolitanas e afins.

O caso envolveu lei carioca que deu competência ao estado do Rio de Janeiro, por meio de sua região metropolitana, para planejar e executar o serviço de saneamento, em detrimento à dos municípios que a compõem. O entendimento fixado no STF foi de que os dispositivos da lei carioca violariam a autonomia municipal, por alijar os municípios envolvidos do processo decisório quanto à concessão de serviços de interesse comum dos entes integrantes da região metropolitana, bem como da organização, do planejamento e da execução desses serviços, transferindo exclusivamente ao Estado tais competências. Vejam-se os termos da ementa do acórdão:

> Ação direta de inconstitucionalidade. Instituição de região metropolitana e competência para saneamento básico.
> Ação direta de inconstitucionalidade contra Lei Complementar n. 87/1997, Lei n. 2.869/1997 e Decreto n. 24.631/1998, todos do Estado do Rio de Janeiro, que instituem a Região metropolitana do Rio de Janeiro e a Microrregião dos Lagos e transferem a titularidade do poder concedente para prestação de serviços públicos de interesse metropolitano ao Estado do Reio de Janeiro.
> 2. Preliminares de inépcia da inicial e prejuízo.

---

[4]   A ADI nº 1.842-RJ foi julgada por maioria de votos, sendo o Min. Gilmar Mendes o relator para o acórdão.

Rejeitada a preliminar de inépcia da inicial e acolhido parcialmente o prejuízo em relação aos arts. 1º, *caput* e §1º; 2º, *caput*; 4º, *caput* e incisos I a VII; 11, *caput* e incisos I a VI; e 12 da LC 87/1997/RJ, porquanto alterados substancialmente.

3. Autonomia municipal e integração metropolitana.

A Constituição federal conferiu ênfase à autonomia municipal ao mencionar os municípios como integrantes do sistema federativo (art. 1º da CF/1988) e ao fixá-la junto com os estados e o Distrito Federal (art. 18 da CF/1988).

A essência da autonomia municipal contém primordialmente (i) *autoadministração*, que implica capacidade decisória quanto aos interesses locais, sem delegação ou aprovação hierárquica; e (ii) *autogoverno*, que determina a eleição do chefe do Poder Executivo e dos representantes no Legislativo.

O interesse comum e a compulsoriedade da integração metropolitana não são incompatíveis com a autonomia municipal. O mencionado *interesse comum* não é comum apenas aos municípios envolvidos, mas ao Estado e aos municípios do agrupamento urbano. O caráter compulsório da participação deles em regiões metropolitanas, microrregiões e aglomerações urbanas já foi acolhido pelo Pleno do STF (ADI 1841/RJ, Rel. Min. Carlos Velloso, DJ 20.9.2002; ADI 796/ES, Rel. Min. Néri da Silveira, DJ 17.12.1999).

O interesse comum inclui funções públicas e serviços que atendam a mais de um município, assim como os que, restritos ao território de um deles, sejam de algum modo dependentes, concorrentes, confluentes ou integrados de funções públicas, bem como serviços supramunicipais.

4. Aglomerações urbanas e saneamento básico.

O art. 23, IX, da Constituição Federal conferiu competência comum à União, aos estados e aos municípios para promover a melhoria das condições de saneamento básico.

Nada obstante a competência municipal do poder concedente do serviço público de saneamento básico, o alto custo e o monopólio natural do serviço, além da existência de várias etapas – como captação, tratamento, adução, reserva, distribuição de água e o recolhimento, condução e disposição final de esgoto – que comumente ultrapassam os limites territoriais de um município, indicam a existência de interesse comum do serviço de saneamento básico.

A função pública do saneamento básico frequentemente extrapola o interesse local e passa a ter natureza de interesse comum no caso de instituição de regiões metropolitanas, aglomerações urbanas e microrregiões, nos termos do art. 25, §3º, da Constituição Federal.

Para o adequado atendimento do interesse comum, a integração municipal do serviço de saneamento básico pode ocorrer tanto voluntariamente, por meio de gestão associada, empregando convênios de cooperação ou consórcios públicos, consoante os arts. 3º, II, e 24 da Lei Federal 11.445/2007 e o art. 241 da Constituição Federal, como compulsoriamente, nos termos em que prevista na lei complementar estadual que institui as aglomerações urbanas.

A instituição de regiões metropolitanas, aglomerações urbanas ou microrregiões pode vincular a participação de municípios limítrofes, com objetivo de executar e planejar a função pública do saneamento básico, seja para atender adequadamente às exigências de higiene e saúde pública, seja para dar viabilidade econômica e técnica aos municípios menos favorecidos. Repita-se que este caráter compulsório da integração metropolitana não esvazia a autonomia municipal.

5. Inconstitucionalidade da transferência ao estado-membro do poder concedente de funções e serviços públicos de interesse comum.

O estabelecimento de região metropolitana não significa simples transferência de competências para o estado.

O interesse comum é muito mais que a soma de cada interesse local envolvido, pois a má condução da função de saneamento básico por apenas um município pode colocar em risco todo o esforço do conjunto, além das consequências para a saúde pública de toda a região.

O parâmetro para aferição da constitucionalidade reside no respeito à divisão de responsabilidades entre municípios e estado. É necessário evitar que o poder decisório e o poder concedente se concentrem nas mãos de um único ente para preservação do autogoverno e da autoadministração dos municípios.

Reconhecimento do poder concedente e da titularidade do serviço ao colegiado formado pelos municípios e pelo estado federado. A participação dos entes nesse colegiado não necessita de ser paritária, desde que apta a prevenir a concentração do poder decisório no âmbito de um único ente. A participação de cada região metropolitana de acordo com suas particularidades, sem que se permita que um ente tenha predomínio absoluto.

Ação julgada parcialmente procedente para declarara a inconstitucionalidade da expressão "a ser submetido à Assembleia Legislativa" constante do art. 5º, I; e do §2º do art. 4º; do parágrafo único do art. 5º; dos incisos I, II, IV e V do art. 6º; do art. 7º; do art. 10; e do §2º do art. 11 da Lei Complementar n. 87/1997 do Estado do Rio de Janeiro, bem como dos arts. 11 a 21 da Lei n. 2.869/1997 do Estado do Rio de Janeiro.

6. Modulação de efeitos da declaração de inconstitucionalidade.

Em razão da necessidade de continuidade da prestação da função de saneamento básico, há excepcional interesse social para vigência excepcional das leis impugnadas, nos termos do art. 27 da Lei n. 9.868/1998, pelo prazo de 24 meses, a contar da data de conclusão do julgamento, lapso temporal razoável dentro do qual o legislador estadual deverá reapreciar o tema, constituindo modelo de prestação de saneamento básico nas áreas de integração metropolitana, dirigido por órgão colegiado com participação dos municípios pertinentes e do próprio Estado do Rio de Janeiro, sem que haja concentração de poder decisório nas mãos de qualquer ente. (STF, ementa do acórdão da ADI nº 1.842-RJ, j. 6.3.2013)

Ao decidir a ADI nº 1.842-RJ, o STF concluiu que os municípios devem participar do processo decisório que trate da prestação dos serviços de saneamento no âmbito das regiões metropolitanas.

A principal premissa fixada é a de que não seria possível, ante o Texto Constitucional, definir uma titularidade sobre o serviço de maneira abstrata, válida para toda e qualquer situação. Considerado o simples fato de que a Constituição não reserva o serviço público de saneamento, *explicitamente*, a esta ou àquela esfera da Federação (municipal, estadual ou federal), mas adota, isto sim, o critério do *interesse predominante* em cada caso (se local ou regional). Por isso, em cada caso concreto, deveria se empreender um esforço de análise das circunstâncias de fato para concluir se o serviço é local ou regional. Importaria identificar, em suma, o *interesse predominante em cada caso concreto*. Se for o interesse local, o serviço seria municipal; se for o interesse regional, o Estado teria legitimidade para prestá-lo. Na ocasião, o STF cogitou que a titularidade pudesse ser atribuída a um colegiado formado pelos municípios e pelo estado, pois o ponto forte da decisão foi o reconhecimento de que todos os entes da região metropolitana deveriam participar das deliberações em torno da prestação dos serviços na região, sendo que a participação de cada ente deveria se dar de acordo com suas particularidades, sem que um ente tenha predomínio absoluto sobre os outros.

3 Como a reforma legislativa setorial dos anos 2020 definiu a titularidade nas regiões metropolitanas e afins?

As afirmações do STF na ADI nº 1.842-RJ acerca da titularidade no setor de saneamento pautaram parte da reforma legislativa dos anos 2020, que passou a expressamente reconhecer a titularidade dos municípios no caso de interesse local, além de ter estimulado a composição e arranjos regionais, visando à prestação regionalizada.

A LSB, por um lado, na sua nova redação, definiu os *serviços públicos de saneamento básico de interesse local* como "as funções públicas e serviços cujas infraestruturas e instalações operacionais atendam a um único Município" (art. 3º, XV). Atrelou o conceito de *interesse local* à circunstância de a infraestrutura de suporte à exploração do serviço estar organizada de forma a atender exclusivamente a um município. Ou seja, os destinatários do serviço prestados com base em certa infraestrutura devem estar localizados em um único município.

Por outro lado, reconheceu que a prestação dos serviços também pode ser estruturada de forma regionalizada, sendo até mesmo incentivada para gerar ganhos de escala e garantir universalização e viabilidade técnica e econômico-financeira dos serviços (art. 2º, XIV). Ela necessariamente abrange mais de um município (contíguo ou não) e tende a garantir maior racionalidade (técnica e econômica) no planejamento, na prestação, na fiscalização e na regulação dos serviços prestados. É estimulada pela LSB porque é condição para alocação de recursos públicos federais e financiamentos com recursos da União (art. 50, VII).

A *prestação regionalizada* tanto poderá ser feita por decisão voluntária de entes federativos, que escolhem se associar e ter prestador de serviços comum (é a chamada gestão associada de que trata o art. 3º, II, implementada via consórcio público ou convênio de cooperação),[5] como também poderá ser instituída por decisão dos estados. Neste último caso, dependerá de lei estadual e da observância das condições fixadas na LSB (art. 3º, VI). Confira-se a regra:

> Art. 3º Para fins do disposto nesta Lei, considera-se: [...]
> VI - *prestação regionalizada*: modalidade de prestação integrada de um ou mais componentes dos serviços públicos de saneamento básico em determinada região cujo território abranja mais de um Município, podendo ser estruturada em:
> a) *região metropolitana, aglomeração urbana ou microrregião*: unidade instituída pelos Estados mediante lei complementar, de acordo com o §3º do art. 25 da Constituição Federal, composta de agrupamento de Municípios limítrofes e instituída nos termos da Lei nº 13.089, de 12 de janeiro de 2015 (Estatuto da Metrópole);
> b) *unidade regional de saneamento básico*: unidade instituída pelos Estados mediante lei ordinária, constituída pelo agrupamento de Municípios não necessariamente limítrofes, para atender adequadamente às exigências de higiene e saúde pública, ou para dar viabilidade econômica e técnica aos Municípios menos favorecidos;

---

[5] Sobre o tema, confira-se também o art. 8º, §4º da LSB: "Art. 8º. Exercem a titularidade dos serviços públicos de saneamento básico: [...] §4º Os chefes dos Poderes Executivos da União, dos Estados, do Distrito Federal e dos Municípios poderão formalizar a gestão associada para o exercício de funções relativas aos serviços públicos de saneamento básico, ficando dispensada, em caso de convênio de cooperação, a necessidade de autorização legal".

c) *bloco de referência*: agrupamento de Municípios não necessariamente limítrofes, estabelecido pela União nos termos do §3º do art. 52 desta Lei e formalmente criado por meio de gestão associada voluntária dos titulares; [...]. (Lei de Saneamento Básico)

O que se extrai da alínea "a" do art. 3º, VI da LSB é que o estado tem legitimidade para estabelecer a *prestação regionalizada* em regiões metropolitanas, aglomerações urbanas e microrregiões, instituídas em conformidade com o art. 25, §3º da Constituição e com o Estatuto da Metrópole (Lei nº 13.089, de 2015). Neste caso de prestação regionalizada em regiões metropolitanas e afins, a lei qualificou o serviço prestado como de *interesse comum*, em contraposição ao de *interesse local*. Confira-se como a LSB definiu estes conceitos:

Art. 3º Para fins do disposto nesta Lei, considera-se: [...]
XIV - *serviços públicos de saneamento básico de interesse comum*: serviços de saneamento básico prestados em regiões metropolitanas, aglomerações urbanas e microrregiões instituídas por lei complementar estadual, em que se verifique o *compartilhamento de instalações operacionais de infraestrutura* de abastecimento de água e/ou de esgotamento sanitário entre 2 (dois) ou mais Municípios, *denotando a necessidade de organizá-los, planejá-los, executá-los e operá-los de forma conjunta e integrada* pelo Estado e pelos Municípios que compartilham, no todo ou em parte, as referidas instalações operacionais;
XV - *serviços* públicos de saneamento básico de interesse local: funções públicas e serviços cujas *infraestruturas e instalações operacionais atendam a um único Município*; [...]. (Lei de Saneamento Básico)

Nas regiões metropolitanas e afins, a lei valorizou a circunstância fática de ao menos dois municípios envolvidos compartilharem instalações operacionais de infraestrutura, de modo que os serviços, para ser mais bem prestados, devem ser organizados, planejados, executados e operados de forma conjunta e integrada.

Para a caracterização do *interesse comum* dos entes envolvidos, além do requisito jurídico de criação formal da região metropolitana ou afim por lei complementar estadual instituída nos termos do Estatuto da Metrópole, também deve ser preenchido requisito de natureza fática, qual seja, o efetivo compartilhamento da infraestrutura e instalações operacionais entre dois ou mais municípios da região.

Nos termos da LSB, presentes ambos requisitos de natureza jurídica e fática, a prestação regionalizada do serviço de saneamento básico em região metropolitana ou afim é de interesse comum, sendo o

Estado o titular do serviço na região. É o que expressamente diz o art. 3º, XIV c/c com o art. 8º, inc. II, cuja redação deste último é a seguinte:

> Art. 8º Exercem a titularidade dos serviços públicos de saneamento básico:
> I - os Municípios e o Distrito Federal, no caso de interesse local;
> II - *o Estado*, em conjunto com os Municípios que compartilham efetivamente instalações operacionais integrantes de regiões metropolitanas, aglomerações urbanas e microrregiões, instituídas por lei complementar estadual, *no caso de interesse comum*. (Lei de Saneamento Básico)

O reconhecimento da competência do Estado para organizar, planejar, executar e operar os serviços de saneamento de forma integrada está em linha com a decisão tomada pelo STF na ADI nº 1.842-RJ, a qual afirmou a necessidade de estados e municípios comporem seus interesses no caso de prestação regionalizada.

A escolha legislativa foi atribuir a titularidade ao estado, que deverá exercê-la *em conjunto* com os municípios da região metropolitana e afins (art. 3º, VI, "a" e XIV c/c art. 8º, II).

Com a nova LSB, a circunstância de certo município integrar região metropolitana, na qual algum município compartilha instalações operacionais de infraestrutura com outro município da região, importa em que o serviço de saneamento deixa de ser de interesse local (pois extravasa o território municipal e atende simultaneamente à população de mais de uma municipalidade) e passa a ser organizado e gerido como um sistema integrado.

Ou seja, é de titularidade do estado o serviço público de saneamento em regiões metropolitanas, aglomerações urbanas e microrregiões, nas quais tais serviços tenham sido reconhecidos como *função pública de interesse comum* (com base nos arts. 3º, XIV, e 8º, II da LSB).

Na prática, isto significa a viabilidade de o Estado prestar os serviços na região sem a necessidade de obtenção de outorga desse direito junto aos municípios metropolitanos. Eventual outorga municipal só teria cabimento, evidentemente, caso o município fosse o titular do serviço. Neste cenário, o papel do município é reconhecer que ele deve se integrar à prestação regionalizada e, consequentemente, participar do órgão deliberativo e da estrutura de governança interfederativa criada na região metropolitana na qual está inserido. É preciso, portanto, atentar para o modo como o Estado exerce a sua titularidade.

4 Qual o papel do Estatuto da Metrópole na prestação regionalizada?

Não é casual a referência ao Estatuto da Metrópole no art. 3º, VI, "a" da LSB. A norma de 2015 estabelece diretrizes gerais para o planejamento, a gestão e a execução das chamadas *funções públicas de interesse comum*[6] em regiões metropolitanas e afins. Uma delas é justamente a existência de estrutura de *governança interfederativa* para o desempenho das funções de interesse comum. Ou seja, os entes envolvidos devem compartilhar responsabilidades e ações "em termos de organização, planejamento e execução de funções públicas de interesse comum, mediante a execução de um sistema integrado e articulado de planejamento, de projetos, de estruturação financeira, de implantação, de operação e de gestão" (art. 2º, IX do Estatuto da Metrópole).

O modo para estado e municípios estabelecerem a governança interfederativa de região metropolitana foi descrita nos arts. 6º a 8º do Estatuto da Metrópole, que além de tratarem dos princípios e diretrizes específicos a serem observados na atuação regional, também fixaram como deve ser o exercício e a estrutura básica da governança interfederativa na região, fazendo-o nos seguintes termos:

> Art. 7º-A. No exercício da governança das funções públicas de interesse comum, o Estado e os Municípios da unidade territorial deverão observar as seguintes *diretrizes gerais*:
> I - *compartilhamento da tomada de decisões* com vistas à implantação de processo relativo ao planejamento, à elaboração de projetos, à sua estruturação econômico-financeira, à operação e à gestão do serviço ou da atividade; e

---

[6] A definição de *função pública de interesse comum* trazida pelo Estatuto da Metrópole ("Art. 2º Para os efeitos desta Lei, consideram-se: [...] II - função pública de interesse comum: política pública ou ação nela inserida cuja realização por parte de um Município, isoladamente, seja inviável ou cause impacto em Municípios limítrofes; [...]") foi substituída, no setor de saneamento, por conceito próprio, previsto no art. 3º, XIV, da LSB ("Art. 3º Para fins do disposto nesta Lei, considera-se: [...] XIV - serviços públicos de saneamento básico de interesse comum: serviços de saneamento básico prestados em regiões metropolitanas, aglomerações urbanas e microrregiões instituídas por lei complementar estadual, em que se verifique o compartilhamento de instalações operacionais de infraestrutura de abastecimento de água e/ou de esgotamento sanitário entre 2 (dois) ou mais Municípios, denotando a necessidade de organizá-los, planejá-los, executá-los e operá-los de forma conjunta e integrada pelo Estado e pelos Municípios que compartilham, no todo ou em parte, as referidas instalações operacionais; [...]"). Ou seja, a circunstância de um ou mais municípios da região metropolitana não compartilharem infraestrutura e instalações operacionais de saneamento com os demais não descaracteriza a regionalização, tampouco o reconhecimento da titularidade do Estado.

II - *compartilhamento de responsabilidades* na gestão de ações e projetos relacionados às funções públicas de interesse comum, os quais deverão ser executados mediante a articulação de órgãos e entidades dos entes federados.

Art. 8º A governança interfederativa das regiões metropolitanas e das aglomerações urbanas compreenderá em sua *estrutura básica*:

I - instância executiva composta pelos representantes do Poder Executivo dos entes federativos integrantes das unidades territoriais urbanas;

II - instância colegiada deliberativa com representação da sociedade civil;

III - organização pública com funções técnico-consultivas; e

IV - sistema integrado de alocação de recursos e de prestação de contas. (Estatuto da Metrópole – Lei nº 13.089, de 2015)

Portanto, a titularidade do estado para o serviço de saneamento no caso de interesse comum se submete à regra organizacional prevista do Estatuto da Metrópole.[7] Ou seja, o estado exercerá a titularidade em região metropolitana e afim por meio do órgão deliberativo e da estrutura básica de organização referida no art. 8º do Estatuto. Caberá à lei complementar da região metropolitana criar e detalhar referida estrutura. É por meio dela que estado e municípios compartilham suas responsabilidades e tomam decisões em prol dos serviços que são de seu interesse comum.

A LSB não transformou o colegiado da estrutura de governança interfederativa em titular do serviço na região metropolitana, como chegou a ser cogitado durante a tramitação legislativa do projeto que alterou a LSB.[8] As inúmeras dificuldades práticas de um modelo de cotitularidade foram decisivas para que a lei viesse a afirmar a titularidade do Estado, que a exerce *com* os demais entes da região.

Na prática, e desde que haja o compartilhamento de instalações operacionais de infraestrutura entre dois ou mais municípios integrantes da região metropolitana ou afim, é de responsabilidade da estrutura de governança interfederativa – criada pela lei complementar estadual

---

[7] Vale dizer que a regra organizacional prevista no Estatuto da Metrópole também é aplicável no caso de prestação regionalizada via unidade regional. É o que diz o art. 1º, §1º, III do Estatuto, segundo o qual "Além das regiões metropolitanas e das aglomerações urbanas, as disposições desta Lei aplicam-se, no que couber: [...] III - às unidades regionais de saneamento básico definidas pela Lei nº 11.445, de 5 de janeiro de 2007".

[8] Uma das versões do projeto de lei que tramitou no Congresso Nacional sobre o tema chegou a trazer solução diferente para a titularidade na região metropolitana. O PL nº 3.261, de 2019, propunha que a titularidade fosse da "estrutura de governança federativa" e não do estado, como se lê da redação cogitada à época para o art. 8º, II da LSB: "Art. 8º. São titulares dos serviços de saneamento básico: [...] II - a estrutura de governança interfederativa instituída nos termos do §3º do art. 25 da Constituição Federal, no caso de interesse comum".

da região metropolitana – organizar, planejar, executar e operar os serviços. Este é o modo como estado e municípios inseridos na região metropolitana deliberam e cumprem suas responsabilidades em razão do interesse comum que têm no saneamento básico. Vale dizer que o não compartilhamento de instalações operacionais de infraestrutura entre todos os entes da região metropolitana não descaracteriza a regionalização, nem a titularidade do Estado.

5 Companhia estatal estadual pode ser contratada diretamente, sem licitação, pelos municípios metropolitanos para a prestação de serviço de saneamento?

A Lei de Consórcios Públicos autoriza o uso do contrato de programa para a constituição de obrigações inerentes à prestação de serviços públicos assumidos por um ente federativo para com outro ente federativo ou para com um consórcio público (no âmbito de gestão associada) ou a transferência total ou parcial de encargos, serviços, pessoal ou de bens necessários à continuidade dos serviços transferidos. É o meio pelo qual são normalmente concretizadas as obrigações das partes envolvidas na cooperação para a prestação de serviços públicos em geral.

A previsão consta do art. 13 da Lei de Consórcios Públicos, que diz que o contrato de programa deve observar a legislação de concessões e permissões de serviços públicos (art. 13, §1º).[9] Ela ainda autoriza a celebração do contrato de programa por entidade, de direito público ou privado, que integre a Administração indireta de qualquer dos entes federativos participantes de consórcio público ou de convênio de cooperação (art. 13, §5º),[10] para a prestação de serviços públicos, sem

---

[9] Confira-se o dispositivo da Lei de Consórcios Públicos: "Art. 13. Deverão ser constituídas e reguladas por contrato de programa, como condição de sua validade, as obrigações que um ente da Federação constituir para com outro ente da Federação ou para com consórcio público no âmbito de gestão associada em que haja a prestação de serviços públicos ou a transferência total ou parcial de encargos, serviços, pessoal ou de bens necessários à continuidade dos serviços transferidos. §1º O contrato de programa deverá: I - atender à legislação de concessões e permissões de serviços públicos e, especialmente no que se refere ao cálculo de tarifas e de outros preços públicos, à de regulação dos serviços a serem prestados; e II - prever procedimentos que garantam a transparência da gestão econômica e financeira de cada serviço em relação a cada um de seus titulares".

[10] Confira-se o dispositivo: "§5º Mediante previsão do contrato de consórcio público, ou de convênio de cooperação, o contrato de programa poderá ser celebrado por entidades de

licitação, em virtude da inclusão à lista de hipóteses de dispensas da Lei nº 8.666, de 1993, justamente, da celebração de contrato de programa com entidade da Administração indireta do ente federativo, desde que autorizado por convênio de cooperação ou consórcio público.[11]

Assim, desde 2005, a relação contratual no setor de saneamento, a partir da assinatura de convênio de cooperação com o Estado, se dava via contrato de programa com a companhia estadual de saneamento, diretamente, sem licitação. O contrato de programa passou a ser o instrumento jurídico para constituição de obrigações relativas à prestação de serviços entre entes da Federação, inclusive de pessoas de sua administração indireta.

Contudo, a alteração promovida na LSB em 2020 determinou que a prestação dos serviços públicos de saneamento básico dependerá da celebração de *contrato de concessão*, sendo vedada a sua disciplina mediante contrato de programa. Confira-se a redação do dispositivo:

> Art. 10. A prestação dos serviços públicos de saneamento básico *por entidade que não integre a administração do titular* depende da celebração de contrato de concessão, mediante prévia licitação, nos termos do art. 175 da Constituição Federal, vedada a sua disciplina mediante contrato de programa, convênio, termo de parceria ou outros instrumentos de natureza precária. (Lei de Saneamento Básico)

Com a nova regra, empresas estatais estaduais não poderão celebrar novos contratos de programa. Por conta da vedação, a prestação de serviços passará a ser instrumentalizada por contrato de concessão. A dúvida, porém, é se também ficou inviabilizada a celebração direta de contrato de concessão entre ente da Administração indireta do estado e município metropolitano.

Segundo o citado art. 10, é exigível licitação prévia caso a contratada "não integre a administração do titular" do serviço. Assim, no caso

---

direito público ou privado que integrem a administração indireta de qualquer dos entes da Federação consorciados ou conveniados".

[11] Confira-se a Lei de Consórcios Público: "Art. 17. Os arts. 23, 24, 26 e 112 da Lei no 8.666, de 21 de junho de 1993, passam a vigorar com a seguinte redação: [...] 'Art. 24. [...] XXVI - na celebração de contrato de programa com ente da Federação ou com entidade de sua administração indireta, para a prestação de serviços públicos de forma associada nos termos do autorizado em contrato de consórcio público ou em convênio de cooperação'". A Nova Lei de Licitações e Contratos (Lei nº 14.133, de 2021) trouxe previsão idêntica no seu art. 75. Veja-se: "Art. 75. É dispensável a licitação: [...] XI - para celebração de contrato de programa com ente federativo ou com entidade de sua Administração Pública indireta que envolva prestação de serviços públicos de forma associada nos termos autorizados em contrato de consórcio público ou em convênio de cooperação; [...]".

de interesse local, se certo município não tiver entidade a ele vinculada com capacidade técnica para prestar o serviço – seja com personalidade de direito público (autarquia ou Administração direta) ou privado (empresa estatal) – a escolha do prestador deverá ser precedida de licitação. Caso contrário, se tiver, poderá celebrar contrato de concessão diretamente com a entidade que integre sua administração.

Já no caso de interesse comum, em que o Estado é o titular do serviço público de saneamento (art. 3º, XIV c/c art. 8º, II da LSB), não há óbice para uma entidade que integre a Administração estadual prestar serviços via contrato de concessão a município que integre região metropolitana ou afim, sem licitação.

O ente da Administração indireta do Estado está autorizado a prestar serviços aos municípios metropolitanos via contrato de concessão, celebrado diretamente, sem licitação. Corretamente, o art. 10 da LSB não proibiu esta solução. Interpretações restritivas da hipótese de contratação direta da empresa estatal estadual por municípios no caso de titularidade do Estado do serviço público de saneamento (por envolver interesse comum) estariam em desacordo com o art. 241 da Constituição Federal, que trata da cooperação entre entes federativos e autoriza a transferência da prestação de serviços públicos entre eles.[12] É mecanismo complementar à cooperação regional estabelecida pelo Estado com base no art. 25, §3º.

A prestação de serviço pela empresa estatal estadual nos municípios metropolitanos não viola o art. 175 da Constituição, segundo o qual "incumbe ao *Poder Público*, na forma da lei, diretamente ou sob o regime de concessão ou permissão, sempre através de licitação a prestação de serviços públicos". Pois ele não impede a transferência da prestação do serviço de saneamento inserido em região metropolitana ou afim para empresa estatal estadual. Afinal, o *Poder Público* titular do serviço de saneamento no caso de interesse comum é o estado, que poderá executá-lo diretamente ou por empresa por ele controlada.

A contratação direta da empresa estatal estadual por município metropolitano tampouco viola art. 173 do Texto Constitucional, que submeteu as empresas estatais ao mesmo regime das demais empresas e proibiu que lhes fossem concedidos privilégios não extensivos às do

---

[12] Confira-se o teor do art. 241 da Constituição Federal: "*Art. 241*. A União, os Estados, o Distrito Federal e os Municípios disciplinarão por meio de lei os consórcios públicos e os convênios de cooperação entre os entes federados, autorizando a gestão associada de serviços públicos, bem como a transferência total ou parcial de encargos, serviços, pessoal e bens essenciais à continuidade dos serviços transferidos".

setor privado, pois o dispositivo constitucional não tem o objetivo de abrir espaço para empresa privada participar de licitação. Esta leitura da norma seria incompatível com a cooperação na prestação de serviços públicos econômicos de que trata o art. 241.[13]

Portanto, para os fins do art. 10, o titular tanto é o município (no caso de interesse local), quanto o estado (no caso de interesse comum). É equivocada qualquer interpretação do dispositivo que importe em proibição de contratação direta, sem licitação, de empresa estatal estadual por município metropolitano tão somente para dar espaço para empresa privada participar de licitação. A legislação infraconstitucional não poderia vedar mecanismo lícito de transferência da execução de serviço público entre entes federativos.

Informação bibliográfica deste texto, conforme a NBR 6023:2018 da Associação Brasileira de Normas Técnicas (ABNT):

MONTEIRO, Vera. Nas regiões metropolitanas e afins a titularidade do serviço de saneamento básico é do estado. *In*: GUIMARÃES, Fernando Vernalha (Coord.). *O novo direito do saneamento básico*: estudos sobre o novo marco legal do saneamento básico no Brasil (de acordo com a Lei nº 14.026/2020 e respectiva regulamentação). Belo Horizonte: Fórum, 2022. p. 65-80. ISBN 978-65-5518-299-6.

---

[13] É o que bem demonstrou Carlos Ari Sundfeld, ao tratar do tema, no seguinte trecho: "Segundo uma explicação doutrinária normalmente aceita, os variados entes da Administração Pública Indireta – autarquias, fundações governamentais públicas ou privadas, empresas estatais – distinguem-se uns dos outros quanto à natureza pública ou privada de sua personalidade, conforme a maior ou menor proximidade de seu regime para com o da Administração Pública clássica. Mas eles todos têm personalidade governamental – que é o gênero, em relação ao qual a personalidade governamental pública e a personalidade governamental privada apresentam-se como espécies. Não faz sentido, à vista disso, supor que a possibilidade de uma empresa estatal assumir atividades públicas deva ser analisada à luz das diretrizes do art. 173, §§1º e 2º, da Constituição – isto é, tendo por norte a isonomia entre Estado e iniciativa privada. Esses dispositivos limitam-se a instituir uniformidade no funcionamento de empresas estatais de intervenção econômica e empresas do setor privado. Mas a própria constituição da empresa governamental e a atribuição, a ela, de tarefas típicas de Estado não são limitadas por algum princípio igualitário" (SUNDFELD, Carlos Ari. O saneamento básico e sua execução por empresa estadual. *Informativo de Licitações e Contratos*, n. 109, mar. 2003. p. 218).

SANEAMENTO BÁSICO: TITULARIDADE, REGULAÇÃO E DESCENTRALIZAÇÃO

ANDRÉ LUIZ FREIRE

1 Introdução

No setor de saneamento básico, a questão da titularidade sempre foi bastante debatida. A força do debate diminuiu com a decisão na ADI nº 1.842/RJ, que – embora não seja muito clara em alguns pontos e criou outros que não decorrem propriamente do Texto Constitucional –[1] trouxe um direcionamento. E este direcionamento foi previsto de modo expresso no art. 8º da Lei nº 11.445/2007 (Lei do Saneamento Básico, ou Lei do Saneamento, ou apenas LSB), com a alteração feita pela Lei nº 14.026/2020. Pelo art. 8º, I e II, são titulares dos serviços públicos de saneamento básico:

(a) os municípios e o Distrito Federal, no caso de interesse local;

(b) o estado, em conjunto com os municípios que compartilham efetivamente instalações operacionais integrantes de regiões metropolitanas, aglomerações urbanas e microrregiões.

---

[1] Fiz algumas considerações sobre o tema em: FREIRE, André Luiz. Saneamento básico: competências constitucionais para criar, organizar e prestar os serviços públicos. *In*: CAMPILONGO, Celso Fernandes; GONZAGA; Alvaro de Azevedo; FREIRE, André Luiz (Coord.). *Enciclopédia jurídica da PUC-SP*. Tomo: Direitos Difusos e Coletivos. São Paulo: Pontifícia Universidade Católica de São Paulo, 2017. Disponível em: https://enciclopediajuridica.pucsp.br/verbete/329/edicao-1/saneamento-basico:-competencias-constitucionais-para-criar,-organizar-e-prestar-os-servicos-publicos.

Mas o que significa ser o "titular" do serviço público? Quais são as competências que estão incluídas no conceito de "titularidade"? Qualquer pessoa jurídica de direito público poderá ser titular do serviço, inclusive autarquias, ou apenas os entes políticos? E quando houver, nos termos do art. 3º, VI, da Lei do Saneamento, uma prestação regionalizada (ex.: região metropolitana, unidade regional de saneamento básico, bloco de referência), é o Estado ou a entidade administrativa regional o titular do serviço? Dizer que um sujeito é o "titular" do serviço público é o mesmo que qualificá-lo como "Poder Concedente"?

As respostas a essas questões são de extrema importância prática. Afinal, será o titular que editará os atos normativos aplicáveis à prestação do serviço. A delegação por concessão ou contrato de programa é feita pelo titular do serviço. A primeira coisa que um interessado em prestar o serviço por concessão deseja saber é quem é o Poder Concedente. O usuário – se desejar fazer alguma reclamação ou denúncia, por exemplo – precisa saber para quem ele se dirige.

O objetivo deste artigo consiste justamente em indicar quem são os titulares dos serviços de saneamento básico e quais são as formas de descentralização possíveis. Mas um esclarecimento: a versão original deste artigo foi publicada no tomo de Direitos Difusos e Coletivos da *Enciclopédia Jurídica da PUCSP*.[2] Este artigo é uma versão atualizada daquele, pois já incorpora trechos de atos administrativos normativos (em especial, o Decreto nº 10.588/2020) ainda não editados quando da publicação original, e apresenta uma visão diferente da apresentada por Vera Monteiro – em artigo publicado neste livro – sobre a possibilidade de o ente estadual (a região metropolitana, microrregião e aglomeração urbana) celebrar, diretamente, contrato de concessão com a respectiva empresa estadual de saneamento básico.

2 O que significa ser o "titular" do serviço de saneamento básico?

Falar que alguém é o "titular" de serviço público significa algumas coisas.

---

[2] FREIRE, André Luiz. Saneamento básico: competências constitucionais para criar, organizar e prestar os serviços públicos. *In*: CAMPILONGO, Celso Fernandes; GONZAGA; Alvaro de Azevedo; FREIRE, André Luiz (Coord.). *Enciclopédia jurídica da PUC-SP*. Tomo: Direitos Difusos e Coletivos. São Paulo: Pontifícia Universidade Católica de São Paulo, 2017. Disponível em: https://enciclopediajuridica.pucsp.br/verbete/329/edicao-1/saneamento-basico:-competencias-constitucionais-para-criar,-organizar-e-prestar-os-servicos-publicos.

Em primeiro lugar, significa que aquele serviço – voltado aos administrados em geral – é uma atividade pública (ou estatal). A partir do critério formal (jurídico), uma atividade será pública quando for expressamente atribuída pela ordem jurídica ao Estado como sendo de sua responsabilidade. Não havendo previsão de que a atividade é do Estado, ela será privada e vigerá aqui o princípio da liberdade. No caso das atividades públicas, como estas deverão estar previstas na Constituição e nas leis (nesse último caso, observados certos limites constitucionais), vige um princípio de competência.[3]

Em segundo lugar, falar que um ente é o titular do serviço público significa que tem a obrigação de estruturar (ou criar) tal serviço em sede legislativa, está obrigado organizá-los administrativamente (por meio de regulamentos e outros atos administrativos individuais e/ou concretos) e de prestá-los concretamente, oferecendo as prestações materiais que configuram o serviço. De forma simples, ter essas competências (legislativas e administrativas) referentes a dado serviço público é o que significa ser o *titular do serviço público*.

2.1 Um aumento da complexidade...

Em alguns casos, a identificação do ente titular é bastante simples. Num único ente político estão aglutinadas todas as competências legislativas e administrativas de estruturação/criação, organização e prestação.

É o caso do transporte ferroviário de cargas "entre portos brasileiros e fronteiras nacionais, que transponham os limites de Estado" (art. 21, XII, "d", da CF). Este dispositivo constitucional atribui à União a competência para explorar, diretamente ou mediante concessão, permissão ou autorização, tal serviço público por determinação constitucional. O mesmo art. 21, inc. XXIII, dispõe ainda ser a União o ente competente para estabelecer os princípios e diretrizes do sistema nacional de viação. Ademais, o art. 22 atribui a tal ente político a competência para legislar sobre as diretrizes da política nacional de transportes (inc. IX) e trânsito e transporte (inc. XI). Entre as leis da União que tratam do tema, a mais relevante é a Lei nº 10.233/2001, que disciplina o regime do transporte ferroviário federal e cria a Agência Reguladora de Transportes Terrestres, a ANTT. Esta agência, por sua vez, editou uma série de resoluções que disciplinam as diversas relações relacionadas ao serviço, como exemplo,

---

[3] Para ampliar, *vide*: FREIRE, André Luiz. *O regime de direito público na prestação de serviços públicos por pessoas privadas*. São Paulo: Malheiros, 2014. p. 29-41.

a Resolução nº 5.944/2021, que aprova o Regulamento do Usuário do Transporte Ferroviário de Cargas. O que importa destacar aqui é o seguinte: no caso do serviço público de transporte ferroviário de cargas interestadual, todas as respectivas competências públicas (legislativas e administrativas) estão concentradas num único ente político: a União.[4]

Em relação a outros serviços, essa divisão de competências é mais complexa. Isso porque não há apenas um ente federativo titular de todas as competências públicas relacionadas aos serviços públicos. Esse é justamente o caso dos serviços de saneamento básico.

2.2 A titularidade original das competências referentes aos serviços de saneamento básico

Como já destacado em verbete da *Enciclopédia Jurídica da PUCSP* sobre competências constitucionais em saneamento (já citado na nota de rodapé 1), a União é a titular da competência legislativa para a edição de normas gerais (art. 21, XX). Já a competência legislativa suplementar e a competência administrativa para organizar e prestar os serviços serão dos municípios e do Distrito Federal, em relação a serviços de interesse local, e serão dos estados quando estiver em pauta região metropolitana, aglomeração urbana e microrregião. Por isso, quando o art. 8º da Lei nº 11.445/2007 (alterada pela Lei nº 14.026/2020) dispõe que são "titulares" os municípios e os estados, conforme o caso, é preciso interpretar o dispositivo conforme a Constituição. Em suma, são, digamos, *originalmente* titulares:

(a) da *competência legislativa* voltada à edição de normas gerais: a União;

(b) da competência legislativa suplementar:

(b.1) os municípios e o Distrito Federal quando a prestação do serviço se circunscrever ao espaço municipal ou distrital (ou, melhor, quando for de "interesse local");

(b.2) os estados quando houver a necessidade de integração da organização, planejamento e execução, em municípios

---

[4] Para uma visão geral sobre os serviços de transporte ferroviário e exploração da infraestrutura ferroviária, *vide*: FREIRE, André Luiz. Introdução: panorama jurídico do setor ferroviário brasileiro. *In*: MEDEIROS NETO, Elias Marques de; ARAUJO, Hebert Lima; ELEOTERO, Rafaela Comunello; D'ÁVILA, Daniela Peretti (Org.). *Aspectos do direito ferroviário*: uma visão através do contencioso. São Paulo: Verbatim, 2018.

limítrofes, de serviços de saneamento básico de interesse comum a estes;

(c) das *competências administrativas* de organização e prestação:

(c.1) os municípios e o Distrito Federal, na mesma hipótese de (b.1);

(c.2) os estados, na mesma hipótese de (b.2);

(d) das *competências administrativas* de colaboração no âmbito dos serviços de saneamento básico:

(d.1) a União em relação a estados e municípios;

(d.2) os estados em relação aos municípios.

Note que falamos em titularidade "originária". A razão para isso é simples: embora as competências legislativas sejam indelegáveis, é possível que os entes políticos acima citados descentralizem a *titularidade* das competências *administrativas* de organização e prestação a pessoas jurídicas *de direito público*. Trata-se de uma *descentralização administrativa técnica*. Além disso, o exercício de competências de organização também poderá ser objeto de descentralização por colaboração, por meio de convênios, bem como o exercício de competências de prestação por meio dos polêmicos contratos de programa e por contratos de concessão.

Antes de entrar nessas formas de descentralização no saneamento básico, vale descrever um pouco mais o conteúdo de tais competências administrativas.

2.3 O conteúdo das competências administrativas no saneamento básico

Em trabalho anterior[5] e no verbete sobre competências constitucionais no saneamento básico publicado na *Enciclopédia Jurídica da PUCSP* (*vide* nota de rodapé 1), falamos das competências referentes à organização e à prestação do serviço público. Que modalidades de competências públicas estão inseridas dentro das atividades de organização e de prestação de serviços públicos? Vamos dar alguns exemplos aqui, focando no saneamento básico.

---

[5] FREIRE, André Luiz. *O regime de direito público na prestação de serviços públicos por pessoas privadas*. São Paulo: Malheiros, 2014. Cap. V.

2.3.1 Competências administrativas de organização

Em relação às competências públicas de organização dos serviços de saneamento básico, podemos agrupar em dois tipos: competências referentes ao planejamento e à regulação. A utilidade dessa distinção está no fato de que a Lei nº 11.445/2007 diferencia essas duas dimensões.

2.3.1.1 Planejamento

O art. 9º, I, da LSB dispõe que o titular dos serviços deverá elaborar a política pública de saneamento básico, devendo, entre outros aspectos, elaborar os planos de saneamento básico (PSB). Este PSB pode ser específico para cada um dos quatros tipos de serviços públicos de saneamento básico, devendo abranger, ao menos: (a) o diagnóstico da situação e seus impactos nas condições de vida; (b) os objetivos e metas de curto, médio e longo prazos para a universalização; (c) os programas, projetos e ações necessárias; (d) as ações para emergências e contingências; e (e) os mecanismos e procedimentos para a avaliação sistemática da eficiência e eficácia das ações programadas (art. 19).

O art. 19, §1º, dispõe que os PSBs deverão ser compatíveis com os planos das bacias hidrográficas e com os planos diretores dos municípios em que estiverem inseridos. Eles também deverão ser compatíveis com os planos de desenvolvimento urbano integrado das unidades regionais por eles abrangidas.

A Lei nº 11.445/2007 determina ainda, em seu art. 19, §4º (com redação dada pela Lei nº 14.026/2020), que os PSBs deverão ser revistos periodicamente, em prazo não superior a 10 (dez) anos. As propostas de planos deverão ser também submetidas à consulta pública ou audiência pública (art. 19, §5º).

A Lei do Saneamento dispõe que, mesmo no caso de ter havido delegação do serviço, o prestador (seja a Administração direta, seja empresa estatal estadual, seja concessionário) deverá cumprir o plano em vigor quando da delegação (art. 19, §6º). É claro que, havendo contrato de programa ou contrato de concessão vigente e havendo modificação no plano que implique modificação contratual, esta poderá ser feita unilateralmente pelo titular. É claro, desde que isso respeite todos os requisitos necessários para uma alteração unilateral, como impossibilidade de transfiguração do objeto contratual e recomposição concomitante do reequilíbrio econômico-financeiro, se necessário.

O art. 19, §7º, estabelece que os planos regionais de saneamento básico devem obedecer ao art. 14 da Lei nº 11.445/2020. No entanto, o art. 14 foi revogado pela Lei nº 14.026/2020. Esse dispositivo determinava que a prestação regionalizada era caracterizada: (i) por um único prestador para vários municípios (contíguos ou não); (ii) uniformidade de fiscalização e regulação; e (iii) compatibilidade de planejamento. Esses, portanto, não são mais requisitos para os planos regionais. Nada impede que o ente regional tenha mais de um prestador atuando na região. Ex.: um prestador para o serviço de abastecimento de água e outro para o serviço de esgotamento sanitário. Se essa for a melhor decisão pública a ser adotada (o que deverá ser demonstrado em estudos que fundamentam a opção administrativa adotada), não há mais impedimento legal. A uniformidade de fiscalização e regulação também não precisa ser única; mas, como qualquer decisão administrativa, ela deverá ser motivada. Quanto à "compatibilidade", note que o §2º do art. 17 determina que os planos regionais prevalecerão sobre os planos municipais (o que pressupõe uma potencial incompatibilidade entre eles). Aliás, o §3º do art. 17 não obriga os municípios a elaborar e publicar os planos municipais quando existente plano regional.

O art. 17 da Lei nº 11.445/2007 (totalmente modificado pela Lei nº 14.026/2020) estabelece que o serviço regionalizado "poderá" obedecer a plano regional de saneamento básico elaborado para o conjunto de municípios envolvidos. Embora o dispositivo use o verbo "poder" (no sentido de "autorizar", "estar habilitado"), parece pouco crível supor que os entes regionais não irão elaborar um plano regional de saneamento básico. A decisão de não fazer um plano regional demandaria um ônus argumentativo muito grande para tal ente, de tal modo que essa "faculdade" acaba sendo uma verdadeira "obrigação" do ente. Se ele não o fizer e não tiver justificativa adequada para essa omissão, os próprios órgãos de controle irão tomar as medidas necessárias para que o plano seja realizado. Este plano regionalizado poderá contemplar um ou mais dos serviços de saneamento básico (art. 17, §1º). Por fim, os planos – que deverão abranger todo território do ente regional (art. 19, §8º) – deverão seguir, por analogia, os requisitos constantes no art. 19, *caput* e incisos, já que não há requisitos específicos para eles.

2.3.1.2 Regulação

Com o termo "regulação", costuma-se fazer referência às atividades de edição de atos normativos gerais e abstratos (isto é, atos introdutores de normas gerais e abstratas), fiscalização das atividades desempenhadas por sujeitos privados e a aplicação das sanções. No saneamento, o Capítulo V da Lei nº 11.445/2007 trata do tema de modo específico.

O art. 21 (com redação dada pela Lei nº 14.026/2020) estabelece que a função de regulação deverá ser desempenhada por entidade de natureza autárquica, dotada de independência decisória e autonomia administrativa, orçamentária e financeira e atender aos princípios da transparência, tecnicidade, celeridade e objetividade das decisões. Em suma, o que o legislador pretendeu foi obrigar os titulares dos serviços a criar pessoas jurídicas de direito público, isto é, entidades da Administração Pública indireta. Logo, quando estivermos falando de uma prestação regionalizada, o ente regional deverá ser uma autarquia. Note que o dispositivo não obriga a criar "agências reguladoras", que são autarquias cuja maior característica é o mandato de seus dirigentes com impossibilidade de sua exoneração *ad nutum*. A Lei de Saneamento obriga, portanto, a autarquia a ter independência decisória em relação à Administração direta. Não cabe aqui, portanto, ao chefe do Poder Executivo rever as decisões de tais autarquias, sejam elas qualificadas como "agências reguladoras" ou não. Pela LSB, não caberia sequer um "recurso hierárquico impróprio", já que isso tiraria a "independência decisória" da autarquia.

Uma das perguntas aqui é se esse dispositivo é constitucional. Afinal, a decisão por descentralizar tecnicamente uma atividade administrativa a pessoa jurídica de direito público está reservada ao ente político titular da atividade. Usualmente, a União não pode obrigar estados e municípios a criar autarquias, sob pena de ofensa ao princípio federativo (art. 18 da Constituição); logo, nada impediria o titular a atribuir a função de regulação a um órgão da Administração Pública direta. A defesa pela constitucionalidade seria argumentar que a União tem a competência para estabelecer diretrizes em matéria de saneamento básico e o art. 21 seria uma "diretriz" (art. 21, XX, da Constituição). Ao que me parece, a determinação para que os entes titulares constituam uma autarquia vai além de uma "diretriz", sendo uma obrigação bem específica. Mas, como "diretriz" traz um conceito vago e a decisão legislativa parece ser politicamente conveniente (afinal, o setor sofre com a falta de segurança jurídica na regulação dos serviços), o dispositivo tende a não ser questionando. Ou, se questionado juridicamente, tende a ser considerado constitucional, tal como acontece com alguns dispositivos legais ou leis inteiras cujo conteúdo se mostra política ou economicamente positivo para a sociedade. O mais correto – na minha visão – seria interpretar o dispositivo conforme a Constituição, não havendo, portanto, uma obrigação jurídica de criação de autarquia (apesar de a regra parecer conveniente).

O art. 22 indica quais são os objetivos da regulação em saneamento básico, quais sejam:

(i) estabelecer padrões e normas para a adequada prestação e a expansão da qualidade dos serviços e para a satisfação dos usuários, com observação das normas de referência editadas pela ANA;

(ii) garantir o cumprimento das condições e metas estabelecidas nos contratos de prestação de serviços e nos planos municipais ou de prestação regionalizada de saneamento básico;

(iii) prevenir e reprimir o abuso do poder econômico, ressalvada a competência dos órgãos integrantes do Sistema Brasileiro de Defesa da Concorrência; e

(iv) definir tarifas que assegurem tanto o equilíbrio econômico-financeiro dos contratos quanto a modicidade tarifária, por mecanismos que gerem eficiência e eficácia dos serviços e que permitam o compartilhamento dos ganhos de produtividade com os usuários.

O art. 23 – que, com redação dada pela Lei nº 14.026/2020, usa a expressão "entidade reguladora" – determina que esta edite normas técnicas, econômicas e sociais de prestação dos serviços públicos de saneamento básico. Isso envolve o estabelecimento de padrões e indicadores de qualidade, requisitos operacionais e de manutenção, estrutura tarifária, medição, faturamento e cobrança, subsídios tarifários e não tarifários, entre outros.

O art. 23 determina ainda que a entidade regional deverá observar "as diretrizes determinadas pela ANA" e o art. 25-A dispõe que tal agência federal editará normas de referência. A pergunta é: os entes reguladores estão obrigados a seguir as normas de referência da ANA? Vamos tratar deste tema na Seção 4; por enquanto, vamos deixar a pergunta em suspenso.

2.3.2 Competências administrativas de prestação

As competências relacionadas à prestação do serviço público dizem respeito ao oferecimento efetivo das utilidades dos serviços de saneamento básico. Por exemplo, no serviço de abastecimento de água: envolvem as posições jurídicas ativas e passivas (ex.: dever de seguir os parâmetros definidos no contrato, direito de cobrar tarifa pelos serviços prestados etc.) relativas à reservação de água bruta, à captação da água bruta, à adução da água bruta, ao tratamento desta, à adução da água tratada e à reservação da água tratada (art. 8º-A da Lei nº 11.445/2007, alterada pela Lei nº 14.026/2020). Estas competências, como será abordado à frente, poderão ser objeto de descentralização técnica e de descentralização por colaboração. Convém agora discorrer brevemente sobre essas duas modalidades de descentralização.

2.4 As formas de descentralização administrativa

As competências administrativas (seja de organização, seja de descentralização) podem passar por um processo de descentralização. A descentralização consiste na transferência da titularidade ou apenas do exercício de competências administrativas a outras pessoas, naturais ou jurídicas, com personalidade jurídica de direito público ou de direito privado.[6] As duas formas de descentralização administrativa são as seguintes: (a) descentralização técnica a outra pessoa administrativa; ou (b) descentralização por colaboração.[7]

Na descentralização técnica, será a lei que realizará a descentralização e sempre a uma pessoa jurídica que integrará a Administração Pública do ente político descentralizador. Assim, na descentralização técnica, há a criação de uma autarquia – corporativa, fundacional (as fundações estatais públicas) ou interfederativa (o consórcio público) –, as empresas estatais (empresas públicas e sociedades de economia mista) e as fundações estatais de direito privado.

Já a descentralização por colaboração ocorre por meio de um ato administrativo unilateral ou bilateral a pessoas administrativas não integrantes do ente descentralizador, ou a pessoas privadas, naturais ou jurídicas. A celebração de convênios de delegação, contratos de programa e contratos de concessão de serviço público são exemplos de descentralização por colaboração. Nós voltaremos à descentralização por

---

[6] Para aprofundar sobre o conceito de descentralização administrativa, confira: FREIRE, André Luiz. *O regime de direito público na prestação de serviços públicos por pessoas privadas*. São Paulo: Malheiros, 2014. Cap. III.

[7] Em verdade, há uma terceira forma, que é a descentralização territorial. Embora teoricamente possível e já praticada no passado, atualmente o Brasil não possui territórios formados nos termos do art. 33 da Constituição. Por isso, sob a perspectiva da aplicação prática, podemos restringir as formas de descentralização às duas citadas.

colaboração. Vale agora aprofundar um pouco mais a descentralização técnica.

3 A descentralização técnica da titularidade de competências administrativas

Quando um ente político descentraliza tecnicamente competências administrativas a outra pessoa, ele acaba criando uma entidade da sua Administração Pública indireta, sujeita aos ditames do art. 37 da Constituição. A relação com o ente político que a criou não é hierárquica, mas de tutela ou supervisão (cujos limites são os estabelecidos na lei descentralizadora). Por isso que, ao se falar em descentralização técnica, o ente descentralizado possui autonomia decisória nos termos específicos da lei descentralizadora. Até mesmo por isso, também não há que se falar em contrato de concessão ou equilíbrio econômico-financeiro, já que a descentralização é feita por lei.

A pessoa administrativa descentralizada pode ter personalidade jurídica de direito público ou de direito privado. As pessoas administrativas de direito público são as pessoas administrativas sujeitas, de forma característica e normal, ao regime jurídico de direito público. Elas têm o mesmo regime do ente político, com a diferença que goza de uma autonomia administrativa fixada em lei. Elas são chamadas, genericamente, de autarquias. Estas podem ser corporativas, fundacionais (são as fundações estatais com personalidade jurídica de direito público) ou interfederativas (ex.: as associações públicas do art. 6º, I, da Lei de Consórcios Públicos, a Lei nº 11.107/2005). Além disso, as autarquias podem ser "especiais", porque possuem um regime jurídico publicístico diferente das demais autarquias. É o caso das agências reguladoras, caracterizadas principalmente pelo mandato de seus diretores. Já as pessoas administrativas com personalidade de direito privado são as empresas estatais – isto é, empresas públicas e sociedades de economia mista, atualmente regidas pela Lei nº 13.3030/2016 – e as fundações estatais de direito privado. Neste caso, o regime característico e normal a que elas se submetem é o de direito privado, com derrogações de direito público fixadas na Constituição e nas leis.

Essa distinção é de extrema importância, especialmente para entender o regime no âmbito do saneamento básico. A primeira diferença (e mais óbvia) está no regime jurídico, já mencionado acima. Além disso, as autarquias (seja qual for a sua modalidade) são criadas por lei, enquanto as empresas estatais e fundações estatais privadas têm a sua criação autorizada pela lei, seguindo o regime de criação do direito privado (registro dos atos constitutivos no órgão competente).

3.1 A distinção em relação à titularidade de interesses públicos

Mas a distinção mais importante entre os tipos de entidades administrativas está justamente na questão da titularidade. Enquanto as autarquias – justamente por terem o mesmo regime administrativo dos entes políticos – podem ser *titulares* de qualquer tipo de atividade pública. Isso significa que elas são as titulares das competências que lhe são descentralizadas. É claro que sempre nos termos e limites fixados na lei. E essa é uma grande diferença para as empresas estatais e fundações estatais privadas que – por serem pessoas privadas – não titularizam interesses públicos, mas apenas exercem tais competências (também nos termos e limites legais). Aliás, em alguns círculos, existe uma presunção de que a titularidade é "indelegável" (para ser mais preciso, "descentralizável"), porque deve sempre ficar retida nas mãos dos entes políticos. A rigor, não me parece haver fundamento teórico e jurídico-positivo para esse tipo de afirmação. Sempre foi uma característica das autarquias justamente o fato de poderem ser titulares de interesses públicos. Aliás, é justamente por isso que possuem personalidade jurídica de direito público.

Há ainda outra diferença muito importante para explicar como a questão funciona no saneamento: as autarquias não podem exercer atividades privadas econômicas, já que a intervenção do Estado no domínio econômico se dá por empresas estatais (art. 173 da Constituição). Já as pessoas administrativas privadas, além de poderem exercer certas atividades administrativas, também podem ser usadas para intervir no domínio econômico (empresas estatais) e social (fundações estatais privadas). E, neste último caso, não se trata propriamente de descentralização técnica, mas única e exclusivamente uma intervenção no domínio privado. Vale exemplificar.

A Empresa Brasileira de Infraestrutura Aeroportuária, a Infraero, é uma empresa estatal que exerce uma atividade pública de titularidade da União: a gestão de infraestrutura aeroportuária (art. 21, XII, "c", da CF). Ela é fruto de uma descentralização técnica. Mas o Banco do Brasil não é uma empresa estatal descentralizada; afinal, a União não detém a titularidade da atividade econômica realizada por bancos; logo, não tem como descentralizar o que não possui. O Banco do Brasil é uma empresa estatal que intervém no domínio privado (isto é, a atividade econômica).[8] Mas há casos em que uma empresa estatal de um ente político acaba executando atividade pública de outro ente político. É o caso da Cemig Distribuição S.A. (detida pela Companhia Energética de Minas Gerais – Cemig), que presta o serviço público de distribuição de energia elétrica em praticamente todo o estado de Minas Gerais. O serviço público de distribuição de energia elétrica é de titularidade da União, e a Cemig Distribuição possui um contrato de concessão com a União. Nesses casos, a descentralização feita pela União não é uma descentralização técnica; o ato que delega o serviço público de distribuição de energia elétrica é o contrato de concessão, sendo essa uma descentralização por colaboração. Aqui, a Cemig Distribuição não é uma empresa estatal fruto de descentralização do estado de Minas Gerais (afinal, os estados não são titulares dos serviços de energia elétrica; logo não podem descentralizar competências que não possuem). Aqui, o estado de Minas Gerais intervém no domínio econômico, nos termos do art. 173 da Constituição; a Cemig Distribuição atua tal como uma pessoa privada que possui uma concessão de distribuição de energia elétrica. Esse tipo de situação também ocorre no serviço de saneamento básico, mas trataremos deste tema novamente em outro tópico.

3.2   A descentralização técnica para autarquias municipais no saneamento básico

Voltemos à descentralização técnica para autarquias, agora com foco maior no saneamento básico. Tal como já destacado, as competências a ela descentralizadas (e, portanto, titularizadas por tais entes de direito público), desde que sejam administrativas, podem ser de qualquer natureza. Podem se situar no âmbito da atividade administrativa ordenadora, fomentadora, prestacional ou de atividades administrativas instrumentais.[9] No caso de serviços públicos (espécies de atividades administrativas prestacionais), podem envolver competências de organização do serviço ou da sua prestação direta.

---

[8]   Como se pode perceber, não acolho a conhecida classificação das atividades econômicas em serviços públicos e atividades econômicas em sentido estrito. Parto de outro modelo teórico (cfr. FREIRE, André Luiz. *O regime de direito público na prestação de serviços públicos por pessoas privadas*. São Paulo: Malheiros, 2014. Cap. I), o qual me parece mais útil sob a perspectiva jurídica (FREIRE, André Luiz. *O regime de direito público na prestação de serviços públicos por pessoas privadas*. São Paulo: Malheiros, 2014. p. 245 e ss.).

[9]   Sobre a distinção das diversas atividades administrativas, *vide*: FREIRE, André Luiz. *O regime de direito público na prestação de serviços públicos por pessoas privadas*. São Paulo: Malheiros, 2014. Cap. II.

Então, nada impede um município titular do serviço público de abastecimento de água, por exemplo, de descentralizar o planejamento, a fiscalização, a edição de atos normativos, bem como a própria prestação de tais serviços a uma autarquia. Em relação à descentralização apenas das competências de organização, vale citar o caso da Agência Reguladora de Serviços de Saneamento Básico do Município de Natal, a ARSBAN. Aqui, as competências administrativas de organização do serviço foram descentralizadas pelo município de Natal à ARSBAN (cfr. https://natal.rn.gov.br/arsban), que as titulariza. No que se refere à descentralização das competências administrativas referentes à prestação do serviço de saneamento, podemos citar o exemplo do Departamento Municipal de Água e Esgotos do Município de Porto Alegre, o qual opera os serviços de abastecimento de água e esgotamento sanitário em tal município. Nesses casos, tais atividades de prestação do serviço são titularizadas por tal autarquia municipal. Se elas forem extintas, tal competência retorna para o ente político titular, ou seja, o município de Porto Alegre.

3.3 A descentralização técnica para associações públicas (consórcio público) no saneamento básico

Outra possibilidade de descentralização das competências referentes à organização e/ou à prestação dos serviços de saneamento básico reside na formação de consórcios públicos municipais.

O art. 241 da Constituição admite, como modalidade de gestão associada de serviços públicos pelos entes federativos, a celebração de convênios de cooperação e a formação de consórcios. O mesmo dispositivo estabelece que, por meio de tais instrumentos, será possível a transferência total ou parcial de encargos, serviços, pessoal e bens essenciais à continuidade dos serviços transferidos.

A Lei nº 11.107/2005 (Lei dos Consórcios Públicos) disciplinou a figura dos consórcios públicos. Aqui, os consórcios públicos serão constituídos – após o complexo procedimento previsto na referida lei – pelos entes políticos interessados numa gestão associada de serviços públicos (ex.: consórcio público apenas entre municípios). Este não é um trabalho sobre consórcios públicos. Então, não vamos adentrar muito no tema. Para os fins deste artigo, o que importa destacar é que, ao contrário do convênio, o consórcio público possui personalidade jurídica, a qual pode ser de direito público ou de direito privado. Em se tratando de consórcio com personalidade jurídica de direito público, ele será chamado de "associação pública", passando a integrar a estrutura da Administração indireta de todos os entes consorciados (art. 6º, I e §1º, da Lei nº 11.107/2005). Então, uma das modalidades de autarquias existentes no direito brasileiro é justamente a associação pública, cujo objeto será a gestão associada de um ou mais serviços públicos de interesse comum dos entes consorciados.

Esse tipo de consórcio também está presente no âmbito do saneamento básico. Assim, os municípios titulares podem decidir formar um ente competente para regular o serviço e prestá-lo, diretamente ou mediante concessão à iniciativa privada. Serão os atos constitutivos do consórcio que irão definir suas competências e estrutura. Como exemplo, vale citar o Consórcio Público de Saneamento Básico da Grande Aracaju (consorciograndearacaju.se.gov.br), e o Consórcio Intermunicipal de Saneamento Básico da Região do Circuito das Águas, que congrega municípios paulistas (*vide* http://www.cisbra.eco.br). Em ambos os casos, há a previsão de funções de planejamento, regulação, fiscalização e até mesmo prestação dos serviços.

Antes de encerrar este tópico, algumas observações. A Lei nº 14.026/2020 trouxe algumas inovações para os consórcios públicos de saneamento básico. Em primeiro lugar, ela está admitida para a prestação direta apenas por meio de autarquia intermunicipal. Logo, está vedada a prestação por empresa estatal intermunicipal (art. 8º, §1º, I, da Lei nº 11.445/2020, incluído pela Lei nº 14.026/2020). Em segundo lugar, foi vedada a celebração, pelas associações públicas, de contrato de programa com empresas estaduais de saneamento básico ou subdelegação, salvo se decorrer de licitação pública (art. 8º, §1º, I, da Lei nº 11.445/2020, incluído pela Lei nº 14.026/2020).

3.4 A descentralização técnica para entes regionais estaduais

A Constituição, em seu art. 25, §3º, autoriza os estados a instituir, mediante lei complementar (estadual, evidentemente), "regiões metropolitanas, microrregiões e aglomerações urbanas, constituídas por agrupamentos de municípios limítrofes, para integrar a organização, o planejamento e a execução de funções públicas de interesse comum".[10] Em primeiro lugar, remetemos o leitor ao já citado verbete

---

[10] O estabelecimento de regiões metropolitanas era, no direito anterior, uma competência da União. Com a atual Constituição, passou ela a figurar como competência privativa dos estados. A inserção das aglomerações urbanas e das microrregiões é, por outro lado, uma inovação da Lei Maior de 1988.

sobre competências constitucionais em saneamento básico publicado na *Enciclopédia Jurídica da PUCSP* (*vide* nota de rodapé 1), em que tecemos outros comentários a essas entidades regionais.

Aliás, o tema foi amplamente discutido na já citada ADI nº 1.842/ RJ e o determinado pelo STF passou a integrar a Lei nº 13.089/2015, o Estatuto da Metrópole, que disciplina o tema. Regiões metropolitanas, aglomerações urbanas e microrregiões possuem características comuns. As três são entidades regionais integradas por municípios limítrofes, os quais não podem se recusar a participar de tais entes regionais, embora o art. 8º-A da Lei nº 11.445/2020 (incluído pela Lei nº 14.026/2020) possa sugerir o contrário; afinal, a obrigação de integrar tais entes decorre diretamente da Constituição (*vide* ADI nº 1.842/RJ e ADI nº 1.841-MC/ RJ). Caberá sempre ao Estado criar, por lei complementar, tais entidades. E o objetivo, nas três entidades, é o mesmo: integração da organização, planejamento e execução de funções públicas de interesse comum.[11] Essas características derivam diretamente da Constituição.

Na ADI nº 1.842/RJ, o STF foi além do que prevê o Texto Constitucional e decidiu que os municípios integrantes dessas entidades regionais deverão participar do exercício do poder decisório e do poder concedente de tais entidades. Nos termos da decisão do STF, a instituição de uma entidade regional não pode implicar esvaziamento da autonomia municipal com uma mera transferência das competências municipais ao estado. Por isso, o Estatuto da Metrópole estabeleceu que a lei complementar estadual deverá estabelecer a estrutura de governança interfederativa (art. 5º, III), que devem observar os princípios constantes no art. 6º do referido Estatuto.[12] Essa estrutura terá, necessariamente: (a) uma instância executiva composta pelos representantes do Poder Executivo dos entes federativos integrantes da entidade regional; (b) instância colegiada deliberativa com representação da sociedade civil; (c) organização pública com funções técnico-consultivas; e (d) sistema integrado de alocação de recursos e prestação de contas (art. 8º).

---

[11] Nos termos do art. 2º, II, do Estatuto da Metrópole, função pública de interesse comum é definida como "política pública ou ação nela inserida cuja realização por parte de um Município, isoladamente, seja inviável ou cause impacto em Municípios limítrofes".

[12] "Art. 6º A governança interfederativa das regiões metropolitanas e das aglomerações urbanas respeitará os seguintes princípios: I - prevalência do interesse comum sobre o local; II - compartilhamento de responsabilidades e de gestão para a promoção do desenvolvimento urbano integrado; (Redação dada pela Lei nº 13.683, de 2018) III - autonomia dos entes da Federação; IV - observância das peculiaridades regionais e locais; V - gestão democrática da cidade, consoante os arts. 43 a 45 da Lei nº 10.257, de 10 de julho de 2001; VI - efetividade no uso dos recursos públicos; VII - busca do desenvolvimento sustentável".

A Constituição não diferenciou os três tipos de entidades regionais. Algumas constituições estaduais acabaram fazendo isso. É o caso da Constituição do Estado de São Paulo (art. 154, §§1º a 3º).[13] O Estatuto da Metrópole apenas definiu regiões metropolitanas e aglomerações urbanas, determinando a aplicação às microrregiões (sem as definir) com características urbanas, no que couber (art. 1º, §1º). Região metropolitana, nos termos do art. 2º, VII, do Estatuto da Metrópole (com redação dada pela Lei nº 13.683/2018), é a "unidade regional instituída pelos Estados, mediante lei complementar, constituída por agrupamento de municípios limítrofes para integrar a organização, o planejamento e a execução de funções públicas de interesse comum". Como se pode perceber, a definição legal não agrega em relação ao art. 25, §3º, da Constituição. Já aglomeração urbana é a "unidade territorial urbana constituída pelo agrupamento de 2 (dois) ou mais Municípios limítrofes, caracterizada por complementaridade funcional e integração das dinâmicas geográficas, ambientais, políticas e socioeconômicas" (art. 2º, I). Neste ponto, as definições da Constituição do Estado de São Paulo são melhores para identificar as três unidades.

3.4.1 O ente regional possui personalidade jurídica?

Uma dúvida que pode surgir é a seguinte: a entidade regional possui personalidade jurídica? Tanto a Constituição como o Estatuto da Metrópole são silentes a esse respeito. Como haverá o exercício de funções de planejamento e regulação das funções comuns de interesse comum, o juridicamente mais adequado é que elas estejam alocadas a uma pessoa jurídica de direito público. Isso significa que a estrutura básica da governança interfederativa do ente regional poderia estar integrada no próprio ente político estadual (seriam órgãos da Administração direta), ou poderá ser criada uma autarquia estadual.

---

[13] "*Art. 154.* [...] §1º Considera-se região metropolitana o agrupamento de Municípios limítrofes que assuma destacada expressão nacional, em razão de elevada densidade demográfica, significativa conurbação e de funções urbanas e regionais com alto grau de diversidade, especialização e integração sócio-econômica, exigindo planejamento integrado e ação conjunta permanente dos entes públicos nela atuantes. §2º Considera-se aglomeração urbana o agrupamento de Municípios limítrofes que apresente relação de integração funcional de natureza econômico-social e urbanização contínua entre dois ou mais Municípios ou manifesta tendência nesse sentido, que exija planejamento integrado e recomende ação coordenada dos entes públicos nela atuantes. §3º Considera-se microrregião o agrupamento de Municípios limítrofes que apresente, entre si, relações de interação funcional de natureza físico-territorial, econômico-social e administrativa, exigindo planejamento integrado com vistas a criar condições adequadas para o desenvolvimento e integração regional".

No entanto, *no que se refere ao saneamento básico,* o art. 21 da Lei nº 11.445/2007, com redação dada pela Lei nº 14.026/2020, estabelece que a função de regulação deverá ser realizada por uma autarquia. Assim, a entidade regionalizada deve ser uma autarquia (embora, como destacado no verbete citado na nota de rodapé 1 sobre competências constitucionais e que foi publicado na *Enciclopédia Jurídica da PUCSP,* esta decisão legislativa possa ser questionada quanto à sua constitucionalidade).

Para os fins deste artigo, o que importa destacar é que uma região metropolitana, aglomeração urbana e microrregião (vamos chamar aqui de "ente regional") poderá regular e prestar (direta ou indiretamente) os serviços de saneamento básico que sejam de interesse comum dos municípios integrantes da entidade regional. Nos termos do art. 3º, VI, "a", da Lei nº 11.445/2007 (alterada pela Lei nº 14.026/2020), ela é uma das formas de "prestação regionalizada", isto é, de "prestação integrada de um ou mais componentes dos serviços de saneamento básico em determinada região cujo território abranjam mais de um Município". Nesses casos, deverão estar inseridos no âmbito de competência do ente regional os "serviços de saneamento básico de interesse comum". Estes são definidos, no art. 3º, XIV, da Lei do Saneamento (com redação dada pela Lei nº 14.026/2020) como:

> serviços de saneamento básico prestados em regiões metropolitanas, aglomerações urbanas e microrregiões instituídas por lei complementar estadual, *em que se verifique o compartilhamento de instalações operacionais de infraestrutura de abastecimento de água e/ou de esgotamento sanitário entre 2 (dois) ou mais Municípios,* denotando a necessidade de organizá-los, planejá-los, executá-los e operá-los de forma conjunta e integrada pelo Estado e pelos Munícipios que compartilham, no todo ou em parte, as referidas instalações operacionais. (Grifos nossos)

Convém fazer algumas observações em relação a essa redação. A leitura do dispositivo legal leva à ideia de que um ente regional somente poderá inserir em seu escopo de atuação os serviços em que já exista compartilhamento de instalações operacionais de infraestrutura de abastecimento de água e esgoto entre 2 (dois) ou mais municípios. Isto é: antes mesmo da lei complementar estadual, deverá haver esse compartilhamento de infraestrutura. Isso não parece fazer muito sentido, já que, se hoje o Estado verifica que um conjunto de municípios seria mais bem atendido com esse compartilhamento futuro – ou melhor, que há necessidade política de integração das funções de planejamento, organização e execução dos serviços de saneamento básico –, então nada o impede de fazê-lo. Esta é uma competência que decorre diretamente da Constituição Federal (art. 25, §3º). Outra observação diz respeito ao fato de que apenas os serviços de saneamento básico de abastecimento de água e de esgotamento sanitário seriam de interesse comum. Isso também não faz muito sentido, já que nada impede que a lei complementar estadual repute que os outros serviços de saneamento básico também possam ser objeto de ação de região metropolitana, aglomeração urbana e microrregião. O requisito constitucional para isso é que haja a avaliação da necessidade de integração das funções de planejamento, organização e execução.

De todo modo, caberá à lei complementar estadual apenas estabelecer de forma precisa quais competências ficarão a cargo da entidade regional. Caberá a este ente elaborar um plano regional de saneamento básico, o qual prevalecerá sobre os planos municipais (art. 17). Seja como for, como a entidade regional (no caso do saneamento básico) deverá ser autarquia, esta será mais uma forma de descentralização técnica no âmbito do saneamento básico.

3.4.2   O ente regional é estadual ou interfederativo?

Uma dúvida final aqui é o seguinte: esta autarquia terá qual natureza? Será um ente estadual ou interfederativo (algo entre estado e município)?

A resposta nos parece simples. Da Constituição, não é possível extrair (a não ser que o STF inove mais uma vez na matéria como o fez na ADI nº 1.842/RJ) que o ente regional será "interfederativo", algo entre estado e município, que não é uma coisa, nem outra. A nossa estrutura federativa não prevê isso. Nossos entes políticos e integrantes da Federação são União, estados, Distrito Federal e municípios. Não há ente regional. E o art. 25, §3º, parece-nos claro ao prescrever que a lei complementar *estadual* irá criar o ente. Isso significa que a entidade regionalizada (região metropolitana, microrregião e aglomeração urbana) é estadual. Se for órgão (o que, pela LSB, não poderia, já que a função de regulação deve estar numa autarquia), órgão integrante da estrutura do estado; se for autarquia, será uma autarquia estadual, fruto de descentralização técnica. Ora, se o estado – mediante lei complementar – chega à conclusão de que é necessário integrar as funções públicas de interesse comum de entes municipais contíguos e se isso envolver saneamento básico, a competência constitucional do tema passa a ser dele. Contudo, em função da decisão do STF e do Estatuto da Metrópole, a forma de gestão deverá contemplar os municípios integrantes do ente regionalizado, e o estado não terá autonomia para gerir esta autarquia como o faria se a atividade pública fosse de competência originária do estado (ex.: transporte ferroviário intermunicipal de passageiros).

É este o sentido que se pode extrair da expressão contida no art. 8º, II, da LSB ao se indicar a competência dos "Estados, em conjunto com os Municípios [...]". A competência constitucional é estadual. Mas, em função da ADI nº 1.842/RJ e do Estatuto da Metrópole, os municípios precisam participar da gestão.

Nesses casos em que o ente regional se torna uma autarquia, ela também é fruto de uma descentralização técnica. A competência para instituir as funções públicas de interesse comum é do Estado. E ele descentraliza tecnicamente para uma autarquia.

3.4.3 É possível uma dupla descentralização técnica?

E isso pode levar a outra questão: se o estado é o titular dos serviços ("em conjunto com os Municípios [...]", nos termos acima citados), uma vez instituída a autarquia regional, seria possível que esta descentralizasse tecnicamente para uma empresa estadual de saneamento básico?

Não existe um impedimento para que isso ocorra, desde que ela fique restrita à descentralização da prestação. O importante é que, neste caso, haja a previsão legal expressa desta descentralização técnica da prestação e que, como deveria ocorrer nas tomadas de decisão relacionadas à descentralização, exista justificativa técnica mostrando que esta é a melhor opção para o interesse público.

Note que, neste caso, não estamos falando em contratação direta, nem mesmo via contrato de programa. Estamos falando da descentralização *técnica*, isto é, da descentralização realizada por meio de lei a uma entidade da Administração indireta do ente titular do serviço. No caso, do ente titular do Estado instituidor da região metropolitana.

Esta visão é diferente daquela apresentada por Vera Monteiro neste livro. Na visão da autora, o ente regional poderia celebrar, diretamente, um contrato de concessão com a empresa estatal estadual. Segundo a autora, o art. 10 da LSB obriga a celebração de contrato de concessão com qualquer entidade que não integre a administração do titular do serviço. Por isso, os contratos de programa entre municípios e empresas estatais estão vedados. Mas isso não impede a celebração de contratos de concessão do ente regional (já que o titular é o Estado) com sua própria empresa estatal, sem licitação pública.

Ao que nos parece, a descentralização do ente titular para sua empresa estatal, para que possa ocorrer sem licitação pública, somente será cabível se for técnica, operada por lei. Neste caso de descentralização técnica não há licitação pública, até porque também não há contrato de concessão. Não há muito sentido (embora na prática ocorra) em o titular celebrar contrato de concessão com sua própria empresa estatal. De todo modo, ainda que isso ocorra, não nos parece ser possível falar em contratação direta. Não se trata de inexigibilidade de licitação pública, afinal há competição possível (não há singularidade do sujeito ou do objeto) e também não há hipótese de dispensa de licitação pública prevista em lei. Por isso, falar em contrato de concessão celebrado entre o ente estadual regional e empresa estatal estadual de saneamento, sem licitação pública, não nos parece ser contrário ao art. 175 da Constituição. No entanto, a descentralização técnica seria possível, já que sequer há contrato de concessão.

3.5 As novas figuras da Lei nº 14.026/2020: unidade regional e bloco de referência

Ao se falar em regiões metropolitanas, aglomerações urbanas e microrregiões como competentes para organizar e prestar os serviços de saneamento básico, está em pauta uma "prestação regionalizada" (isto é, "modalidade de prestação integrada de um ou mais componentes dos serviços públicos de saneamento básico em determinada região cujo território abranja mais de um Município"; art. 2º, VI, da LSB). A Lei nº 14.026/2020 trouxe duas novas possibilidades em termos de regionalização do serviço de saneamento básico: (a) unidade regional de saneamento básico; e (b) bloco de referência.

Nos termos da Lei de Saneamento, unidade regional de saneamento básico é a "unidade instituída pelos Estados mediante lei ordinária, constituída pelo agrupamento de Municípios não necessariamente limítrofes, para atender adequadamente às exigências de higiene e saúde pública, ou para dar viabilidade econômica e técnica aos Municípios menos favorecidos" (art. 2º, VI, "b"). Note que a unidade regional deverá incluir, ao menos, uma região metropolitana e sua estrutura de governança deverá seguir o Estatuto da Metrópole (art. 8º, §§2º e 3º). Assim, a unidade regional terá área de abrangência igual ou maior à da região metropolitana, aglomeração urbana ou microrregião. Ela parece servir para aqueles casos em que a região metropolitana (aglomeração urbana e microrregião) não alcança certo município (que não é limítrofe e, a princípio, poderia ser até de outro

Estado), mas que, por alguma das razões citadas no art. 2º, VI, "b", seja conveniente a sua inserção.

Por sua vez, o bloco de referência é o "agrupamento de Municípios não necessariamente limítrofes, estabelecido pela União nos termos do §3º do art. 52 desta Lei e formalmente criado por meio de gestão associada voluntária dos titulares" (art. 2º, VI, "c"). O referido §3º do art. 52 dispõe que a União poderá, subsidiariamente aos estados, criar blocos de referência para a prestação regionalizada dos serviços de saneamento básico. Aliás, a promoção pela União da formação de blocos de referência é um dos objetivos da Política Nacional do Saneamento Básico (art. 49, XIV, incluído na Lei do Saneamento pela Lei nº 14.029/2020). Essa possibilidade de sua criação pela União é uma das diferenças em relação à unidade regional. A outra reside na inexistência de lei ordinária estadual para a sua criação, sendo que o art. 2º, VI, "c", dá a entender que haveria uma formação por meio de ato administrativo plurilateral, eventualmente um convênio.

Unidade regional e bloco de referência possuem características comuns. Em primeiro lugar, em ambos os casos os municípios integrantes não precisam ser limítrofes (e essa é uma diferença para a região metropolitana, aglomerações urbanas e microrregiões). Em segundo, em ambos os casos, é facultativa a adesão dos titulares (art. 8º, §2º, e art. 8º-A), o que já não ocorre no caso das regiões metropolitanas, aglomerações urbanas e microrregiões. Por fim, o art. 50, VIII, dispõe que a alocação de recursos públicos federais e financiamentos com recursos federais será condicionada, entre outros, à adesão pelos titulares dos serviços de saneamento básico à estrutura de governança em caso de unidade regional, bloco de referência e gestão associada. O tema foi, recentemente, regulamentado pelo Decreto nº 10.588/2020.

3.6 A possibilidade de descentralização de qualquer competência administrativa de saneamento básico

Já comentamos no início desta seção, mas vale retomar: qualquer competência administrativa poderá ser descentralizada a uma autarquia. Logo, no âmbito do saneamento básico, tanto as competências de organização como as competências de prestação podem ficar nas mãos dos tipos de autarquias citados acima.

A figura a seguir resume essas possibilidades.

4 A descentralização por colaboração em saneamento básico

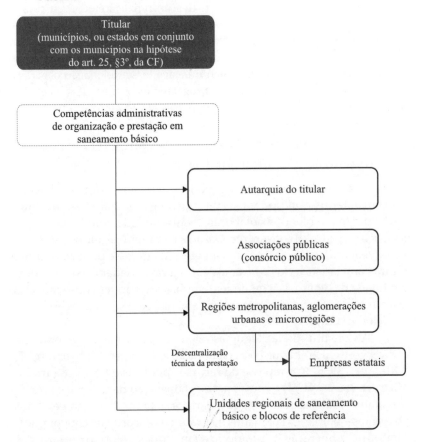

Outra forma de descentralização é a por colaboração. Neste caso, a descentralização (que aqui pode ter outros nomes, como "delegação" e "outorga")[14] é realizada por meio de ato administrativo unilateral ou bilateral a outra pessoa administrativa ou a pessoa privada, natural ou jurídica. O regime dessa delegação estará nas leis que autorizam o ato administrativo (ex.: a Lei nº 8.987/1995 em caso de concessões e

---

[14] Sobre a potencial diferença entre "delegação" e "outorga", vide: FREIRE, André Luiz. *O regime de direito público na prestação de serviços públicos por pessoas privadas*. São Paulo: Malheiros, 2014. p. 190 e ss.

permissões de serviço público), nos atos administrativos de organização do serviço (ex.: decretos, resoluções) e no próprio ato descentralizador.

Ao contrário do que ocorre na descentralização técnica a autarquias, a descentralização por colaboração não admite a descentralização de todas as competências administrativas de organização e de prestação a um só ente. Ora será só a competência de organização, ora só a de prestação. E, no caso do saneamento básico, essa delegação ocorrerá por meio de convênio, contrato de programa e contrato de concessão. Vamos tratar de cada uma dessas hipóteses em separado.

4.1 Os convênios para delegação de competências de organização a autarquias estaduais

Os convênios – em termos genéricos – são atos jurídicos bilaterais ou plurilaterais que podem servir a propósitos distintos, mas que usualmente envolvem a colaboração entre o Poder Público e o ente (público ou privado) convenente. Daí a ideia comum de que os convênios envolvem união de esforços para atingir um interesse público comum. Outra característica dos convênios é a sua precariedade, isto é, a possibilidade de denúncia a qualquer tempo, sem grandes consequências para as partes (ex.: o convenente privado não será suspenso do direito de licitar e contratar).

A Constituição faz algumas referências aos convênios, ora para indicar convênios em que há a colaboração entre entes públicos (art. 37, XXII, e art. 39, §2º), o repasse de recursos públicos a terceiros (art. 71, VI, e art. 166-A, §1º, I) e convênios de cooperação para a delegação de atividades públicas (art. 199, §1º, e art. 241). O fundamento geral dos convênios – por vezes chamados na prática de "acordo de cooperação", "termo de cooperação", "protocolo de intenções", "termo de parceria" etc. – está no art. 116 da Lei nº 8.666/1993, e agora também no art. 184 da recente Lei nº 14.133/2021. Mas há outros atos legislativos que fazem referência aos convênios. Para os nossos fins, há duas leis interessantes. A primeira é a Lei Complementar nº 140/2011, que fixa normas de cooperação entre os entes federativos em matéria ambiental. Entre os instrumentos para formalizar a cooperação entre os entes políticos, estão os "convênios, acordos de cooperação técnica e outros instrumentos similares com órgãos e entidades do Poder Público" (art. 4º, II). Outro exemplo é a Lei nº 9.277/1996, que admite a delegação de rodovias e portos federais – mediante convênio de delegação – a estados e municípios (estes, por sua vez, poderão realizar uma descentralização técnica ou, se admitido no convênio, uma descentralização por colaboração).

Enfim, o uso de convênio para a cooperação entre os entes federativos em matéria de saneamento básico também é juridicamente possível. Mais especificamente, as competências de organização dos serviços de saneamento básico podem ser delegadas pelos municípios a entes estaduais ou municipais. Na prática, é comum encontrar convênios celebrados por municípios com agências reguladoras estaduais de saneamento básico, em que estas fazem a regulação do setor no município convenente. É o caso da Agência Reguladora de Saneamento e Energia do Estado de São Paulo – ARESPS, cujo sítio eletrônico indica os municípios conveniados (*vide* http://www.arsesp.sp.gov.br/SitePages/saneamento/municipios-conveniados-saneamento.aspx).

O art. 8º, §1º, da Lei nº 11.445/2007 (com as modificações introduzidas pela Lei nº 14.026/2020), deixa claro que a gestão associada de serviços de saneamento básico pode ocorrer por meio de convênios, nos termos do art. 241 da Constituição. Aliás, segundo o §4º do art. 8º, a celebração de convênios pelos chefes dos poderes executivos federal, estaduais, distrital e municipais não demanda autorização legislativa. O dispositivo apenas segue, corretamente, o que já fora decidido pelo STF sobre o tema mais de uma vez (*vide*, por exemplo, ADI nº 770, ADI nº 462, ADI nº 342, ADI nº 165).

Note que estamos falando apenas de convênios referentes às competências de organização dos serviços de saneamento básico. Isso porque a Lei nº 11.445/2007 (com redação dada pela Lei nº 14.026/2020) veda, em seu art. 10, *caput*, a celebração de convênios, termos de parceria e outros instrumentos precários cujo objeto seja a delegação das competências de prestação dos serviços. Observados esses limites, a delegação de competências de organização pode ser total ou parcial, nos termos fixados nos convênios.

4.2 Os polêmicos contratos de programa

Certamente a figura mais polêmica em matéria de delegação de serviços públicos de saneamento básico é o contrato de programa. A base legal do contrato de programa surgiu com a Lei dos Consórcios Públicos, em especial o seu art. 13. A Lei dos Consórcios Públicos promoveu uma modificação importante na Lei nº 8.666/1993: a introdução do inc. XXVI ao art. 24, admitindo a dispensa de licitação para a celebração de contratos de programa entre entidades da Administração Pública. Dispositivo de igual teor é mantido na Lei nº 14.133/2021 (*vide* art. 75, XI).

Nos termos do art. 13, *caput*, da Lei nº 11.107/2005, o contrato de programa disciplina as obrigações que um ente da Federação constituir com outro ente da Federação (ou entes da sua Administração indireta, conforme o §5º) ou um consórcio público para a prestação de serviços públicos ou a transferência total ou parcial de encargos, serviços, pessoal ou de bens necessários à continuidade dos serviços transferidos. O §1º dispõe ainda sobre alguns requisitos dos contratos de programa: (i) observância à legislação sobre concessões e permissões de serviço público (isto é, a Lei nº 8.987/1995 e a Lei nº 11.079/2004), em especial sobre cálculo das tarifas; e (ii) procedimentos que garantam transparência da gestão econômica e financeira de cada serviço em relação a cada um de seus titulares. Caso haja transferência total ou parcial de encargos, serviços, pessoal e bens, o §2º determina que o contrato de programa estabeleça, sob pena de nulidade, quais serão: (a) os encargos e a responsabilidade subsidiária do ente que os transferiu; (b) as penalidades; (c) o momento da transferência dos serviços e deveres; (d) a alocação da responsabilidade pelos ônus e passivos do pessoal transferido; (e) a identificação dos bens e preços dos que sejam alienados; (f) o procedimento relacionado aos bens reversíveis.

Ainda em relação ao conteúdo, é importante frisar aqui que competências administrativas de organização dos serviços públicos de saneamento básico não podem ser objeto de delegação por contrato de programa. É o que prevê o art. 13, §4º, da Lei dos Consórcios Públicos, ao vedar a atribuição ao contratado do "exercício dos poderes de planejamento, regulação e fiscalização dos serviços por ele próprio prestados".

Os contratos de programa são polêmicos, em primeiro lugar, porque não estão previstos na Constituição como modalidades de descentralização de serviços públicos. Afinal, a Constituição faz menção apenas à concessão e permissão, no art. 175, e apenas aos consórcios públicos e convênios de cooperação no art. 241. O segundo elemento desta polêmica reside no fato de que eles são exclusivos para entes da Federação, não sendo possível a sua celebração com entes privados (o que tem sentido, já que estes só serão prestadores de serviço público municipais por meio de concessão ou permissão). Mas a maior polêmica sempre esteve no fato de que eles são celebrados por dispensa de licitação pública, sem abrir a possibilidade de competição entre potenciais interessados.

Os contratos de programa surgiram, com essa polêmica configuração, com um alvo bem claro: possibilitar que as empresas estatais estaduais de saneamento básico formalizassem e ampliassem a sua atuação nos municípios integrantes do estado ao qual tais empresas estatais estavam vinculadas.

No Brasil, as empresas estatais estaduais de serviço de saneamento básico surgiram em especial a partir da década de 1970, em função de incentivos concedidos pela União. Em vista disso, as diversas as empresas estatais passaram a prestar serviços de abastecimento de água e esgotamento sanitário a diversos municípios, tendo ou não a relação formalizada em contrato (neste último caso, fala-se de "concessões-convênio").[15] Com os contratos de programa, tais empresas estatais tiveram a oportunidade de formalizar essas relações existentes e aumentar o número de municípios atendidos, já que não havia a necessidade de licitação pública. Em função disso, algumas críticas de natureza não jurídica foram feitas aos contratos de programa, como sendo mecanismos que impediam o maior acesso de empresas privadas na prestação dos serviços de saneamento básico. Não vamos entrar nesse tipo de discussão que escapa da seara puramente jurídica; afinal, este é um texto acadêmico de dogmática jurídica. O foco será analisar as modificações que a Lei nº 14.026/2020 trouxe em relação ao tema.

A Lei nº 14.026/2020 – da forma como foi sancionada e publicada – traz importantes modificações no regime dos contratos de programa em saneamento básico. A mais relevante, constante na nova redação do *caput* do art. 10 da Lei do Saneamento, é a vedação à celebração de contratos de programa para a prestação dos serviços públicos de saneamento básico. Essa vedação também consta na nova redação do art. 8º, §1º, I, que veda a formalização de contrato de programa entre consórcios públicos e empresa estatal estadual, bem como no art. 13, §8º, da Lei dos Consórcios Públicos (com redação dada pela Lei nº 14.026/2020). Os contratos de programa já vigentes não são afetados pelo art. 10, *caput*, já que o §3º do mesmo artigo deixa claro que eles permanecem vigentes até o advento do termo contratual. Aliás, não só o art. 10, §3º, da Lei nº 11.445/2007, mas também o art. 18, *caput*, da Lei nº 14.026/2020.

A Lei nº 14.026/2020 traz ainda algumas disposições que incentivam a alienação do controle das empresas estatais estaduais de saneamento básico. Quando isso ocorrer, o art. 14, *caput*, estabelece que os contratos de programa ou de concessão em execução poderão ser substituídos por novos contratos de concessão. O §1º dispõe que, se a empresa estatal a ser privatizada não manifestar necessidade de alteração de prazo, objeto e outras cláusulas no momento da alienação, então ficará dispensada a anuência prévia de alienação pelos entes que

---

[15] Sobre o tema *vide* o artigo de Vera Monteiro publicado nesta obra.

formalizaram o contrato de programa. Se houver essa manifestação da empresa estatal, o §2º determina que a empresa estatal apresente proposta de substituição dos contratos existentes aos entes públicos titulares (observadas as metas de universalização contidas no art. 11-B da Lei nº 11.445/2007). Feita a proposta, os titulares terão 180 (cento e oitenta) dias para se manifestarem sobre o tema (§4º); não havendo manifestação do titular nesse prazo, o §5º do art. 14 determina que o silêncio terá o efeito de anuência à proposta de substituição dos contratos.

Alguns comentários ao art. 14 da Lei nº 14.026/2020. Em primeiro lugar, quando não houver necessidade de alteração das condições do contrato de programa, quando for convertido em contrato de concessão (isto é, quando concretizada a alienação do controle da empresa estatal), o prazo será aquele já existente no âmbito do contrato de programa. Assim, se ainda faltam 15 (quinze) anos para o término do contrato de programa e concretizada a privatização da empresa estatal, o novo contrato de concessão terá o prazo de 15 (quinze) anos. No entanto, uma possibilidade aqui é a seguinte: o município titular pode querer aproveitar a licitação para a alienação do controle da empresa estatal e já licitar em conjunto um novo contrato de concessão. Assim, a antiga empresa privatizada (agora de natureza privada) já celebraria um contrato de concessão novo, não relacionado ao contrato de programa anterior. A questão aqui é que, para tomar essa decisão, o município deverá justificar por qual razão é melhor adotar essa medida do que simplesmente fazer uma licitação específica só para a concessão. Afinal, talvez haja maior competição para uma licitação para uma concessão municipal do que para a alienação do controle da empresa estatal (o que pressupõe outros contratos de concessão). Mas, se demonstrado que essa é a melhor opção para o interesse público, não há impedimento jurídico.

O texto do projeto que levou à edição da Lei nº 14.026/2020 autorizava, em seu art. 16, *caput*, a prorrogação dos contratos de programa vigentes e a formalização das situações de fato (isto é, a prestação por empresa estatal estadual sem qualquer contrato, seja de concessão, seja de programa) e de contratos de programa vencidos, desde que realizados até 31.3.2022. O prazo máximo de prorrogação seria de mais 30 (trinta) anos (art. 16, parágrafo único). Então, o texto final aprovado pelo Poder Legislativo dava sobrevida aos contratos de programa. No entanto, o presidente da República vetou todo art. 16, afastando esta possibilidade. Com a publicação da Lei nº 14.026/2020, portanto, não se mostra mais possível celebrar contratos de programa. Portanto, a partir desta lei, as empresas estatais poderão prestar os serviços de saneamento básico por meio de novos contratos; mas apenas se forem celebrar contratos de concessão e se a empresa estatal se sagrar vencedora da licitação pública. Sob a perspectiva puramente jurídica, a vedação a novos contratos de programa é a mais adequada aos arts. 175 e 241 da Constituição. A pureza da análise jurídica, contudo, não afasta a seriedade do problema concreto de natureza política e econômico-financeira que os estados enfrentarão. Afinal, terão que alienar o controle da empresa estatal, ou torná-las mais eficientes de modo a competir no mercado de saneamento básico em licitações futuras. Mas este não é um tema para um estudo jurídico-dogmático, como é o caso deste artigo.

Como mencionado anteriormente, apenas os contratos celebrados antes da Lei nº 14.026/2020 permanecem vigentes. E se o contrato de programa celebrado antes desta lei tiver autorização para sua prorrogação? Ela será válida? Este é um tema que tende a gerar discussões, mas me parece que a resposta é negativa.

Uma prorrogação de contrato de concessão é bem diferente de uma prorrogação de contrato administrativo regido pela Lei nº 8.666/1993. Neste último caso, a prorrogação basicamente aumenta o prazo, mantendo praticamente intactas todas as cláusulas contratuais. Isso ocorre porque essas prorrogações dificilmente ocorrem por um período superior a um ano. No caso das concessões de serviço público, por serem contratos de longo prazo (eles têm 20, 30 e até mais em alguns casos), a prorrogação implica uma verdadeira renegociação contratual, uma repactuação dos termos. Novos investimentos são projetados para o novo período contratual; novas condições de atualização, parâmetros de desempenho e remuneração são fixadas. Isso ocorre porque, durante o prazo original do contrato de concessão, novas práticas regulatórias são criadas e elas são incluídas no termo aditivo de prorrogação. É praticamente um novo contrato de concessão. E, nesses casos, a grande questão para a decisão pública de prorrogar é: por qual razão não deve ser feita uma nova licitação? É preciso que a prorrogação seja potencialmente mais vantajosa para o interesse público do que a realização de uma nova licitação. Mais: pressupõe que a prorrogação seja algo válido no momento da tomada de decisão. E a análise do regime jurídico vigente também é um elemento para a tomada de decisão. Se o direito vigente quando da prorrogação veda alguma alternativa, o Poder Público não poderá a incorporar no termo aditivo de prorrogação.

No caso dos contratos de programa, também de longo prazo, não está mais aberta a porta da prorrogação, já que os contratos de programa em si deixam de ser válidos. O que foi afirmado acima para a prorrogação dos contratos de concessão vale para os contratos de programa: a sua prorrogação implica verdadeira renegociação contratual, uma repactuação dos termos. É, basicamente, um novo contrato de programa. Por isso, é a interpretação que nos parece mais adequada ao princípio constitucional de licitar e aos termos do regime jurídico vigente no momento da tomada de decisão pela prorrogação.

Embora esse posicionamento me pareça o mais adequado em vista do sistema jurídico brasileiro, é provável que as prorrogações ocorram por uma razão: a necessidade de indenizar as companhias estatais estaduais pelos bens reversíveis não amortizados ou depreciados. Em muitos casos, toda infraestrutura foi criada, reformada e ampliada pela empresa estadual de saneamento básico. E é certo que estas empresas estatais devem ser indenizadas pelos bens não amortizados ou depreciados. Em alguns casos, os municípios simplesmente não terão dinheiro para indenizá-las, surgindo a prorrogação do contrato de programa como opção pela falta de pagamento. Como não raro acontece, as necessidades financeiras poderão se sobrepor ao que está previsto no direito positivo. Talvez, a solução passe por, ao modelar uma nova concessão, estabelecer que o valor da indenização devida pelo município à empresa estadual deverá ser paga pelo futuro vencedor da licitação (quando viável economicamente).

4.3 Os contratos de concessão e subconcessão

A última forma de descentralização por colaboração da prestação dos serviços de saneamento básico é a concessão de serviço público. E, aqui, a concessão em qualquer das suas modalidades: comum (previsto na Lei nº 8.987/1995), patrocinada ou administrativa (estes dois últimos, chamados de contratos de parceria público-privada pela Lei nº 11.079/2004).

No âmbito das concessões de serviço público, as competências a serem delegadas (ou outorgadas) serão apenas aquelas relacionadas à prestação do serviço, conforme prevê o art. 175 da Constituição.[16] Não entram, aqui, competências de organização. Elas (as competências de prestação delegadas) podem envolver todos os aspectos de dado serviço público de saneamento básico, ou apenas parte deles. Por exemplo, em relação ao serviço de abastecimento de água, a concessão pode envolver as posições ativas e passivas referentes a todas as etapas constantes no

---

[16] Sobre o conceito constitucional de concessão de serviço público, *vide*: FREIRE, André Luiz. *O regime de direito público na prestação de serviços públicos por pessoas privadas.* São Paulo: Malheiros, 2014. p. 334 e ss.

art. 3º-A da Lei nº 11.445/2007 (com redação dada pela Lei nº 14.026/2020), ou apenas as atividades de tratamento de água bruta, adução de água tratada e reservação de água tratada, ficando as demais atividades para um ente do município ou para outro prestador descentralizado.

Por serem contratos de concessão, também no setor de saneamento básico deverão ser observadas as disposições da Lei nº 8.987/1995 (a Lei de Concessões) e, se for o caso, da Lei nº 11.079/2004 (a Lei de PPPs). Mas, além disso, há alguns dispositivos específicos na Lei nº 11.445/2007 que tratam dos contratos de concessão.

Em primeiro lugar, vale destacar que não é cabível no saneamento básico a prestação dos seus serviços públicos por outro meio que não seja a concessão. É o que prevê o art. 10 (com redação dada pela Lei nº 14.026/2020). Como já citado acima, os contratos de programa não são mais permitidos e também não cabe o uso de permissão de serviço público.

Já o art. 10-A, incluído na LSB pela Lei nº 14.026/2020, determinou que os contratos de concessão deverão estabelecer o seguinte:

(a) metas de expansão dos serviços, de redução de perdas na distribuição de água tratada, de qualidade na prestação dos serviços, de eficiência e de uso racional da água, da energia e de outros recursos naturais, do reúso de efluentes sanitários e do aproveitamento de águas de chuva, em conformidade com os serviços a serem prestados (art. 10-A, I);

(b) dentre as fontes de receitas alternativas, complementares, acessórias ou derivadas de projetos associados (art. 11 da Lei de Concessões), poderão ser incluídas, entre outras, a alienação e o uso de efluentes sanitários para a produção de água de reúso, com possibilidade de as receitas serem compartilhadas entre o contratante e o contratado, caso aplicável (art. 10-A, II);

(c) metodologia de cálculo de eventual indenização relativa aos bens reversíveis não amortizados por ocasião da extinção do contrato (art. 10-A, III); e

(d) repartição de riscos entre as partes, incluindo os referentes a caso fortuito, força maior, fato do príncipe e álea econômica extraordinária (art. 10-A, IV).

A rigor, metodologia de cálculo dos bens reversíveis já é algo que deve constar em qualquer contrato de concessão. E os contratos recentes, nos mais diversos setores, têm feito isso. Mas a previsão legal é importante para destacar esta obrigatoriedade nos contratos de concessão de saneamento básico. O mesmo vale para o inc. IV do art. 10-A (que repete o teor do art. 5º, III, da Lei de PPPs).

O §1º do art. 10-A dispõe ainda sobre a necessidade de os contratos conterem mecanismos privados de resolução de disputas entre poder concedente e concessionária, o que inclui a arbitragem. Esta deverá ser realizada no Brasil e ser conduzida em português.

O art. 11 da Lei do Saneamento traz ainda algumas condições (de validade) para a celebração dos contratos de concessão. Note-se que o dispositivo não dispõe sobre o conteúdo deste contrato, mas sim o que deve ser feito antes de celebrá-lo. Tais condições são as seguintes:

(a) existência de plano de saneamento básico (art. 11, I);

(b) existência de estudo de viabilidade técnica e econômico-financeira da prestação dos serviços, nos termos estabelecidos no respectivo PSB (art. 11, II);

(c) existência de normas de regulação que prevejam os meios para o cumprimento das diretrizes previstas na Lei nº 11.445/2007, incluindo a designação da entidade de regulação e de fiscalização (art. 11, III);

(d) a realização prévia de audiência e de consulta públicas sobre o edital de licitação e seus anexos (entre eles, a minuta de contrato de concessão) (art. 11, IV);

(e) a existência de metas e cronograma de universalização dos serviços de saneamento básico (art. 11, V).

Quanto à universalização, duas observações. Em primeiro lugar, o art. 11-B da Lei do Saneamento (incluído pela Lei nº 14.026/2020) determinou que os contratos de prestação dos serviços de saneamento básico deverão definir metas de universalização que garantam o atendimento de 99% da população com água potável e de 90% da população com coleta e tratamento de esgotos até 31.12.2033. O mesmo dispositivo prevê que também deverão ser fixadas metas quantitativas de não intermitência do abastecimento, de redução de perdas e de melhoria dos processos de tratamento.

Em segundo lugar, é importante ter em mente que o contrato de concessão é um dos instrumentos à disposição do Poder Público titular para implementar a universalização. O dever de universalizar o serviço, nos termos do art. 11-A, é do município titular (ou do ente regional), e não do concessionário. Este terá a obrigação de cumprir as metas e cronograma fixados no contrato de concessão por ele celebrado. Estes é que poderão abranger todas ou apenas parte das metas de universalização. Tudo dependerá da forma como o município titular decidir implementar as metas de universalização. É possível que aquelas metas sejam atingidas por meio de um contrato de programa vigente com uma empresa estatal e um contrato de concessão com um sujeito privado. Ou o titular pode celebrar dois ou mais contratos de concessão, abrangendo áreas diferentes, mas que, em conjunto, cumprem com o art. 11-A. Tanto isso é verdadeiro que, se os contratos já celebrados que tenham estabelecido metas diferentes ficarão inalterados e os titulares deverão buscar alternativas para atingir tais metas, como a prestação direta da parcela remanescente, celebração de um contrato complementar ou a própria alteração dos contratos vigentes, é mantido o equilíbrio econômico-financeiro (art. 11-B, §2º, da Lei nº 11.445/2007, incluído pela Lei nº 14.026/2020).

No saneamento básico, por vezes, há mais de um contrato de concessão em que os concessionários possuem atividades interdependentes. Nesse caso, o art. 12, *caput*, da Lei nº 11.445/2007 estabelece que a relação entre os concessionários será disciplinada por contrato. O ente regulador, nesse caso, estabelecerá as normas técnicas relativas à qualidade, quantidade e regularidade dos serviços, as normas econômicas e financeiras referentes às tarifas, entre outros aspectos (*vide* art. 12, §1º). Estes contratos entre concessionários são chamados na prática de "contratos de interdependência" e terão o conteúdo mínimo fixado no §2º do art. 12.

Além dos contratos de concessão, também é comum encontrar a figura da subdelegação ou subconcessão. Pela Lei nº 8.987/1995, em seu art. 26, admite a subconcessão dos serviços outorgados, nos termos e limites fixados no contrato e desde que com autorização do Poder Concedente. A subconcessão será sempre precedida de licitação pública. No setor de saneamento, o que tem ocorrido é o seguinte: a empresa estatal estadual que possui contrato de programa seleciona parcela da atividade que lhe fora delegada e a concede a um sujeito privado, nos termos da Lei nº 8.987/1995 ou da Lei nº 11.0799/2004. Isso foi feito recentemente pela Companhia Riograndense de Saneamento Básico – Corsan, que subdelegou por meio de uma concessão administrativa a execução de obras de infraestrutura em esgotamento sanitário, complementando a infraestrutura instalada e/ou as obras executadas pela Corsan, incluindo o crescimento vegetativo ao longo do contrato, melhorias e manutenção, a operação dos sistemas de esgotamento sanitário de determinados municípios do estado indicados no edital. Como se pode perceber, as "subconcessões" no setor de saneamento não chegam a ser verdadeiramente uma subconcessão da Lei nº 8.987/1995. São, certamente, "subdelegações", mediante concessão; mas, não, subconcessões.

Seja como for, o art. 11-A da Lei nº 11.445/2020 (alterado pela Lei nº 14.026/2020) fixou um limite para a subdelegação. Ela não poderá ser superior a 25% do valor do contrato da delegação original. E os parágrafos do art. 11-A trouxeram mais algumas normas sobre a subdelegação:

(a) a subdelegação ficará condicionada à comprovação técnica, pelo prestador, do benefício da subdelegação em eficiência e qualidade dos serviços (art. 11-A, §1º);

(b) os contratos de subdelegação disporão sobre os limites da sub-rogação de direitos e obrigações do prestador de serviços pelo subdelegatário e observarão, no que couber, o disposto no §2º do art. 11 da Lei do Saneamento, bem como serão precedidos de procedimento licitatório (art. 11-A, §2º);

(c) as subconcessões não poderão implicar sobreposição de custos administrativos ou gerenciais a serem pagos pelo usuário final (art. 11-A, §3º).

4.4 As formas de descentralização por colaboração

Para ficar mais claro como se dá a descentralização por colaboração de competências administrativas, o quadro a seguir sumariza as possibilidades.

Instrumento de delegação	Competências administrativas delegadas	Competências que não podem ser delegadas	Natureza do ente descentralizado
Convênios	Organização (planejamento e/ou regulação)	• Competências legislativas • Competências administrativas de prestação	Pessoa jurídica de direito público de outro ente federativo
Contratos de programa	Prestação dos serviços	• Competências legislativas • Competências administrativas de organização	Empresas estatais estaduais
Concessões			Pessoas privadas
Subdelegações			

5 O novo papel da Agência Nacional de Águas e Saneamento Básico

Para encerrar este artigo, convém abordar o novo papel a ser exercido pela agora renomeada Agência Nacional de Águas e de Saneamento Básico – ANA. Este novo papel veio com a Lei nº 14.026/2020, que procurou dar uma solução para um problema prático importante: a pluralidade de entes reguladores. Esta pluralidade acaba sendo prejudicial na prática, porque ela traz uma falta de uniformidade na regulação pelos diversos entes titulares. Como consequência, isso traz insegurança jurídica e aumenta o risco dos prestadores. E o risco é usualmente precificado pelo setor privado, ou o risco simplesmente afasta potenciais prestadores. Então, para lidar com esse problema sério, a Lei nº 14.026/2020 atribuiu à ANA uma série de competências que ela não tinha antes. Para tanto, ela alterou a lei de criação da ANA (que, antes, era apenas Agência Nacional de Águas), a Lei nº 9.984/2000 (Lei da ANA).

O art. 1º desta última lei (alterada pela Lei nº 14.026/2020) caracteriza a ANA como a entidade federal de implementação da Política Nacional de Recursos Hídricos, integrante do Sistema Nacional de Gerenciamento de Recursos Hídricos (SINGREH) e responsável pela instituição de normas de referência para a regulação dos serviços públicos de saneamento básico (o art. 25-A da Lei nº 11.445/2007 também dispõe sobre essa competência). A ANA é uma autarquia sob regime especial, vinculada ao Ministério do Desenvolvimento Regional.

A Lei da ANA passa agora (isto é, a partir da Lei nº 14.026/2020) a contar com o art. 4º-A, cujo *caput* dispõe ser atribuição da ANA instituir normas de referência para a regulação dos serviços de saneamento básico. Estas normas de referência serão sobre os seguintes temas (art. 4º-A, §1º):

(a) padrões de qualidade e eficiência na prestação, na manutenção e na operação dos sistemas de saneamento básico;

(b) regulação tarifária dos serviços públicos de saneamento básico, com vistas a promover a prestação adequada, o uso racional de recursos naturais, o equilíbrio econômico-financeiro e a universalização do acesso ao saneamento básico;

(c) padronização dos instrumentos negociais de prestação de serviços públicos de saneamento básico firmados entre o titular do serviço público e o delegatário, os quais contemplarão metas de qualidade, eficiência e ampliação da cobertura dos serviços, bem como especificação da matriz de riscos e dos mecanismos de manutenção do equilíbrio econômico-financeiro das atividades;

(d) metas de universalização dos serviços públicos de saneamento básico para concessões que considerem, entre outras condições, o nível de cobertura de serviço existente, a viabilidade econômico-financeira da expansão da prestação do serviço e o número de municípios atendidos;

(e) critérios para a contabilidade regulatória;

(f) redução progressiva e controle da perda de água;

(g) metodologia de cálculo de indenizações devidas em razão dos investimentos realizados e ainda não amortizados ou depreciados;

(h) governança das entidades reguladoras;

(i) reúso dos efluentes sanitários tratados, em conformidade com as normas ambientais e de saúde pública;

(j) parâmetros para determinação de caducidade na prestação dos serviços públicos de saneamento básico;

(k) normas e metas de substituição do sistema unitário pelo sistema separador absoluto de tratamento de efluentes;

(l) sistema de avaliação do cumprimento de metas de ampliação e universalização da cobertura dos serviços públicos de saneamento básico;

(m) conteúdo mínimo para a prestação universalizada e para a sustentabilidade econômico-financeira dos serviços públicos de saneamento básico.

Entre os objetivos a serem atingidos pelas normas de referência, vale citar o estímulo à livre concorrência, competitividade, eficiência e sustentabilidade econômica dos serviços. De igual modo, essas normas deverão estimular a cooperação entre os entes federativos e incentivar a regionalização, entre outros objetivos fixados no art. 4º-A, §3º.

A decisão política tomada na Lei nº 14.026/2020 visa a conferir maior uniformidade e segurança com a edição de normas de referência pela ANA. Mas por qual razão a lei usa a expressão "normas de referência"? Como a União não dispõe da competência constitucional administrativa de organização do serviço público, não cabe a ela (diretamente ou por ente administrativo por ela criado) impor normas administrativas para os diversos entes reguladores municipais e regionais. Por isso, essas normas não seriam de observância obrigatória por estados e municípios.

Contudo, a Lei nº 14.026/2020 procurou criar mecanismos para que, na prática, tais normas de referência sejam expressamente adotadas pelos diversos entes reguladores estaduais e municipais. Em primeiro lugar, ela introduziu dispositivos na Lei nº 11.445/2007 que dão a entender pela obrigatoriedade dessas normas de referência. É o caso do art. 22, I, que inclui entre os objetivos da regulação estabelecer padrões e normas para adequada prestação e expansão dos serviços e para a satisfação dos usuários, "com observação das normas de referência editadas pela ANA". Já o art. 23, *caput*, determina que a entidade reguladora editará normas, "observadas as diretrizes determinadas pela ANA". Mas, até aqui, uma interpretação conforme a Constituição afasta essa obrigação. Aliás, a própria Lei nº 11.445/2020 deixa clara a possibilidade de um ente regulador não adotar as normas de referência no art. 23, §1º-B. O grande incentivo legal à adoção das normas de referência está no art. 50, III, da Lei do Saneamento. Tal dispositivo condiciona a alocação de recursos públicos federais e os financiamentos com recursos da União (ou por ela geridos ou operados, direta ou indiretamente), entre outros, "à observância das normas de referência para a regulação da prestação dos serviços de saneamento básico expedidas pela ANA".

Além desse forte incentivo legal, há ainda o incentivo não legal que deve vir. Provavelmente, financiadores privados não concederão empréstimos em projetos de concessão feitos por entes que não observem tais normas de referência.

Por fim, vale destacar que o art. 4º-A, §5º, da Lei nº 9.984/200 prevê que a ANA "disponibilizará, em caráter voluntário e com sujeição à concordância entre as partes, ação mediadora ou arbitral nos conflitos que envolvam titulares, agências reguladoras ou prestadores de serviços públicos de saneamento básico". A questão aqui é saber qual será exatamente o escopo desta arbitragem. É possível que o seu escopo, na prática, restrinja-se à interpretação dos termos das normas de referência, e não propriamente à resolução de disputas concretas que surjam em relação a temas não relacionados às normas de referência. Ou ela pode ser ampla a ponto de incluir a solução dessas disputas. Seja como for, a decisão tomada pela ANA em arbitragem, como qualquer ato administrativo, não está imune ao controle judicial. Logo, mesmo se o escopo for maior, não está em pauta aqui o procedimento arbitral previsto na Lei nº 9.307/1996.

6 Um resumo...

O objetivo deste artigo foi fazer uma análise do conceito de titularidade e as diversas formas de descentralização (técnica e por colaboração). A figura a seguir procura resumir todo esse complexo quadro no campo dos serviços públicos de saneamento básico.

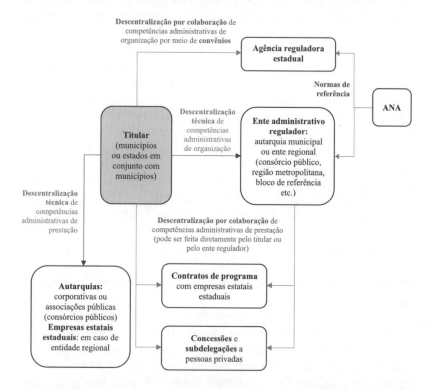

Referências

FREIRE, André Luiz. Introdução: panorama jurídico do setor ferroviário brasileiro. *In*: MEDEIROS NETO, Elias Marques de; ARAUJO, Hebert Lima; ELEOTERO, Rafaela Comunello; D'ÁVILA, Daniela Peretti (Org.). *Aspectos do direito ferroviário*: uma visão através do contencioso. São Paulo: Verbatim, 2018.

FREIRE, André Luiz. *O regime de direito público na prestação de serviços públicos por pessoas privadas*. São Paulo: Malheiros, 2014.

FREIRE, André Luiz. Saneamento básico: competências constitucionais para criar, organizar e prestar os serviços públicos. *In*: CAMPILONGO, Celso Fernandes; GONZAGA; Alvaro de Azevedo; FREIRE, André Luiz (Coord.). *Enciclopédia jurídica da PUC-SP*. Tomo: Direitos Difusos e Coletivos. São Paulo: Pontifícia Universidade Católica de São Paulo, 2017. Disponível em: https://enciclopediajuridica.pucsp.br/verbete/329/edicao-1/saneamento-basico:-competencias-constitucionais-para-criar,-organizar-e-prestar-os-servicos-publicos.

Informação bibliográfica deste texto, conforme a NBR 6023:2018 da Associação Brasileira de Normas Técnicas (ABNT):

FREIRE, André Luiz. Saneamento básico: titularidade, regulação e descentralização. *In*: GUIMARÃES, Fernando Vernalha (Coord.). *O novo direito do saneamento básico*: estudos sobre o novo marco legal do saneamento básico no Brasil (de acordo com a Lei nº 14.026/2020 e respectiva regulamentação). Belo Horizonte: Fórum, 2022. p. 81-119. ISBN 978-65-5518-299-6.

PARTE III

REGULAÇÃO E CONTROLE

NORMAS DE REFERÊNCIA DA ANA (AGÊNCIA NACIONAL DE ÁGUAS E SANEAMENTO BÁSICO) E CONFLITOS REGULATÓRIOS

CESAR PEREIRA

Introdução[1]

A aprovação final do PL nº 4.162/2019 no Senado em 24.6.2020, após tramitação iniciada efetivamente apenas quatro meses antes, sugere a intenção de acelerar a solução de problemas tornados ainda mais evidentes com a pandemia da Covid-19. Mas o reconhecimento dessa urgência é anterior. A Câmara de Deputados já aprovara em dezembro de 2019 o projeto de lei encaminhado pelo Poder Executivo em julho do mesmo ano. O ambiente provocado pela pandemia tornou impossível deixar de tomar, de imediato, esse passo necessário para a superação das deficiências do Brasil na área de saneamento.[2] O urgente passa a ser a implementação concreta do novo marco legal.

---

[1] Agradeço a Victor Luis Rocha e Matheus Guimarães Pitto, do Justen, Pereira, Oliveira e Talamini (São Paulo), a colaboração com a pesquisa para a elaboração deste texto.

[2] Sobre o histórico de tais deficiências e a evolução normativa do setor, cf. MILARÉ, Édis; MILARÉ, Lucas Tamer. *O marco regulatório do saneamento ambiental.* Disponível em: https://www.migalhas.com.br/arquivos/2020/9/F7D8BB20738D5D_PNSBMIGALHAS.pdf. Acesso em: 29 set. 2020.

Normas de referência nacionais

Com o objetivo de promover uniformidade e segurança regulatórias e administrativas, a Lei nº 14.026 alterou a Lei nº 9.984 para atribuir à ANA – Agência Nacional de Águas e Saneamento Básico competência para a edição de normas de referência nacionais, segundo os parâmetros e para os fins definidos na própria Lei nº 9.984 e na Lei nº 11.445.

Também modificou a Lei nº 11.445 para estabelecer mecanismos para a definição concreta da titularidade dos serviços e da correspondente competência regulatória (art. 8º da Lei nº 11.445), conforme o interesse seja local (inc. I) ou comum (inc. II). As competências administrativas e regulatórias dos titulares podem ser exercitadas de modo isolado ou regionalizado, segundo uma variedade de formas (art. 8º, §1º).

A uniformidade regulatória pretende resolver uma dificuldade derivada da titularidade distrital ou municipal dos serviços de saneamento, consistente na fragmentação de sua disciplina. O exercício legítimo da titularidade local poderia conduzir a uma pluralidade de soluções, conforme os interesses de cada município. Na linha do que já haviam previsto as medidas provisórias nºs 844 e 868, a Lei nº 14.026 criou mecanismos para incentivar a adoção voluntária de regras uniformes e a regulação regionalizada dos serviços de saneamento,[3] sem prejuízo da competência federal para a edição de normas gerais em vários aspectos envolvidos no setor de saneamento.

Como detalhado adiante, a solução adotada se alinha com uma perspectiva de concertação federativa ao incentivar a adesão dos municípios e Distrito Federal e, nos casos de competência regionalizada, dos estados à *soft law*[4] estabelecida pela ANA. Não se trata de atribuir à União competências que invadam atribuições locais, mas de dar eficácia às competências constitucionais administrativas da União no setor – e,

---

[3]   Sobre a relevância da uniformidade regulatória e a validade da atribuição de competências à ANA, ainda sob o regime da MP nº 844, cf. MOREIRA, Egon Bockmann; CAGGIANO, Heloisa Conrado; GOMES, Gabriel Jamur. O novo marco legal do saneamento básico (Os pontos mais importantes da Medida Provisória nº 844/2018). *Revista de Direito Público da Economia – RDPE*, Belo Horizonte, ano 16, n. 63, p. 89-116, jul./set. 2018. Em sentido contrário, VASCONCELOS, Andréa Costa de; LIMA, Priscilla da Costa. Limites de atuação da entidade reguladora de saneamento básico. *Revista de Direito Público da Economia – RDPE*, Belo Horizonte, ano 15, n. 60, p. 9-25, out./dez. 2017. O tema da necessidade de coerência regulatória já havia sido examinado em DINIZ, Cláudio Smirne. Saneamento básico e regulação. *Revista de Direito Público da Economia – RDPE*, ano 17, n. 27, jul./set. 2009.

[4]   CYRINO, André. A nova Agência Nacional de Águas e as normas de referência: soft law federativo? *Jota*, 23 set. 2020. Disponível em: https://www.jota.info/opiniao-e-analise/artigos/a-nova-agencia-nacional-de-aguas-e-as-normas-de-referencia-soft-law-federativo-23092020. Acesso em: 29 set. 2020.

por meio de normas cujo atendimento condiciona a destinação de recursos federais, realizar a uniformidade regulatória indispensável para estimular investimentos que conjugam a abrangência local na prestação com exigências de escala regional ou nacional em sua estruturação técnica ou econômico-financeira.

Fundamento constitucional

O art. 21, XX, da Constituição Federal (CF/88) atribui à União competência para "instituir diretrizes para o desenvolvimento urbano, inclusive habitação, saneamento básico e transportes urbanos". O art. 23, IX, prevê ser competência comum da União, Distrito Federal, estados e municípios promover programas de melhoria das condições de saneamento básico. Em termos mais genéricos, há competência comum também para cuidar da saúde (art. 23, II), proteger o meio ambiente e combater a poluição (art. 23, VI), e competência concorrente para legislar sobre defesa da saúde (art. 24, XII). E há competência privativa da União para legislar sobre águas (art. 22, IV), apesar de a titularidade da água poder ser federal (art. 20, III) ou estadual (art. 26, I). O serviço de saneamento básico é definido pelo art. 3º da Lei nº 11.445 como abrangendo abastecimento de água potável, esgotamento sanitário, limpeza urbana e manejo de recursos sólidos e drenagem e manejo de águas pluviais urbanas. Embora não se confunda com a disciplina da água, há forte impacto de tais serviços sobre a utilização e a manutenção das águas.[5]

Os dispositivos constitucionais que conformam as competências da União são amplos e contemplam grande variedade de instrumentos de ação de que a União se pode valer. Em certa medida, a definição dos meios disponíveis para os estados, Distrito Federal e municípios também é condicionada pela competência federal para a edição de normas gerais de licitações e contratações. Mesmo no que se refere especificamente a parâmetros substanciais de prestação dos serviços de saneamento, há papel próprio para a atuação da União.

Tais competências justificam que a União destine recursos próprios, não alcançados por transferências obrigatórias, para ações relativas a saneamento. Em grande medida, essa destinação ocorre

---

[5] Sobre a vinculação entre os serviços de saneamento e a titularidade dos recursos hídricos, cf. MARQUES NETO, Floriano de Azevedo. Aspectos regulatórios em um novo modelo para o setor de saneamento básico no brasil. *Boletim de Direito Administrativo*, v. 9, p. 697-708, 2002.

mediante transferências voluntárias ou financiamento da União ou de entidades federais para outros entes políticos ou o oferecimento de garantias em ações realizadas por estes.[6] O destinatário final de tais recursos é frequentemente o próprio prestador dos serviços, em regime de concessão comum ou parceria público-privada (PPP), que obtém financiamentos públicos federais ou recebe garantias baseadas em recursos federais.

Objeto das normas de referência da ANA

Conforme o art. 48, III, da Lei nº 11.445, a União, no estabelecimento de sua política de saneamento básico, deverá ter por diretriz a uniformização da regulação do setor e divulgação de melhores práticas, conforme o disposto na Lei nº 9.984, na redação da Lei nº 14.026. O art. 22, I, da Lei nº 11.445 estipula como um dos objetivos da regulação o estabelecimento de padrões e normas para a adequada prestação e a expansão da qualidade dos serviços e para a satisfação dos usuários, observando-se as normas de referência editadas pela ANA. O art. 4º-A, §7º, da Lei nº 9.984 determina que é dever da ANA zelar pela uniformidade regulatória do setor de saneamento básico e pela segurança jurídica na prestação e na regulação dos serviços, observadas as peculiaridades locais e regionais. O dispositivo garante à ANA uma variedade de instrumentos normativos e concretos para a elaboração de estudos técnicos, edição de guias e manuais e capacitação de recursos humanos.

Nesse contexto, o art. 4º-A, §7º, da Lei nº 9.984 prevê o objeto das normas de referência, descrito nos treze incisos do dispositivo, e o seu §3º estabelece os objetivos a serem buscados pela ANA ao instituir tais normas.

---

[6] É polêmica a caracterização de atividades de saneamento como gastos com saúde para os fins constitucionais: STF. ARE nº 1.052.019/SP. Rel. Min. Edson Fachin, j. 31.08.2017. *DJe*, 4 set. 2017. No âmbito do TCU, já se decidiu que "as despesas relativas a saneamento básico que podem ser consideradas para fins de cumprimento do valor mínimo a ser destinado à área saúde, previsto no art. 198, §2º, I, da CF/1988, foram definidas em rol exaustivo no art. 3º da LC 141/2012" (TCU. *Acórdão nº 31/2017*. TC 046.061/2012-6 (Consulta), Rel. Min. Augusto Sherman Cavalcanti, Plenário, Data da sessão: 18.1.2017).

Procedimento participativo

As normas de referência devem ser instituídas de forma progressiva pela ANA (art. 4º-A, §2º, da Lei nº 9.984) e seu processo de instituição deverá necessariamente (i) avaliar as melhores práticas regulatórias do setor, além de ouvir as entidades encarregadas da regulação ou fiscalização e as entidades representativas dos municípios, (ii) contemplar a realização de audiências públicas e (iii) conter também a atuação de grupos ou comissões de trabalho formados por entidades reguladoras ou fiscalizadoras e entidades representativas dos municípios, para colaborar na elaboração das normas (art. 4º-A, §4º, incs. I, II e III da Lei nº 9.984).

Esse procedimento participativo destina-se a prevenir conflitos regulatórios por meio do engajamento dos destinatários das normas de referência no processo de sua produção. O envolvimento dos entes reguladores locais favorece a adesão voluntária às soluções adotadas pelas normas de referência.

O procedimento para produção da Norma de Referência nº 1, aprovada pela Resolução ANA nº 79, de 14.7.2021, seguiu tal modelo participativo. A NR ANA nº 1/2021 trata da

> regulação dos serviços públicos de saneamento básico, que dispõe sobre o regime, a estrutura e parâmetros da cobrança pela prestação do serviço público de manejo de resíduos sólidos urbanos, bem como os procedimentos e prazos de fixação, reajuste e revisões tarifárias.[7]

Mecanismos de efetivação

Além de promover a colaboração entre a ANA e os entes reguladores locais na produção das normas de referência, a Lei nº 14.026 (na linha das medidas provisórias nºs 844 e 868) adotou solução engenhosa para superar os problemas da regulação fragmentária do setor, consistente na utilização do *spending power* da União como sanção premial para a adesão dos entes reguladores às normas de referência a serem editadas pela ANA.

---

[7] Sobre o procedimento de aprovação da NR ANA nº 1/2021, cf. ANA aprova norma de referência para contribuir para o fim dos lixões. *Gov.br*, 15 jun. 2021. Disponível em: https://www.gov.br/ana/pt-br/assuntos/noticias-e-eventos/noticias/ana-aprova-norma-de-referencia-para-contribuir-para-o-fim-dos-lixoes.

Ou seja, não pretendeu qualificar a competência atribuída à ANA para estabelecer normas de referência apenas como parte da definição de normas gerais[8] federais para o setor, com caráter impositivo, como lhe cabe segundo algumas das competências constitucionais legislativas e administrativas da União.[9] Ao contrário, a partir da constatação de que recursos federais objeto de transferência não obrigatória são indispensáveis ou, no mínimo, relevantes para as atividades de saneamento dos respectivos titulares, definiu que tais recursos seriam destinados aos serviços regulados por "entidades reguladoras e fiscalizadoras que adotam as normas de referência nacionais para a regulação dos serviços públicos de saneamento básico" (art. 4º-B da Lei nº 9.984), conforme estabelece com mais detalhamento o art. 50 da Lei nº 11.445. O dispositivo se refere às diretrizes (art. 48) e objetivos (art. 49) da política federal de saneamento básico, bem como a diversas condições previstas no próprio art. 50. Agora o acesso a tais recursos se vincula também às normas de referência nacionais da ANA.

A competência para a edição de normas de referência não suprime a competência federal, que pode ser exercida pela ANA, nos limites da Lei nº 9.984, para a edição de normas gerais, de observância obrigatória e não apenas vinculada a sanções premiais.

A utilização do *spending power* da União para orientar condutas de outros entes políticos é conhecida. Diversos dispositivos da Lei de Responsabilidade Fiscal (Lei Complementar nº 101) adotam a solução de vedar transferências voluntárias da União para incentivar o cumprimento dos limites de despesas ou endividamento. Também é prevista no art.

---

[8] Paulo de Bessa Antunes assimila as normas de referência nacionais às normas gerais editadas com base no art. 24 da CF/88 ao menos no que se refere ao seu campo material de abrangência (ANTUNES, Paulo de Bessa. Breves considerações sobre o novo marco regulatório do saneamento básico – Lei nº 14.026, de 15 de julho de 2020. *Genjurídico.com. br*, 23 jul. 2020. Disponível em: http://genjuridico.com.br/2020/07/23/marco-regulatorio-saneamento-basico/. Acesso em: 29 set. 2020). Parece-me, ao contrário, que a intenção da Lei nº 14.026 foi precisamente afastar-se do regime da competência concorrente e estabelecer normas federais com um detalhamento maior do que o de normas gerais, porém de aplicação meramente facultativa e de adesão voluntária. Sobre a necessidade de se definirem limites materiais para as normas de referência que não esvaziem as atribuições regulatórias dos titulares do serviço de saneamento, cf. GRAZIANO, Luiz Felipe Pinto Lima. O PL 3.261/2019 e a questão das normas de referência da ANA para a regulação dos serviços de saneamento básico. *Agência Infra*. Disponível em: https://www.agenciainfra.com/blog/infradebate-o-pl-3-261-2019-e-a-questao-das-normas-de-referencia-da-ana-para-a-regulacao-dos-servicos-de-saneamento-basico/#. Acesso em: 29 set. 2020).

[9] Os arts. 22 e 23 da Lei nº 11.445, alterados pela Lei nº 14.026, estabelecem hipóteses em que as normas de referência da ANA são de observância obrigatória, com caráter de normas gerais.

28 da Lei de Parcerias Público-Privadas (Lei nº 11.079) para estimular o respeito ao limite financeiro das parcerias em curso.

Inexistência de delegação de função legislativa

Um ponto fundamental do regime adotado pela Lei nº 14.026, na sequência do estabelecido pelas medidas provisórias nºs 844 e 868, é a natureza não impositiva das normas de referência da ANA. Trata de normas estabelecidas no exercício de competências administrativas próprias da União, cuja aceitação é prevista – entre outros requisitos – como condição para o acesso a recursos federais.

Na expressão de André Cyrino, as normas de referência da ANA são instituídas como um *soft law* federativo, mas se podem converter em *hard law* (de validade a ser determinada) se as dificuldades dos estados, Distrito Federal e municípios e sua dependência financeira em relação à União tornarem irrealista e impraticável a liberdade de não aderir às normas de referência.[10]

Opinião mais contundente é exposta por Édis Milaré e Lucas Milaré, para quem a atribuição de poderes normativos à ANA "ofende a garantia constitucional da legalidade, autorizando a administração pública a usurpar a competência do Poder Legislativo"; para os autores, "o legislador acaba por utilizar um mecanismo coercitivo, uma vez que a perspectiva da ausência de dinheiro arrefece qualquer intenção de autonomia". Criticam o "esvaziamento total da influência dos municípios, do Distrito Federal e dos estados", com a edição de normas regulamentadoras pela ANA "mediante o subterfúgio de classificá-las como normas de referência".[11] Gilberto Bercovici reputa que o sistema da Lei nº 14.026 viola o pacto federativo:

> Contrariando totalmente a autonomia política dos municípios, a União exigiu que eles se adequem à sua política de privatizações, privilegiando a concessão dos serviços ao setor privado ou as parcerias público-privadas, desestimulando a prestação direta do serviço público. Dessa forma, todos os municípios que buscarem recursos para o setor de saneamento serão obrigados a concordar com a abertura do setor aos agentes privados.

---

[10] CYRINO, André. A nova Agência Nacional de Águas e as normas de referência: soft law federativo? *Jota*, 23 set. 2020. Disponível em: https://www.jota.info/opiniao-e-analise/artigos/a-nova-agencia-nacional-de-aguas-e-as-normas-de-referencia-soft-law-federativo-23092020.

[11] MILARÉ, Édis; MILARÉ, Lucas Tamer. *O marco regulatório do saneamento ambiental*. Disponível em: https://www.migalhas.com.br/arquivos/2020/9/F7D8BB20738D5D_PNSBMIGALHAS.pdf. Acesso em: 29 set. 2020.

A relação que deveria ser de coordenação torna-se uma relação de subordinação, violando o pacto federativo.[12]

A despeito de tão expressivas opiniões contrárias, a atribuição à ANA de competência para a edição de normas de referência federais não ofende de modo genérico a garantia de legalidade. O art. 4º-A da Lei nº 9.984 não corresponde a uma atribuição aberta e ilimitada de exercício de funções normativas, mas contém uma delimitação de contornos materiais (§1º) e das finalidades e objetivos (§3º) do exercício de tais funções normativas. Não parece razoável ou necessário, em face da CF/88, que as normas referidas conceitualmente nos treze incisos do §1º do art. 4º-A devessem ser editadas por meio de lei formal.

O tema foi levado ao STF por meio da ADI nº 6.492, cujo pedido de cautelar foi denegado em decisão de que se destaca o trecho seguinte:

Da mesma forma, demanda maiores esclarecimentos a alegação de inconstitucionalidade do dispositivo que confere à Agência Nacional de Águas e Saneamento Básico o condão de criar normas de caráter regulamentador, como a regulamentação tarifária e a padronização dos instrumentos negociais, que seriam de competência dos municípios. Como visto, o artigo 20, inciso XX, da Constituição, ao conceder competência à União para instituir diretrizes para o desenvolvimento urbano, expressamente menciona o saneamento básico.

Some-se que, em recente precedente, este Supremo reconheceu a competência regulatória de natureza técnico-administrativa de agência reguladora estadual de saneamento básico – sem prejuízo da competência comum aos entes para atuar na área. No caso, o Plenário considerou legítima a atribuição da AGERGS de prevenir e arbitrar, conforme a lei e os contratos, os conflitos de interesses entre concessionários e usuários ou entre aqueles e o Poder concedente (ADI 2095, Relatora CARMEN LÚCIA, Tribunal Pleno, julgado em 11/10/2019, DJe 26-11-2019).

A concentração de função regulatória da ANA figurava igualmente de iniciativas anteriores de alteração do marco regulatório do setor, a exemplo das Medidas Provisórias 844/2018 e 868/2018, que não foram convertidas em lei. A medida, a princípio, pretende solucionar os riscos gerados pela sobreposição de entidades reguladoras. Ainda que, em certos casos, a coexistência seja benéfica e consentânea com a complexidade inerente a alguns sistemas, pode ser ineficiente, ao causar inconsistências, onerar excessivamente o usuário ou comprometer a

---

[12] BERCOVICI, Gilberto. As inconstitucionalidades da nova lei do saneamento. *Conjur*, 27 set. 2020. Disponível em: https://www.conjur.com.br/2020-set-27/estado-economia-inconstitucionalidades-lei-saneamento.

clareza das diretrizes. Há, ainda, o risco de colapso das regras regulatórias em razão da dependência regulatória, em que a busca por legitimidade de cada agência por seu mandato é moldada pela conduta das outras, na contramão de uma cooperação regulatória (AHDIEH, Robert B. Dialectical regulation. Connecticut Law Review vol. 38. 2005. p. 865). Certamente, a questão demanda um aprofundamento incompatível com a presente análise perfunctória.[13]

Normas gerais (caráter obrigatório)

Também no âmbito da ADI nº 6.492, o MPF emitiu parecer opinando pela constitucionalidade da atribuição de competência à ANA para a edição de normas de referência:

Há que se considerar que a edição da Lei 14.026/2020 atrela-se a exercício da competência legislativa da União para instituir diretrizes para o saneamento básico (art. 21, XX, da CF) e para editar normas gerais de contratos administrativos (art. 22, XXVII, da CF), muito em linha com a conformação legislativa já adotada na redação originária da Lei 11.445/2007 e, agora, reforçada pelo novel diploma.

Do mesmo modo, a instituição de referências de regulação, voltadas à incorporação de melhores práticas de gestão regulatória, alinha-se a tais previsões da Carta da República.

A criação de normas de referência com aplicação nacional, por intermédio da Agência Nacional de Águas e Saneamento Básico, é essencial para disciplinar os aspectos que exorbitam a esfera local e que, a um só tempo, sejam passíveis de uniformização.

É, ademais, modo de mitigar desigualdades sociais e regionais, objetivo fundamental da República (art. 3º, III, da CF). Tal vetor é mormente importante em contexto de baixa capacidade institucional e regulatória, que é o cenário brasileiro.

Desse modo, em consideração ao caráter voluntário da adoção das normas meramente referenciais, preservada a competência normativa dos municípios – que não fica sujeita a termo ou condição – não se vislumbra atentado à autonomia federativa de autoadministração e autogoverno desses entes.

Não há esvaziamento ou submissão da competência executiva ou regulatória dos entes municipais: as normas federais serão referenciais,

---

[13]   Os arts. 3º, 5º, 7º, 11, 13, 14 e 18 da Lei nº 14.026 foram impugnados na ADI nº 6.492 com base nos arts. 3º, III e IV, 21, XX, 23, IX, 29, *caput*, 30, I e V, 37, *caput* e XXI, 165, §7º, 170, VII, e 241 da CF/88. A cautelar foi denegada em decisão monocrática do relator, Ministro Luiz Fux, em 3.8.2020. Tramita também perante o STF a ADI nº 6.536.

meros instrumentos de incentivo à padronização regulatória, são voltadas a emprestar maior comparabilidade aos indicadores de desempenho técnico, econômico-financeiro e ambiental, de modo a harmonizar os arranjos de gestão regulatória naquilo que transcende à competência local.[14]

Essa opinião ilustra que a competência normativa atribuída à ANA tem uma dupla origem.

Na generalidade dos casos, a competência da ANA destina-se a disciplinar a utilização de recursos federais, estabelecendo os parâmetros para implementação da política pública da União nesse setor. Este é o campo das normas de referência de adoção voluntária, vinculadas à competência administrativa federal e ao *spending power* da União, previstas pelo art. 4º-A, §§1º e 3º, da Lei nº 9.984. O regime se aplica inclusive a previsões como as dos incs. VI e VII do §3º,[15] que outorgam à ANA a competência para o estabelecimento de parâmetros e critérios objetivos a serem adotados pelos titulares dos serviços.

Porém, determinadas atribuições da ANA refletem a competência regulamentar derivada da competência legislativa federal para a edição de normas gerais. Sob esse ângulo, trata-se da produção de normas de caráter obrigatório e vinculante, que vão além das normas de referência de adoção voluntária.

É o caso do art. 22 da Lei nº 11.445, alterado pela Lei nº 14.026 Ao tratar da regulação local, prevê que cabe ao regulador local "estabelecer padrões e normas para a adequada prestação e a expansão da qualidade dos serviços e para a satisfação dos usuários, com observação das normas de referência editadas pela ANA" (inc. I). O art. 23 também subordina a entidade reguladora local às normas da ANA: "A entidade reguladora, observadas as diretrizes determinadas pela ANA, editará normas relativas às dimensões técnica, econômica e social de prestação dos serviços públicos de saneamento básico, que abrangerão, pelo menos, os seguintes aspectos". Nesse sentido, as normas de referência da ANA acerca de tais matérias específicas têm caráter obrigatório com a natureza de normas gerais regulamentares federais.

---

[14] Parecer emitido pelo MPF na ADI nº 6.492.

[15] "VI - estabelecer parâmetros e periodicidade mínimos para medição do cumprimento das metas de cobertura dos serviços e do atendimento aos indicadores de qualidade e aos padrões de potabilidade, observadas as peculiaridades contratuais e regionais; VII - estabelecer critérios limitadores da sobreposição de custos administrativos ou gerenciais a serem pagos pelo usuário final, independentemente da configuração de subcontratações ou de subdelegações; [...]".

Legitimidade da utilização do *spending power* como sanção premial

Por outro lado, superada a objeção quanto à suposta delegação de competência legislativa à ANA, a utilização do *spending power* da União para obter o alinhamento voluntário da conduta de outros entes políticos a diretrizes federais é amplamente reconhecida como cabível. Trata-se de mecanismo de efetivação utilizado em diversos contextos pela Lei de Responsabilidade Fiscal (LRF, Lei Complementar nº 101/2001) sem que sua invalidade tenha sido declarada.

No âmbito da LRF, as condutas em questão são condição para a realização de *transferências voluntárias*, definidas pelo art. 25 da LRF como "a entrega de recursos correntes ou de capital a outro ente da Federação, a título de cooperação, auxílio ou assistência financeira, que não decorra de determinação constitucional, legal ou os destinados ao Sistema Único de Saúde". As regras estabelecidas pela Lei nº 14.026 não têm a mesma clareza[16] quanto à natureza dos recursos federais a que os demais poderiam ter o acesso vedado: alude-se genericamente à "obtenção de recursos públicos federais" ou expressões equivalentes na Lei nº 14.026 (art. 13, §§3º e 4º, sobre concessão ou privatização e regulação por outro ente federativo como condições para obtenção de prioridade nos recursos para o plano municipal de saneamento), na Lei nº 9.984 (art. 4º-B, *caput*, relação de entidades reguladoras e fiscalizadoras que adotam as normas de referência nacionais para "acesso aos recursos públicos federais ou a contratação de financiamentos com recursos da União") e na Lei nº 11.445 (art. 50, condições iniciais e permanentes para acesso a recursos públicos federais e financiamentos).

Cabe reconhecer que a Lei nº 14.026 não pode frustrar a destinação constitucional obrigatória de recursos, pelo que as restrições nela previstas, inclusive mediante alteração da Lei nº 9.984 ou da Lei nº 11.445, não podem afetar transferências constitucionais obrigatórias. No que se refere a eventuais transferências previstas em lei infraconstitucional, caberá adotar os critérios de solução de conflitos aparentes de normas – notadamente o critério da especialidade – para resolver tais conflitos. Diante da situação concreta, é possível que prevaleça o dever da União

---

[16] Outro ponto em que o regime da LRF é mais claro é o afastamento das restrições no caso de calamidade pública: Nota Técnica do Ministério da Economia (SEI nº 21231/2020/ME) sobre Contabilização de Recursos Destinados ao Enfrentamento da Emergência de Saúde Pública de Importância Internacional Decorrente do Coronavírus (Covid-19) (Disponível em: https://siconfi.tesouro.gov.br/siconfi/pages/public/arquivo/conteudo/Nota_Tecnica_SEI_n_21231_2020_ME_Atualizada.pdf. Acesso em: 29 set. 2020).

de efetivar a transferência prevista em norma anterior ou se dê aplicação à vedação na hipótese de não haver adesão às normas de referência. A questão será saber se a norma da Lei nº 14.026 é uma norma do mesmo grau de especialidade da norma anterior ou se é norma geral posterior que não derroga a especial anterior. Por decorrência, embora as vedações da Lei nº 14.026 somente se apliquem a transferências voluntárias da União,[17] o conceito de transferência voluntária do art. 25 da LRF não se aplica às hipóteses da Lei nº 14.026, cujas vedações podem atingir transferências não constitucionalmente obrigatórias que decorram de determinação legal, dependendo da interação normativa em cada caso concreto.

O instrumento adotado pela Lei nº 14.026 é concebido como sanção premial ou positiva, por meio da qual o destinatário da norma é estimulado a realizar conduta que lhe proporcionará uma vantagem.[18] No caso concreto, a vantagem consiste no acesso a recursos federais que o destinatário (ente político local) não teria o direito de obter exceto mediante um ato voluntário da União.

Embora o condicionamento de transferências voluntárias da União a determinados comportamentos dos demais entes políticos possa parecer inovador no setor de saneamento, é mecanismo amplamente conhecido nas finanças públicas. Em texto de 2001, tive a oportunidade de comentar regra semelhante da LRF nos termos seguintes:

> A LRF relaciona requisitos para que seja cabível a transferência voluntária (art. 25, §1º). São requisitos diretamente relacionados com o princípio da legalidade (existência de dotação orçamentária), com vedações constitucionais (proibição de destinação para despesas com pessoal) – art. 167, X, da CF) e com o exercício de um poder de controle por parte do ente que promove a transferência (inciso IV, alíneas "a" a "c").
>
> Esses últimos requisitos (inciso IV) não são diretamente relacionados com as transferências voluntárias, que nem mesmo se caracterizam como operações de crédito. Porém, correspondem a oportunidades de controle adicional sobre o cumprimento de disposições atinentes à limitação de despesas e endividamento e à destinação constitucional dos recursos. Sob certo ângulo, têm uma função de *sanção premial*: representam estímulo

---

[17] Nesse sentido, CYRINO, André. A nova Agência Nacional de Águas e as normas de referência: soft law federativo? *Jota*, 23 set. 2020. Disponível em: https://www.jota.info/opiniao-e-analise/artigos/a-nova-agencia-nacional-de-aguas-e-as-normas-de-referencia-soft-law-federativo-23092020.

[18] Tal mecanismo remonta às lições de Norberto Bobbio acerca da função promocional do direito: BOBBIO, Norberto. *Da estrutura à função*: novos estudos de teoria do direito. Barueri: Manole, 2007. Sobre o tema, cf. JUSTEN FILHO, Marçal. *Introdução ao estudo do direito*. Brasília: [s.n.]. 2020. p. 335.

ao cumprimento dessas disposições por parte dos entes que pretendem obter transferências voluntárias. É questionável que se possam estipular requisitos com essa finalidade. Porém, podem ser reputados legítimos na medida em que não inovam em relação aos deveres jurídicos do ente beneficiário e valem-se do dito *poder de controle* para realizar tarefa de competência comum dos entes políticos (art. 23, I, da CF).

O art. 23, §3º, proíbe transferências voluntárias em favor de entes políticos que descumprirem as normas sobre limites de despesas com pessoal, em certos casos. O art. 31, §2º, proíbe o recebimento de transferências voluntárias que descumprir as regras acerca da recondução da dívida aos limites fixados pelo Senado Federal. O §3º do art. 33 estende essa sanção também ao ente político que deixar de promover o cancelamento de operação de crédito indevidamente contratada com instituição financeira. Nos termos do art. 25, §3º, essas sanções não atingem as transferências voluntárias relativas a ações de educação, saúde e assistência social. Embora essa exceção possa impedir a efetividade prática da sanção em muitos casos, trata-se de materialização de princípios e objetivos fundamentais da República consagrados nos arts. 1º, III, e 3º, I e III, da CF. Baseia-se na constatação de que os beneficiados por tais programas de assistência não podem ser penalizados por defeitos na administração do ente beneficiário da transferência.

A inclusão dessa regra frustra, de certo modo, a aplicação do requisito do §1º, inciso IV, "c", do art. 25, no que se refere às transferências voluntárias com essas finalidades específicas. É que o descumprimento dos limites e demais determinações da LRF não pode conduzir ao impedimento de tais transferências. Não é cabível, por tanto, que um ente político recuse-se a promover a transferência voluntária nessas áreas sob o fundamento de que o ente beneficiário teria descumprido o item "c" do §1º, inciso IV do art. 25. O requisito somente é inteiramente aplicável às transferências que tenham por finalidade o financiamento de despesas em outras áreas.[19]

A validade do condicionamento de transferências voluntárias especificamente em relação ao art. 11 da LRF (prévio exercício eficiente da competência tributária do ente beneficiário) foi levada ao STF por meio da ADI nº 2.238, que, neste ponto específico, teve sua cautelar indeferida ainda em 2001 e foi julgada improcedente no mérito em 24.6.2020, juntamente com as demais ADI relativas à LRF (ADI nºs

---

[19] PEREIRA, Cesar A. Guimarães. O endividamento público na lei de responsabilidade fiscal. *In*: ROCHA, Valdir de Oliveira (Coord.). *Aspectos relevantes da lei de responsabilidade fiscal*. São Paulo: Dialética, 2001.

2.241, 2.256, 2.261, 2.324 e 2.365, considerando que a ADI nº 6.357 já havia sido extinta).[20]

Cabe destacar que nenhuma outra das diversas regras da LRF que tratam do condicionamento de transferências voluntárias a condutas fiscalmente responsáveis foi sequer impugnada perante o STF nas várias ADI propostas. O único dispositivo impugnado foi o parágrafo único do art. 11, relacionado com o exercício de competência tributária. O voto do relator, Ministro Alexandre de Moraes, prevaleceu como a orientação unânime do STF nesse particular. Afastou a inconstitucionalidade em face do art. 160 da CF/88, invocado na ADI. Porém, extraem-se do voto considerações adicionais que são úteis para a aferição da compatibilidade entre o sistema instituído pela Lei nº 14.026 e a CF/88:

> Embora a impropriedade do argumento seja evidente, cumpre fazer algumas considerações adicionais ao fundamento geral já apresentado de respeito ao princípio federativo, tendo em vista que, como o art. 160 da Constituição Federal representa uma das garantias institucionais da autonomia dos entes federativos, há quem sustente, a meu ver erroneamente, que a vedação prevista nessa norma da LRF atentaria contra o pacto federativo estabelecido na CF, principalmente se considerada a sua perspectiva cooperativa.
>
> Alega-se que a avaliação a respeito da instituição ou não de tributos seria uma competência estabelecida privativamente em favor de cada pessoa política da federação. E, não obstante a realização de transferências dessa espécie esteja sob avaliação discricionária da União, o imperativo de solidariedade implícito na federação brasileira reclamaria um papel mais incisivo do ente central na redução das desigualdades regionais, a ser exercido mediante a promoção de auxílio a Municípios em situação de incapacidade financeira.
>
> Essa tese também não merece acolhida, pois o que o dispositivo legal pretende evitar é que o desequilíbrio fiscal causado pelo excesso de isenções tributárias estaduais/distritais e municipais precise ser compensado pela União, ou em outras palavras, pretende-se evitar que a irresponsabilidade fiscal do ente federativo, por incompetência ou populismo, seja sustentada e compensada pela União, em detrimento dos demais entes federativos. Pretende-se, pois, evitar que alguns entes federativos façam "cortesia com chapéu alheio", causando transtorno ao equilíbrio econômico financeiro nacional.

---

[20] STF. ADI nº 2.238. Rel. Alexandre De Moraes, Tribunal Pleno, julgado em 24/06/2020. *DJe*-218 divulg 31.08.2020 public 01.09.2020 republicação: *DJe*-228 divulg 14.09.2020 public 15.09.2020.

O motivo para isso está ancorado não apenas em argumentos jurídicos, como também em evidências históricas levantadas pela economia política. As teorias do Federalismo Fiscal buscam explicar, a partir da análise de diferentes arquiteturas institucionais, como os gastos públicos podem ganhar em eficiência.

Parte desse trabalho pressupõe a identificação de efeitos adversos (externalidades) gerados em determinados modelos de financiamento e a elaboração de propostas de superação. Uma das perplexidades captadas pela Ciência Econômica é pertinente à baixa eficiência dos gastos públicos bancados por transferências intergovernamentais, em relação àqueles sustentados por recursos próprios. Esse fenômeno (efeito flypaper) é muito comum na realidade municipal brasileira e causa distorções graves na experiência federativa nacional.

As transferências voluntárias da União, componente importante da receita municipal, desempenham papel significativo no propósito de superação de desigualdades regionais, objetivo fundamental da República.

É válido consignar, aliás, que esse modelo de financiamento complementar, que é uma das bases do federalismo cooperativo brasileiro, ganharia bastante em qualidade, previsibilidade e efetividade, caso fosse regido por regras gerais estabelecidas em lei complementar, diminuindo-se o excessivo subjetivismo da União.

A intensa dependência, todavia, de muitos Estados e, principalmente, de Municípios, em relação aos recursos advindos de transferências voluntárias, não é um dado positivo do modelo de cooperação aqui praticado, e sim uma evidência das distorções que ele é capaz de gerar.

O que se espera, num ambiente federativo saudável, é que os diversos níveis de descentralização sejam autossuficientes, isto é, capazes de cumprir suas atribuições a contento, tanto do ponto de vista financeiro, quanto na vertente operacional.

Assim, se houver insuficiência de recursos, devem os entes federativos, para além de um controle mais rigoroso de suas despesas, diligenciar em busca de uma maior arrecadação dentro do seu próprio orçamento. Afinal, isso responde a uma premissa básica de subsidiariedade, ínsita a qualquer organização federativa, segundo a qual a tributação deve recair, preferencialmente, sobre as disponibilidades econômicas daqueles que são mais beneficiados pelas ações estatais.

Se a ação estatal é local, faz todo sentido que ela seja financiada por receita tributária gerada por impostos locais. Apenas nas hipóteses em que, mesmo com a efetiva arrecadação dos impostos locais, as dificuldades de custeio persistam, é que a federação deve lançar mão de outros instrumentos fiscais, que envolvam recursos exigidos de contribuintes de outras regiões.

Isso demonstra que a mensagem normativa do parágrafo único do art. 11 da LRF, de instigação ao exercício pleno das competências impositivas dos entes locais, não conflita com a Constituição, traduzindo, na verdade, um raciocínio de subsidiariedade totalmente consentâneo com o princípio federativo, pois não é saudável para a Federação que determinadas entidades federativas não exerçam suas competências constitucionais tributárias, aguardando compensações não obrigatórias da União. Tal prática sobrecarrega o conjunto de Estados e Municípios, e erroneamente privilegia o populismo político local.[21]

A fundamentação do voto destaca os dois aspectos relevantes da questão sob o ângulo da Lei nº 14.026. De um lado, há a avaliação discricionária da União na realização de transferências voluntárias. De outro, há a pauta constitucional de redução das desigualdades regionais – à qual se agregam, no campo específico de saneamento, diversas outras diretrizes de promoção da saúde e do aprimoramento das condições adequadas de vida. Permeiam os dois ângulos do tema a premissa de exercício responsável e eficiente das atribuições financeiras próprias de cada ente político e a superação da dependência em relação a transferências voluntárias federais.

A Lei nº 14.026 traduz uma opção da União, no exercício de suas próprias competências constitucionais, no sentido de destinar recursos de outorga voluntária aos entes políticos cuja atuação se compatibilize com as diretrizes estabelecidas na Lei nº 14.026 sobre como realizar as finalidades constitucionais relativas ao setor de saneamento básico. Não implica frustração dos deveres da União quanto à redução das desigualdades regionais ou violação do federalismo cooperativo, mas a racionalização da destinação de recursos federais a partir de premissas sistematizadas na Lei nº 14.026 e retratadas nas normas de referência da ANA. Nada disso impede o exercício individual ou cooperativo, por parte de estados, Distrito Federal ou municípios, de suas competências com o emprego de seus próprios meios.

Portanto, a experiência na aplicação prática da LRF em relação ao condicionamento de transferências voluntárias, a confirmação da

---

[21] Item III.2 do voto do Ministro Alexandre de Moraes na ADI nº 2.238. O tema é examinado também por BROLIANI, Jozélia Nogueira. Responsabilidade na gestão fiscal: reflexões pontuais da Lei Complementar nº 101/2000 no contexto dos estados-membros. *Revista de Direito Administrativo e Constitucional – A&C*, ano 23, n. 16, 2004; FREITAS, Juarez. Responsabilidade fiscal: exame de conjunto e alguns aspectos relevantes da Lei Complementar 101/2000. *Interesse Público – IP*, Belo Horizonte, ano 3, n. 9, p. 3446, jan./mar. 2001; CARVALHO, José Augusto Moreira de. A lei de responsabilidade fiscal sob a ótica dos princípios federativo e da separação de poderes. *Revista Tributária e de Finanças Públicas*, v. 74, p. 64-102, maio/jun. 2007; ABREU, Rogério Roberto Gonçalves de. A inconstitucionalidade do art. 11 da Lei de Responsabilidade Fiscal (LC 101/2000). *Revista Tributária e de Finanças Públicas*, v. 46, p. 271-277, set./out. 2002.

validade do parágrafo único do art. 11 da LRF e o *obiter dictum* constante do item III.2 do acórdão do STF na ADI nº 2.238 favorecem o reconhecimento da validade das previsões da Lei nº 14.026 que subordinam o acesso a recursos federais (transferências voluntárias) à adesão às normas de referência da ANA e outras diretrizes da legislação federal. Mais recentemente, no bojo da já mencionada ADI nº 6.492, o MPF adotou o mesmo entendimento firmado no julgamento da ADI nº 2.238. Ao tratar da Lei nº 14.026, o MPF opinou pela constitucionalidade do uso do *spending power* da União para incentivar a adoção das normas de referência editadas pela ANA:

> Trata-se de regulação por incentivos ou por indução (*'soft regulation/ sunshine regulation'*): em lugar de impor-se sanção de índole punitiva, são conferidos incentivos, inclusive financeiros, a consubstanciar modalidade de *sanção premial*, em linha com as melhores práticas regulatórias internacionais, tal e qual a literatura especializada preconiza: [...].
> Quanto ao condicionamento ao acesso a recursos federais, há que se verificar que não houve limitação aos recursos públicos cujo repasse seja constitucionalmente obrigatório. Não há vedação a recursos próprios de municípios. O âmbito de aplicação da norma circunscreve-se aos recursos federais, em relação aos quais os municípios não têm direito próprio.
> O condicionamento da destinação de recursos federais via transferências voluntárias já pode ocorrer ao atendimento de certas metas, objetivos, obrigações pelos entes recebedores. Desse modo, o condicionamento sequer demanda lei disciplinadora das condições para a percepção das dotações. Nada obstante, em apreço à segurança jurídica, não há vedação a que haja disciplina em lei formal.
> Respeitado o núcleo essencial da separação de Poderes (arts. 2º e 60, §4º, da CF/1988), o Poder Legislativo pode delimitar a autonomia entre os Poderes, a fim de que se concretizem os direitos fundamentais e de que se atinjam os objetivos fundamentais da Constituição Federal.
> Tanto é assim que a Lei Complementar 101/200 estabelece critérios à realização de transferências voluntárias, além daqueles exigidos pela Lei de Diretrizes Orçamentárias. Nada obsta a que leis ordinárias também o façam, motivadamente e com vistas a atender a interesses públicos.[22]

---

[22] Fls. 65-67 do parecer emitido pelo MPF na ADI nº 6.492.

Procedimentos da ANA para efetivação das normas de referência

Compete à ANA verificar periodicamente a adoção das normas de referência pelos demais entes políticos (art. 4º-B, §2º), a qual também será examinada obrigatoriamente "no momento da contratação dos financiamentos com recursos da União ou com recursos geridos ou operados por órgãos ou entidades da administração pública federal". Cabe à ANA inclusive avaliar o impacto regulatório e o cumprimento das normas de referência pelos órgãos e entidades responsáveis pela regulação e fiscalização dos serviços (art. 4º-A, §6º).

A Lei nº 14.026 não é clara acerca de como deve ser aferida a adoção – por exemplo, se pode ser apenas parcial (limitada a determinadas normas, setores ou operações) ou deve ser generalizada. Para evitar dúvidas quanto aos critérios para este exame, compete à ANA editar ato normativo com requisitos e procedimentos "de modo a preservar as expectativas e os direitos decorrentes das normas a serem substituídas e a propiciar a adequada preparação das entidades reguladoras" (art. 4º-B, §1º). Impõe-se à ANA que observe o devido processo legal regulatório, com a necessária oitiva do setor e a realização de consultas e audiências públicas (art. 4º-A, §4º), realize estudos técnicos (art. 4º-A, §10) e esteja disponível para, de modo voluntário e mediante concordância dos interessados, realizar atividades de prevenção ou solução administrativa de "conflitos que envolvam titulares, agências reguladoras ou prestadores de serviços públicos de saneamento básico".

Incentivo ao cumprimento espontâneo pelo regulador local

Conforme exposto em tópico anterior, o mecanismo adotado pela Lei nº 14.026 cria incentivos positivos para que a sociedade e os entes regulados exercitem eles próprios o controle social dos entes reguladores, por meio dos instrumentos de participação social[23] ou mesmo do exercício formal de direitos subjetivos públicos, exigindo dos reguladores estaduais, regionais ou municipais a adoção das normas de referência nacionais como forma de assegurar o acesso a recursos federais.

---

[23] A Nota Técnica nº 7 da ANA apresenta a proposta de agenda regulatória para o saneamento básico e a submete à consulta pública (Disponível em: https://participacao-social.ana.gov. br/Consulta/82. Acesso em: 29 set. 2020).

A clareza no regime adotado pela Lei nº 14.026 permite que a sociedade civil se valha inclusive de instrumentos como a ação popular ou a ação civil pública, conforme o caso e observadas as regras de reconhecimento de legitimação processual, para exigir que os entes políticos locais e os respectivos reguladores ajam de modo responsável na adesão ou não às normas de referência. Embora seja possível e legítimo que os entes locais decidam não aderir ao regime derivado das normas de referência – essa é até mesmo a premissa que confirma a validade do regime estabelecido pela Lei nº 14.026 –, estão sujeitos à necessária *accountability*, cabendo-lhes prestar contas por opção que impede legalmente a obtenção de recursos federais objeto de transferência voluntária.

Outros instrumentos para a uniformidade regulatória

Além do mecanismo de impedimento de acesso a recursos federais, as alterações da Lei nº 11.445 estabelecem outras formas de promoção da efetividade das normas de referência da ANA.

O art. 25-A da Lei nº 11.445 reitera a competência da ANA para a instituição de normas de referência. O art. 22, I, prevê que um dos objetivos da regulação é "estabelecer padrões e normas para a adequada prestação e a expansão da qualidade dos serviços e para a satisfação dos usuários", observando-se as "normas de referência editadas pela ANA". O art. 23, §1º-B, prevê que a agência reguladora, depois de selecionada, "não poderá ser alterada até o encerramento contratual, salvo se deixar de adotar as normas de referência da ANA". Uma das condições para que o titular do serviço possa aderir a uma agência reguladora em outro estado da Federação é justamente que "não exista no Estado do titular agência reguladora constituída que tenha aderido às normas de referência da ANA" (art. 23, §1º-A, I).

Conclusão

O objetivo da Lei nº 14.026 é incentivar a adoção efetiva da regulação uniforme, prevenindo conflitos regulatórios a partir da compreensão da multiplicidade de centros de poder existentes no setor de saneamento, como os titulares dos serviços, em atuação isolada ou conjunta, e as correspondentes agências reguladoras estaduais, regionais ou municipais.

Os instrumentos adotados não dependem apenas da iniciativa das agências reguladoras em observar as normas de referência, mas atribuem aos titulares do serviço, aos entes regulados e à sociedade os meios para exigir essa observância. Com isso, incentivam o cumprimento espontâneo das normas de referência pelos entes reguladores e criam condições para se evitar ou corrigir a frustração da diretriz legal de coerência regulatória.

Referências

ABREU, Rogério Roberto Gonçalves de. A inconstitucionalidade do art. 11 da Lei de Responsabilidade Fiscal (LC 101/2000). *Revista Tributária e de Finanças Públicas*, v. 46, p. 271-277, set./out. 2002.

ANTUNES, Paulo de Bessa. Breves considerações sobre o novo marco regulatório do saneamento básico – Lei nº 14.026, de 15 de julho de 2020. *Genjurídico.com.br*, 23 jul. 2020. Disponível em: http://genjuridico.com.br/2020/07/23/marco-regulatorio-saneamento-basico/. Acesso em: 29 set. 2020.

BERCOVICI, Gilberto. As inconstitucionalidades da nova lei do saneamento. *Conjur*, 27 set. 2020. Disponível em: https://www.conjur.com.br/2020-set-27/estado-economia-inconstitucionalidades-lei-saneamento.

BOBBIO, Norberto. *Da estrutura à função*: novos estudos de teoria do direito. Barueri: Manole, 2007.

BROLIANI, Jozélia Nogueira. Responsabilidade na gestão fiscal: reflexões pontuais da Lei Complementar nº 101/2000 no contexto dos estados-membros. *Revista de Direito Administrativo e Constitucional – A&C*, ano 23, n. 16, 2004.

CARVALHO, José Augusto Moreira de. A lei de responsabilidade fiscal sob a ótica dos princípios federativo e da separação de poderes. *Revista Tributária e de Finanças Públicas*, v. 74, p. 64-102, maio/jun. 2007.

CYRINO, André. A nova Agência Nacional de Águas e as normas de referência: soft law federativo? *Jota*, 23 set. 2020. Disponível em: https://www.jota.info/opiniao-e-analise/artigos/a-nova-agencia-nacional-de-aguas-e-as-normas-de-referencia-soft-law-federativo-23092020.

DINIZ, Cláudio Smirne. Saneamento básico e regulação. *Revista de Direito Público da Economia – RDPE*, ano 17, n. 27, jul./set. 2009.

FREITAS, Juarez. Responsabilidade fiscal: exame de conjunto e alguns aspectos relevantes da Lei Complementar 101/2000. *Interesse Público – IP*, Belo Horizonte, ano 3, n. 9, p. 3446, jan./mar. 2001.

GRAZIANO, Luiz Felipe Pinto Lima. O PL 3.261/2019 e a questão das normas de referência da ANA para a regulação dos serviços de saneamento básico. *Agência Infra*. Disponível em: https://www.agenciainfra.com/blog/infradebate-o-pl-3-261-2019-e-a-questao-das-normas-de-referencia-da-ana-para-a-regulacao-dos-servicos-de-saneamento-basico/#.

JUSTEN FILHO, Marçal. *Introdução ao estudo do direito*. Brasília: [s.n.], 2020.

MARQUES NETO, Floriano de Azevedo. Aspectos regulatórios em um novo modelo para o setor de saneamento básico no brasil. *Boletim de Direito Administrativo*, v. 9, p. 697-708, 2002.

MILARÉ, Édis; MILARÉ, Lucas Tamer. *O marco regulatório do saneamento ambiental*. Disponível em: https://www.migalhas.com.br/arquivos/2020/9/F7D8BB20738D5D_PNSBMIGALHAS.pdf.

MOREIRA, Egon Bockmann; CAGGIANO, Heloisa Conrado; GOMES, Gabriel Jamur. O novo marco legal do saneamento básico (Os pontos mais importantes da Medida Provisória nº 844/2018). *Revista de Direito Público da Economia – RDPE*, Belo Horizonte, ano 16, n. 63, p. 89-116, jul./set. 2018.

PEREIRA, Cesar A. Guimarães. O endividamento público na lei de responsabilidade fiscal. *In*: ROCHA, Valdir de Oliveira (Coord.). *Aspectos relevantes da lei de responsabilidade fiscal*. São Paulo: Dialética, 2001.

STF. ADI nº 2.238. Rel. Alexandre De Moraes, Tribunal Pleno, julgado em 24/06/2020. *DJe*-218 divulg 31.08.2020 public 01.09.2020 republicação: *DJe*-228 divulg 14.09.2020 public 15.09.2020.

STF. ARE nº 1.052.019/SP. Rel. Min. Edson Fachin, j. 31.08.2017. *DJe*, 4 set. 2017.

TCU. *Acórdão nº 31/2017*. TC 046.061/2012-6 (Consulta), Rel. Min. Augusto Sherman Cavalcanti, Plenário, Data da sessão: 18.1.2017.

VASCONCELOS, Andréa Costa de; LIMA, Priscilla da Costa. Limites de atuação da entidade reguladora de saneamento básico. *Revista de Direito Público da Economia – RDPE*, Belo Horizonte, ano 15, n. 60, p. 9-25, out./dez. 2017.

Informação bibliográfica deste texto, conforme a NBR 6023:2018 da Associação Brasileira de Normas Técnicas (ABNT):

PEREIRA, Cesar. Normas de referência da ANA (Agência Nacional de Águas e Saneamento Básico) e conflitos regulatórios. *In*: GUIMARÃES, Fernando Vernalha (Coord.). *O novo direito do saneamento básico*: estudos sobre o novo marco legal do saneamento básico no Brasil (de acordo com a Lei nº 14.026/2020 e respectiva regulamentação). Belo Horizonte: Fórum, 2022. p. 123-143. ISBN 978-65-5518-299-6.

NOVA REGULAÇÃO DO SANEAMENTO BÁSICO: DA REGULAÇÃO LOCAL ÀS NORMAS DE REFERÊNCIA[1]

BERNARDO STROBEL GUIMARÃES

1 O novo marco legal e suas premissas

O Brasil apresenta déficits históricos no que se refere ao saneamento básico. A esperança na universalização é uma promessa frustrada. Há lugares em que toda a água e esgoto são tratados. E há aqueles lugares em que o esgoto bruto corre a céu aberto. O termo "Belíndia" se aplica aqui com perfeição.[2] Não é necessário dizer que as porções ainda excluídas do saneamento são as mais vulneráveis e as com menor capacidade de pressão política. Enfim, a tendência do setor era de que cada vez o degrau se ampliasse.

---

[1] Esse texto serviu de base para a aula ministrada em curso sobre o novo marco legal ministrado junto à Fundação Getúlio Vargas do Rio de Janeiro, organizado pelos professores Rafael Véras de Freitas e Frederico Turolla. Devo um especial agradecimento aos Drs. Cláudio José Pontual Filho e Mariana Saragoça pelas reflexões que apresentaram nesta ocasião, que contribuíram para esclarecer algumas dúvidas endereçadas neste texto.

[2] O termo foi celebrizado pelo economista Edmar Bacha, que criou um país imaginário, em que se juntam características da Bélgica e da Índia. Trata-se de uma alegoria sobre as desigualdades brasileiras no período militar. A íntegra do texto pode ser consultada em: BACHA, Edmar. *O rei da Belíndia (uma fábula para tecnocratas)*. Disponível em: https://docplayer.com.br/10040314-1-o-rei-da-belindia-uma-fabula-para-tecnocratas.html.

Tentando resolver o déficit histórico do setor, promoveu-se a reconfiguração dos marcos normativos que se aplicam ao saneamento. Nasce assim o chamado novo marco legal do saneamento básico.

Em termos técnicos, o novo marco configura-se como uma série de medidas que visam a facilitar o investimento no setor de saneamento, orientadas a promover a universalização dos serviços. Essas medidas foram instituídas pela Lei nº 12.046/2020, que alterou diversas leis que se aplicam ao saneamento.

De maneira sintética, as inovações podem ser divididas nos seguintes aspectos: (i) cria-se uma entidade reguladora de alcance nacional, que edita normas de referência a serem adotadas; (ii) proíbe a contratação direta de empresas estatais pela via dos chamados contratos de programa; (iii) modifica a Lei nº 11.445/2007, de modo a fortalecer a gestão contratual dos contratos de concessão por ela regulados; (iv) fortalece as regras para prestação por mais de um titular; (v) criam-se condições de apoio financeiro da União para os titulares do serviço.

Todas essas medidas convergem para o objetivo de se atingir a universalização no ano de 2033. A universalização é o santo graal do saneamento.

Evidentemente que o sucesso dos objetivos definidos no novo marco dependerá de uma série de circunstâncias que escapam ao plano normativo. Normas que fixam objetivos e meios de implementação dependem para serem efetivas (no sentido de produzirem resultados concretos) de uma série de fatores que vão além da dogmática jurídica. Aqui, notadamente, o que se tem é uma nova política pública com vista a universalizar o saneamento, valendo-se para tanto da indução de investimentos privados para o setor. Isso na esteira do reconhecimento normativo de que o modelo de investimentos pela via das estatais exauriu-se e que o modelo precisa estimular a alocação de recursos privados no setor.

O sucesso dessa aposta dependerá de uma série de fatores que escapam ao direito. O melhor que o direito pode fazer é criar condições para que as forças econômicas se interessem pelo saneamento.

Desde sua edição, o novo marco tem despertado críticas às opções nele implementadas, tal como registram as ações diretas que o questionam. Por outro lado, investimentos demandam avaliações econômicas. Como diz o ditado, é possível levar o cavalo até a água, mas não é possível obrigá-lo tomá-la. O novo marco mostra o caminho, mas não assegura o resultado.

Diante disso, uma das apostas do novo marco foi fortalecer o ambiente regulatório dos serviços de saneamento. Na exata medida em que, em regra, os serviços de saneamento são de competência dos municípios, investimentos privados muitas vezes dependerão de normas locais para se estruturar. E isso é um risco. Risco duplo.

Por um lado, muitas vezes municípios carecem de recursos para estruturar entes reguladores capazes de produzir normas técnicas adequadas. Regular implica custos. E os combalidos orçamentos dos municípios muitas vezes não têm condições de arcar com os custos de criar entes reguladores. Por outro lado, os ideais de independência e tecnicidade associados à regulação são distantes da experiência dos municípios, em que o Poder Político tem maior facilidade de atuar sobre essas estruturas. O risco de captura política dos entes reguladores municipais é algo que impacta nos investimentos no setor.

A conjugação desses fatores leva à alta instabilidade da regulação municipal. E esse é um fato de risco para o investidor, que se não afugenta investimentos privados, os torna sujeitos a maiores prêmios de risco, dificultando investimentos em prejuízo dos usuários.

O novo marco fortalece a regulação, de modo a tornar mais seguros os investimentos privados. Ele cria uma nova metodologia de regulação, calcada em normas de referência produzidas por uma agência reguladora federal, a quem compete estruturar a espinha dorsal da regulação, que deve ser nacionalmente homogênea.

Este texto se dedica a examinar as inovações trazidas nessa mudança de modelo. Basicamente, a questão central é tentar esclarecer qual o sentido das normas produzidas pela ANA e sua relação com as normas produzidas localmente. São elas simples recomendações? São vinculantes? Quais as consequências da sua não observância? O modelo adotado no novo marco é compatível com a titularidade dos serviços? Enfim, há uma série de temas que decorrem das inovações promovidas.

Essa é uma tentativa de encaminhar algumas reflexões sobre esse tema, que certamente ainda renderá diversos debates haja vista sua importância central para o saneamento básico.

2 A Lei nº 11.445/2007 e a aposta na regulação local

Desde a Lei nº 11.445/2007 já se reconhecia a importância de haver regulação independente no setor de saneamento.

O art. 21 na sua redação originária estipulava que a regulação deveria atender aos princípios de independência decisória, transparência e tecnicidade. O modelo investia na necessidade de os municípios criarem agências independentes, que deveriam promover a regulação dos serviços, de maneira técnica e isenta de pressões políticas. Com efeito, *a regulação é condição fundamental para o desenvolvimento do setor, não se limitando ela apenas às externalidades econômicas do modelo.*[3] A regulação efetiva é pressuposto para o desenvolvimento dos serviços públicos.[4] Já antes disso, a Lei de Consórcios Públicos (nº 11.107/2005, art. 13, §3º) havia proscrito a prática anterior de encarregar as próprias empresas estatais de se autorregularem, tal como ocorria no modelo anterior de contratações intra-administrativas. A consolidação do setor de saneamento no modelo Planasa era alheia a qualquer espécie de regulação, cabendo às estatais definir os termos em que o serviço seria prestado.[5] Com a necessidade de se alterar o modelo de prestação, começam a surgir preocupações com a efetividade da regulação e sua capacidade de gerar os resultados sociais que se esperam do saneamento.

Embora não se cogitasse nominalmente da criação de um ente regulador independente, estruturado na forma de agência, fato é que *as condições exigidas implicavam a existência de uma estrutura dotada das características que usualmente se reconhecem a tais entidades administrativas.* Embora não haja um regime único relativo às agências,[6] fato é que as características previstas no texto originário da Lei nº 11.445/2007 convergem para que as atribuições regulatórias sejam exercidas por uma autarquia dotada de independência reforçada. *Embora a Lei nº 11.445/2007 não falasse diretamente em agências, ela exigia materialmente a implantação de um órgão regulador que se caracterizasse com tais feições.*

---

[3] Cf. "[...] as competências deferidas à regulação do setor não podem se limitar a coibir falhas de mercado ou somente manter o seu equilíbrio, mas devem avançar para assegurar o atingimento de objetivos postos nas políticas públicas setoriais, exercendo um significativo conteúdo de regulação social (BUSTAMANTE, Maria Magalhães de. Ensaio sobre o estado da arte da regulação do setor de saneamento básico. *Interesse Público – IP*, Belo Horizonte, ano 18, n. 99, p. 191-211, set./out. 2016. p. 19).

[4] Cf. SCHIRATO, Vitor Rhein. A regulação dos serviços públicos como instrumento para o desenvolvimento. *Revista Interesse Público*, Porto Alegre, ano 6, n. 30, p. 93-95, mar./abr. 2005. Sobre a necessidade de regulação especificamente no setor de saneamento como ferramenta de atração de investimentos: MARQUES NETO, Floriano de Azevedo. Aspectos regulatórios a serem considerados na formulação de um novo modelo para o setor de saneamento básico no Brasil. *Interesse Público – IP*, Belo Horizonte, ano 3, n. 10, abr./jun. 2001.

[5] Cf. CAMPOS, Rodrigo Pinto de. Regulação e federalismo no serviço público de saneamento básico. *In*: MOTA, Carolina (Coord.). *Saneamento básico no Brasil (Aspectos jurídicos da Lei 11.445/07)*. São Paulo: Quartie Latin, 2010, p. 93-95.

[6] O problema remete a uma questão inerente à nossa Administração indireta que prevê que cada ente que venha a integrar a estrutura administrativa seja criado por lei (ou tenha sua criação autorizada no caso das estatais). Logo, cada regime pode ser dotado de características próprias, não havendo espaço para um regime geral. Não há leis-quadros a definir no que consistem cada uma das espécies que integram a Administração indireta. Mesmo a lei federal que cria uma espécie de regime geral das agências (Lei nº 13.848/2019), além se aplicar apenas à União, ressalva de modo expresso a possibilidade de ela ser superada por normas específicas (art. 1º, parágrafo único).

Como se nota, a aposta naquele instante era criar entes reguladores locais, capazes de dotar os serviços de saneamento de estabilidade. O modelo originário pensado para a regulação era o local, a ser estruturado pelos municípios, ressalvada a possibilidade de delegar tais atribuições para entes reguladores supramunicipais.

Esse modelo de regulação local foi substancialmente alterado na nova legislação. E isso indica que, em juízo político, o que se esperava do modelo original não foi atingido. Algo deu errado no que se refere à regulação municipal. E isso precisou ser corrigido.

A disciplina originária da Lei nº 11.445/2007 é o típico exemplo em que se pensam soluções teóricas que, na prática, deixam a desejar. Isso porque *não há qualquer incentivo ou mesmo consequência direta para o desatendimento do modelo proposto*. Imaginava-se que a simples previsão de entes independentes e técnicos seria capaz de levar à configuração de um ambiente regulatório adequado para promoção da segurança jurídica.[7]

Contudo, o direito pouco pode diante da realidade. Sem recursos não se faz regulação. Regulação implica conhecimento técnico, capacidade de analisar dados, de produzir normas adequadas e sancionar comportamentos inadequados. Tudo isso depende de coisas que vão além das palavras da lei. Imaginar que estruturas reguladoras sólidas surjam por obra de previsão legal, sem que haja incentivos concretos para tanto, é confiar nas virtudes mágicas do direito. Contudo, o direito não tira coelhos de cartolas.

Por outro lado, a ideia de que garantias de autonomia reforçada previstas em lei possam inibir a prática de condutas oportunistas também é *wishful thinking* normativo. No ambiente político municipal usualmente se vê maior pressão dos órgãos políticos sobre o regulador. Nessa linha, a ideia de que as agências poderão servir como linha de defesa contra abusos regulatórios é ingenuamente otimista. Estruturas precárias e aparelhadas tendem a ser presas fáceis para a captura, seja ela política, seja ela econômica. Má regulação é pior que regulação nenhuma.

Nessa linha, as promessas de um modelo de regulação efetiva no âmbito dos municípios permaneceram incumpridas. Muitas agências

---

[7] Cf. "Contribuem para esse quadro as enormes dificuldades na criação de órgãos reguladores no setor de saneamento, atribuídas à falta de experiência na regulação do segmento e à pulverização dos titulares – já que existem mais de cinco mil Municípios no Brasil. O problema é que, na ausência de órgãos fortes de regulação e fiscalização do serviço, as respectivas concessões poderão ser distorcidas de suas legítimas finalidades, vindo a prejudicar a expansão dos serviços" (DINIZ, Cláudio Smirne. Saneamento básico e regulação. *Revista de Direito Público da Economia – RDPE*, Belo Horizonte, ano 7, n. 27, jul./set. 2009).

criadas ostentam a autonomia e tecnicidade apenas no papel, não passando de apêndices do Poder Executivo. Diante disto, as premissas da regulação local precisaram ser revistas. O modelo atual deixa de confiar nos municípios apenas e investe numa *regulação nacionalmente homogênea*.

3 Normas estruturantes da regulação no novo marco legal

O novo marco legal promove importantes mudanças regulatórias no âmbito do saneamento. Tais medidas podem ser sintetizadas na criação de uma agência nacional dotada de atribuições para produzir "normas de referência" para o setor de saneamento (art. 2º da Lei nº 14.026/2020, que modifica a lei que criou a ANA, Lei nº 9.984/2000).

Entre as atribuições da ANA, foram incluídas no art. 4º-A da Lei nº 9.984/1999 competências para instituir as chamadas normas de referência.

No §1º do art. 4º-A, têm-se os *núcleos que se conjugam para dar corpo às normas de referência*. São eles: a definição de padrões de qualidade e eficiência dos serviços de saneamento (inc. I); regulação tarifária visando à eficiência dos serviços, universalização e proteção ao equilíbrio econômico-financeiro; padronização dos modelos contratuais, que deverão prever conteúdo mínimo adequado (inc. III); metas de universalização para os serviços e de redução de perdas d'água (incs. IV e VI); criação de padrões de contabilidade regulatória (inc. V); metodologia de cálculo para indenização de bens reversíveis não amortizados (inc. VII); padrões de governança das entidades locais (inc. VIII); reúso de esgotos tratados (inc. IX); parâmetros para declaração de caducidade (inc. X); metas para implantação de sistemas separadores em substituição aos unitários (inc. XI); metodologia de cálculo de atingimento de metas de ampliação e universalização (inc. XII) e definição do conteúdo mínimo para prestação universalizada e sustentável dos serviços (inc. XIII).

Essas normas devem ser aplicadas de modo progressivo (§2º) e devem convergir para o atendimento dos princípios estruturantes do setor de saneamento, previstos no art. 2º, I da Lei nº 11.445/2007: universalização e efetiva prestação.

Como se nota, e isto é importante, *as normas de referência são instrumentos a serviço da universalização e da efetiva prestação dos serviços. São meios pelos quais esses fins são buscados.* Essa vinculação finalística pode parecer desnecessária, mas no fundo é ela que autoriza a União a estipular tais padrões, que deverão ser observados em nível municipal, como se detalhará a seguir.

Este compromisso com as finalidades estruturantes do setor é reforçado pelo que está previsto no §3º. Nos oito incisos desse preceito normativo, estão fixados os objetivos que as normas gerais devem implementar. Em linhas gerais, as normas devem sempre buscar o serviço adequado (inc. I), fomentar a eficiência econômica, inclusive por meio de concorrência quando possível, evitando a repetição de custos e assegurando não só o abastecimento d'água, mas também de esgoto (incs. II, VII e VIII); fortalecer a cooperação federativa fundamental ao sucesso do modelo em regiões pouco adensadas e respeitar as peculiaridades regionais (incs. III, IV e V) e dar densidade à fiscalização das metas (inc. VI). Como se nota, as normas de regulação são fundamentais para estratégia do novo marco legal.

A implementação das referidas normas deverá observar, de acordo com o §4º, o devido processo regulatório, que implica analisar as melhores práticas do setor, realizar debates públicos e se valer de grupos de trabalhos constituídos com os interessados, de modo a produzir normas adequadas ao objetivo proposto. Importante destacar que a implementação das normas de referência não deve desprezar a análise de impacto regulatório, tal como disciplina o §6º. As consequências da regulação devem ser ponderadas para fins de definir quais os padrões de atuação que se exigirão do setor.

O §7º é fundamental para compreender o papel da ANA. *A existência das normas de referência se orienta a implementar uniformidade regulatória e garantir a segurança jurídica.* Cuidam-se de duas faces da mesma moeda: *o que o marco legal pretende implementar é um arcabouço regulatório nacional, capaz de dar estabilidade aos investimentos do setor, preservando os contatos de arroubos regulatórios em nível local.*

A análise do conteúdo das normas de referência o demonstra, especialmente quando se tem que a ANA deverá disciplinar a caducidade dos contratos, assim como fixar as indenizações devidas por bens não amortizados/depreciados. Tais preocupações específicas indicam que há receio de que municípios promovam processos de retomada do serviço que agridam direitos previstos contratualmente.

A par dessas previsões, o art. 4º-A da Lei nº 9.984/2000 deixa claro que a ANA terá importante papel de fomentar a regulação no setor de saneamento, promovendo estudos e difundindo melhores práticas no setor. Aqui se tem competência promocional típica, cabendo ao ente nacional criar condições adequadas para a prestação dos serviços. Além de fixar as normas de referência, a ANA deverá promover a cultura regulatória em nível local, suplementando a atuação dos municípios, de modo a permitir que haja em nível local bons reguladores. Tal diretriz se afasta do modelo originário em que os municípios ficaram à própria sorte.

O art. 4º-B também é fundamental para compreender o novo modelo. Ele se dedica a definir como devem ser articuladas as competências da ANA e dos entes locais. Sua leitura indica que haverá uma espécie de cadastro das entidades reguladoras que adotarão as normas de referência. A adesão a tais normas é condição para que recursos federais sejam aportados nesses municípios. Note-se que *a norma não se limita a recursos no setor de saneamento, todavia, a interpretação sistemática desta previsão é que tal limitação deve ser observada.* O espírito da norma é vedar o repasse de valores para municípios que não tenham padrões adequados de regulação dos serviços de saneamento; e não proibir todo e qualquer recurso federal, o que levaria ao colapso de diversos deles.

Nesse contexto, deverão ser produzidas normas em nível federal que definam as condições pelas quais os municípios demonstrem estar em linha com as normas de referência. Essa "acreditação" é necessária para o acesso a verbas federais destinadas ao saneamento.

Como se nota, o novo marco legal promove alterações radicais no que se refere à regulação, reservando à ANA o papel de uma espécie de agência nacional de saneamento básico, orientada a promover um mínimo existencial acerca do tema, veiculado pelas chamadas normas de referência.

Em termos simples, *troca-se uma regulação exclusivamente local, a cargo em larga medida dos municípios, por um sistema nacional de regulação que visa a coordenar os reguladores locais, com vistas a permitir que se implementem os objetivos macro do setor.*

Evidentemente que uma mudança desse porte suscita uma série de questionamentos. Nalguma medida é preciso avaliar a compatibilidade do modelo com a titularidade dos serviços, que permanece sendo dos municípios, assim como analisar se o modelo de normas de referência é vinculante ou não para os demais entes da Federação.

Um simples lançar de olhos no núcleo das normas de referência permite inferir que elas alcançam todos os elementos relevantes no que se refere aos padrões normativos aplicáveis ao serviço de água e esgoto. É preciso indagar, diante desse modelo, o que ainda caberá aos municípios e como compatibilizar as exigências locais, com um regulador centralizado. Enfim, os questionamentos são inúmeros.

4 Problemas de competência legislativa no setor de saneamento

O problema das normas de referência escapa a qualquer tentativa de análise textual ou gramatical. Nesse rótulo singelo se escondem as dificuldades do nosso modelo federativo. E elas não serão superadas com jogos de palavras. A atribuição para que a União produza padrões gerais sempre traz a discussão sobre até onde ela pode ir sem invadir competências que pertençam aos outros entes federativos. É uma discussão antiga do nosso modelo, que perpassa diversas disciplinas.[8] Em direito administrativo a competência da União para produzir normas gerais sobre contratação administrativa e licitação é um bom exemplo desse problema.

Por detrás destas discussões, está a dificuldade de um modelo federativo como o brasileiro, em que a divisão de competências federativas não representou a cristalização de algo que já existia, mas a tentativa de criar um modelo abstrato. Nossa Federação não foi o produto de uma ordem natural. A tentativa de criar um modelo racional de federação conduz a certos paradoxos. Alguns deles refletem o conflito entre as autonomias dos demais entes federados e a necessidade de um mínimo de homogeneidade num país continental.

As normas gerais e as diretrizes são a formulação verbal desse conflito. Usualmente, tenta-se desatar esse nó górdio com formulações estáticas que tentam definir o que seria ou não geral. A tentativa de resolver o problema em abstrato é fadada ao insucesso. Não é à toa que a nossa jurisprudência constitucional se vale de critérios casuísticos para dirimir tais conflitos, não havendo uma orientação segura.[9]

Há algo de vivo nessa disputa, que reclama análise da realidade. As fronteiras entre o geral e o específico nesses casos devem ser definidas diante de situações concretas. A necessidade de padrões de proteção nacionalmente uniformes é que inspira a previsão constitucional que se refere às normas gerais. Celso Antônio Bandeira de Mello chama atenção para isso, destacando:

---

[8] Para uma resenha das discussões de nossa doutrina acerca do conceito de "norma geral": MARTINS, Ricardo Marcondes. Normas gerais de direito urbanístico. *Revista Brasileira de Direito Público – RBDP*, Belo Horizonte, ano 2, n. 5, p. 167-188, abr./jun. 2004.

[9] Para um estudo da jurisprudência do STF sobre o tema: TAVARES, André Ramos. Aporias acerca do "condomínio legislativo" no Brasil: uma análise a partir do STF. *Revista Brasileira de Estudos Constitucionais – RBEC*, Belo Horizonte, ano 2, n. 6, p. 161-188, abr./jun. 2008.

cumpre reconhecer como incluído no campo das normas gerais a fixação, pela União, de padrões mínimos de defesa do interesse público concernente àquelas matérias em que tais padrões deveriam estar assegurados em todo o País, sob pena de ditos interesses ficarem à míngua de proteção.[10]

Nesse sentido, às normas federais caberia estipular patamares mínimos de proteção que deveriam ser observados pelos demais entes federativos, que não poderiam degradar esses níveis de proteção, apenas reforçá-los.

A ideia encerra algo importante, *normas gerais predicam mandamentos de proteção jurídica adequada que devem valer de modo homogêneo em todo o território nacional*. E nessa linha o *status* efetivo da tutela do bem jurídico a ser tutelado por elas deve ser levado em consideração para definir seu sentido e seu alcance.

Nada obstante o serviço de saneamento seja de interesse local, ressalvadas as questões regionais, fato é que isso não implica que eles sejam infensos às disposições normativas gerais produzidas pela União. Todavia, nosso municipalismo é bem menos efetivo do que sugere a Constituição. E não se pode interpretar a Constituição como se ela tivesse compromisso com o subdesenvolvimento. Nesse caso, *a situação concreta do saneamento (e do déficit evidenciado em sua universalização) deve ser um ponto a ser considerado no que se refere à definição das normas gerais*. E aí assume relevo a questão: qual o papel da União no que se refere à prestação do saneamento?

Como se sabe, a Constituição trata da competência da União para "instituir diretrizes para o desenvolvimento urbano, inclusive habitação, saneamento básico e transportes urbanos" (art. 21, XX). O art. 23, IX, prevê a competência comum para "promover programas de construção de moradias e a melhoria das condições habitacionais e de saneamento básico". O art. 200, IV, reconhece caber ao Sistema Único de Saúde participar da política e da execução das ações de saneamento, haja vista a evidente correlação entre os temas.

A par disso, há as competências ambientais e relativas à saúde que encampam nalguma medida questões de saneamento. Todos esses preceitos mostram que *a competência municipal não é alheia às disposições da União, que mostram que o saneamento não pode ser visto como uma ilha, infensa à capacidade de atuação federal*.

---

[10] BANDEIRA DE MELLO, Celso Antônio. O conceito de normas gerais no direito constitucional brasileiro. *Interesse Público – IP*, Belo Horizonte, ano 13, n. 66, mar./abr. 2011.

Diante desse cenário, uma das dificuldades tradicionais do setor de saneamento tem sido articular questões de competência material e legislativa.[11] O tema é controverso, tendo algumas das disposições do novo marco buscado aclarar as interfaces entre diversos entes federativos na consecução dos objetivos do saneamento básico. Daí a previsão e o reforço da cooperação entre entes federativos como elemento para dar conta da prestação concreta dos serviços.

Mas isso não resolve a questão central aqui posta. Afinal, *diante do nosso esquema federativo, o que pode ser considerado norma de referência em matéria de regulação?* Pode uma agência federal criar padrões regulatórios para os municípios, tais como os previstos no novo marco legal. Para resolver isso, é necessário ter claro o que compete à União nesse setor. Para tanto, é fundamental ter clara a disciplina advinda do art. 21, XX da Constituição, que serviu de base para a edição da Lei nº 11.445/2007.

5 Diretrizes para o desenvolvimento urbano, inclusive saneamento: a inteligência do art. 21, XX, da Constituição

Numa abordagem tradicional, tem-se que a titularidade de um serviço público predica competência normativa para estruturar os termos em que ele será prestado, o que incluiria a opção por regular a atividade. Em regra, reputa-se que a Constituição reserva no seu art. 30 a competência administrativa (competência de legislar sobre o direito administrativo) a cada uma das pessoas políticas.

Consequência disto é que a regulação dos serviços municipais competiria aos próprios municípios, que deveriam estipular padrões aderentes às suas necessidades (art. 30, V).

Como visto acima, o modelo da Lei nº 11.445/2007 previu uma lógica de regulação local. Aliás, mesmo isso poderia ser questionado. Afinal: poderia a legislação federal exigir que municípios criassem agências reguladoras independentes, ou isso implicaria intrusão indevida em decisões a eles reservadas?[12] Tal interpretação conduziria

---

[11] Para uma resenha das discussões: PETIAN, Angélica. O alcance e os limites da competência da União para legislar sobre o saneamento. *In*: DEL POZZO, Augusto *et al.* (Coord.). *Tratado sobre o marco regulatório do saneamento no direito brasileiro*. São Paulo: Contracorrente, 2017. p. 351 e ss.

[12] Para uma crítica à Lei nº 11.445/2007, por supostamente deturpar nosso modelo de divisão de competências: MARTINS, Ricardo Marcondes. Titularidade do serviço de saneamento básico. *Revista de Direito Administrativo*, Belo Horizonte, n. 249, set./dez. 2008.

à possibilidade de os municípios optarem por não exercer a regulação. Seria isso legítimo? Todas as respostas devem partir de uma premissa: qual o papel da União no que se refere a definir as condições pelas quais os municípios exploram os seus serviços.

A resposta ao dilema das competências e, portanto, a resposta à questão de qual é o espaço para a União definir normas de referência quanto à regulação parece escapar a uma análise estática do tema. Mais do que perguntar o desenho abstrato acerca do tema, especialmente considerando a abertura do texto constitucional, é necessário pensar na efetividade dos modelos implementados.

Nesse sentido, o ponto de partida a ser considerado é o preceito do art. 21, XX da Constituição. Qual o seu sentido? Nada obstante, em regra, se diga que o art. 21 cuida de competências administrativas da União, fato é que essa leitura não dá conta de explicar todas as previsões ali contidas.

A norma constitucional que foi utilizada como fundamento para a edição da Lei nº 11.445/2007 fala em *instituir diretrizes para o desenvolvimento urbano*, o que implica a existência dos meios adequados para promover esse objetivo.

Nesse contexto, *diretrizes não são apenas normas gerais a serem complementadas, mas sim preceitos orientados à produção de um objetivo.* Não se trata aqui apenas de fixar um quadro de referência normativo, que distribua o poder para disciplinar determinada matéria. *Cuida-se de criar orientações capazes de gerar um resultado (desenvolvimento urbano).* Este resultado é de interesse nacional, e não pode ser desprezado pelos entes federativos. Algumas conclusões decorrem desse enquadramento do problema.

Primeiro, *a competência para estipular diretrizes não trata de tema administrativo, mas sim da estipulação de um programa capaz de levar ao desenvolvimento urbano.* Diretrizes contemplam um programa de atuação orientado a um resultado, que pressupõe base normativa. A existência de capacidade normativa é implícita no comando que autoriza a produção de diretrizes, pois estas são, antes de mais nada, normas, cuja especial característica é a orientação a determinada finalidade. *A ideia de que a União deva estruturar medidas de desenvolvimento urbano constitui uma competência ampla, que conjuga atribuições normativas e administrativas.* A norma de competência se focou no resultado (desenvolvimento), deixando os meios livres, valendo-se do termo "diretriz". Nesse sentido, uma diretriz é um comando que institui um plano de ação orientado a um resultado.

Segundo, a análise da estrutura da norma constitucional é reveladora de uma relação finalística. *Diretrizes são meio de implementação do resultado desejado (desenvolvimento urbano)*. A União está autorizada a produzir diretrizes, desde que isso promova o desenvolvimento urbano. Perceber isso é de suma importância para compreender o espaço de atuação da União nesses casos, o que não se confunde com a competência concorrente, especialmente tendo em vista a cláusula do interesse local.

Trata-se de uma peculiar competência privativa, dotada de características próprias. *Em paralelo ao interesse local a que o art. 30 da Constituição faz referência, compete à União estipular as diretrizes necessárias ao desenvolvimento urbano*. Em termos simples: *o desenvolvimento dos municípios não diz respeito apenas a eles, cabendo a atuação em nível federal para produzir normas que orientem a atuação dos municípios no sentido de promover o desenvolvimento*.

Logo, diante da estipulação dessas diretrizes, os municípios não são livres para deixar de observá-las, pois a atuação coordenada deles em busca do interesse nacional vai além do interesse puramente local.

O art. 21, XX estipula, portanto, um dever de a União atuar de modo a gerar parâmetros normativos capazes de assegurar o desenvolvimento urbano, ou pelo menos induzir a isso. Na busca desses objetivos, há diversas estratégias possíveis, entre as quais seguramente se inclui a de expedir normas jurídicas que visam a induzir que a atuação dos municípios seja capaz de promover o resultado desejado. Como anotado acima, diretrizes conjugam planos e estratégias de atuação orientadas à promoção de um fim.

Em termos diretos, compete à União produzir uma espécie de norma de planejamento, que busca efetivar objetivos concretamente. Como ensina Eros Grau, tais normas rompem com a lógica tradicional, pois "o método retrospectivo é substituído por outro, prospectivo".[13]

Nesses termos, *a substância das normas produzidas a partir do art. 21, XX é estruturar o futuro do saneamento, permitindo que seus objetivos sejam alcançados nacionalmente*. O que as legitima não é organizar as coisas como são, mas sim servir de vetor concreto de mudança em direção ao desenvolvimento urbano, passando, inclusive, pelo saneamento.

Tem-se aqui de uma peculiar norma de caráter prospectivo. A norma não contempla simplesmente a divisão estanque de competências, criando um *suum cuique tribuere* normativo. O que ela faz é imputar

---

[13] GRAU, Eros. *Planejamento econômico e regra jurídica*. São Paulo: RT, 1978. p. 75.

à União uma competência própria para produzir direito (normas e programas) capazes de gerar o desenvolvimento urbano.

Como consequência disso, *os municípios estão obrigados a seguir tais diretrizes, não podendo o interesse local ser sacado como um título capaz de criar uma zona de isenção da orientação produzida para valer em âmbito nacional.*

Aliás, essa é a chave de compreensão da legislação federal em matéria de saneamento: há uma diversidade de normas que convergem para o objetivo fundamental da universalização do serviço. Esse objetivo macro não pode ser embaraçado ou mesmo negligenciado pelos municípios que terão que observar as diretrizes que vão além do seu interesse local e dão corpo ao desenvolvimento urbano nacional. Nessa linha, as diretrizes são compreendidas como normas finalísticas e vinculantes para os municípios.

6 Intensidade das diretrizes e vinculação finalística

Fixada essa premissa, pode-se analisar a questão da intensidade das normas de regulação no setor de saneamento. Para tal, o ponto de partida para definir a questão é que *a concepção de que a regulação devesse ser incumbida aos municípios não foi capaz de implementar os objetivos macro do setor de saneamento.* Ou seja, existe, materialmente, um *déficit* no que toca ao setor. E isto precisa ser levado em conta ao se analisar os modelos normativos produzidos.

A hipótese aqui levantada é que a competência para definir padrões gerais, ou normas de referência, no setor de saneamento, tal como ela é definida no art. 21, XX não pode prescindir de analisar situações concretas, pois se tratam de medidas orientadas a um fim.

Estes preceitos podem significar coisas muito distintas num setor desarticulado e em um setor que gere os efeitos dele esperados. Em termos simples: *o nível de direcionamento – a intensidade do vetor normativo, por assim dizer – deve ser mais intenso em casos em que há manifesta insuficiência na proteção dos objetivos macro.* A intensidade das diretrizes é proporcional à mudança que deve ser implementada.

As normas de direcionamento (*i.e.,* diretrizes) existem para que haja coordenação de atuação entre os titulares para que sua atuação individual seja capaz de gerar um resultado social que interessa a todos. É dessa maneira que a cláusula do interesse local deve ser harmonizada com essa capacidade de direcionamento. O interesse local não habilita os municípios a agir em desconformidade com as diretrizes.

Como se enfatizou, o art. 21, XX, da Constituição tem por finalidade assegurar, em nível nacional, que haja um setor estruturado de saneamento, pois isso é essencial ao desenvolvimento urbano. E, *no cumprimento deste objetivo, o nível de intrusão de tais preceitos pode variar a depender da situação concreta.* Havendo falha no atendimento dos objetivos macro, é natural que as normas que implicam diretrizes sejam mais intrusivas, como modo de garantir o atendimento dos objetivos desejados. Em suma, *evidenciando-se que os serviços municipais não alcançam os objetivos nacionais, a força das diretrizes deve ser maior.* Não há um conceito estático do que devem ser as normas que trazem diretrizes, mas sim algo que varia em função da realidade. Evidenciado o desatendimento do objetivo, impõe-se a estruturação de novas diretrizes, capazes de promover os resultados desejados.

A chave da questão não parece estar, portanto, na invocação da relação geral/especial, considerada de modo abstrato, como usualmente se sustenta. Quem pensa assim faz como o Barão de Münchhausen tentando se salvar do atoleiro puxando os próprios cabelos. O *nível de intrusão é ancilar à efetividade do resultado.* Impondo-se à União o dever de legislar para que os resultados nacionais sejam alcançados, ela deve produzir as normas que sejam idôneas.

O ponto central é: *o que está em questão é a efetividade do modelo nacional de saneamento. Não se trata de efetividade na criação das normas jurídicas, pensando-se a questão da validade a partir de um esquema formal de competências.* As diretrizes serão válidas se forem capazes de produzir os resultados que dela se esperam.

O problema não é definir abstratamente se uma norma fixa um padrão geral que admite complementações e detalhamentos. Isso é criar castelos de vento. Tentar resolver o problema por essa linha é tentar resolver com fórmulas vazias problemas materialmente complexos. Serve para deslocar o problema, e não para respondê-lo. O que é geral e o que é especial é construído diante de uma realidade concreta.

No caso das normas-diretrizes, que buscam a implementação do resultado, a questão verdadeira é saber se os objetivos estão ou não sendo alcançados. Diretrizes que não fossem capazes de gerar os resultados esperados frustrariam o próprio espírito da norma constitucional. A norma do art. 21, XX, dá à União os meios necessários a garantir que os municípios, na sua atuação individual (*i.e.*, no exercício da sua autonomia), sejam capazes de prestar de maneira adequada os serviços de saneamento.

Pode-se invocar aqui uma das ideias contidas no princípio da subsidiariedade. Nada obstante discuta-se se o princípio tem aplicação no que se refere à compreensão do nosso modelo federativo,[14] fato é que, como preceito geral de compreensão e divisão de tarefas estatais, essa ideia pode ser aqui utilizada.

Pensa-se usualmente na subsidiariedade como elemento que justifica a necessidade de autonomia das comunidades menores. Todavia, o preceito, tal como formulado pela doutrina social da Igreja, tem um aspecto positivo. Em não havendo capacidade de o ente menor ser efetivo, impõe-se a atuação do ente maior, com vistas a suplementar a atuação daquele.[15] *Caracterizando-se que os municípios não foram capazes de universalizar os serviços, impõe-se atuação federal para expedir diretrizes mais firmes nesse sentido.*

Independentemente da justificativa teórica que queira se dar à questão: é evidente que a Constituição não admite que a prestação de serviços públicos seja inadequada. Assim, diante da constatação de que o modelo de regulação municipal não é capaz de atender aos objetivos nacionais, abre-se oportunidade para o legislador federal produzir normas que condicionem a regulação em nível local. Isso é um dever, não uma alternativa.

> Como ensina Tércio Sampaio Ferraz Jr. acerca da relação meio/fim:
> Distinto é o caso da validação finalista. Aqui não é possível desvincular meios e fins, pois a prefixação dos fins exige que eles sejam atingidos. Para isto, *a autoridade tem de encontrar os meios adequados, sendo, pois, responsável pela própria adequação, ou seja, não só pelos fins, mas pelos meios também.* Neste caso, o efeito imunizador da fixação exige da autoridade um

---

[14] Para uma crítica à invocação da subsidiariedade como base para explicar o federalismo: SILVA, Virgílio Afonso da; COUTINHO, Diogo R. Marco regulatório e repartição de competências no setor de gás. *Revista de Direito Administrativo – RDA*, Belo Horizonte, n. 257, maio/ago. 2011.

[15] *Encíclica Quadragesimo Anno*, item 79: "Verdade é, e a história o demonstra abundantemente, que, devido à mudança de condições, só as grandes sociedades podem hoje levar a efeito o que antes podiam até mesmo as pequenas; permanece, contudo, imutável aquele solene princípio da filosofia social: assim como é injusto subtrair aos indivíduos o que eles podem efetuar com a própria iniciativa e indústria, para o confiar à coletividade, do mesmo modo passar para uma sociedade maior e mais elevada o que sociedades menores e inferiores podiam conseguir, é uma injustiça, um grave dano e perturbação da boa ordem social. O fim natural da sociedade e da sua ação é coadjuvar os seus membros, não destruí-los nem absorvê-los". Sobre o conteúdo jurídico da subsidiariedade: BARACHO, José Alfredo de Oliveira. *Princípio de subsidiariedade*. Rio de Janeiro: Forense, 1996; MARTINS, Margarida Salema d'Oliveira. *O princípio da subsidiariedade em perspectiva jurídico-política*. Coimbra: Almedina, 2003; QUADROS, Fausto de. *O princípio da subsidiariedade no direito comunitário após o tratado da União Européia*. Coimbra: Almedina, 1995; SARAIVA, Rute Gil. *Sobre o princípio da subsidiariedade (gênese, evolução, interpretação e aplicação)*. Lisboa: Associação Académica da Faculdade de Direito de Lisboa, 2001; TORRES, Sílvia Faber. *O princípio da subsidiariedade no direito público contemporâneo*. Rio de Janeiro: Renovar, 2001.

comportamento não automático, mas participante, pois de mera utilização de um meio qualquer não segue necessariamente o fim. Neste sentido, para controlar se uma norma é válida não basta regredir no processo hierárquico, mas é preciso verificar, de caso para caso, se a adequação foi obtida. Se o controle da validade condicional é generalizante, o do finalista é casuístico.[16]

É o que se tem aqui: *a validade do conceito de diretrizes gerais é finalística: diretrizes gerais são aquelas necessárias à efetivação do conteúdo desejado.* O único sentido em se prever uma competência específica para o saneamento básico que envolve diretrizes é que tais normas sejam vetores de concretização do desenvolvimento urbano.

Insista-se, o jogo de "com quantos paus se faz uma canoa" não tem sentido aqui. Debater se a norma invade ou não a competência legislativa do município é uma questão falsa. A questão verdadeira é: as diretrizes servem para implementar o fim desejado?

Nesse contexto, perceba-se que a defesa do interesse local não pode servir de imunidade contra as diretrizes gerais. *O interesse local harmoniza-se e se exerce de acordo com tais preceitos, que se orientam a uma finalidade que vai além do interesse dos municípios, que é o desenvolvimento urbano.* A norma constitucional outorga à União o dever de promover o desenvolvimento urbano e prevê como instrumento a capacidade de expedir diretrizes. *Tais diretrizes são cogentes para os municípios.*

O interesse local deve se alinhar às diretrizes, não podendo as antagonizar. Isso seria compreender a Constituição de modo assistemático. O constituinte, que previu o interesse local, também reservou à União a possibilidade de produzir diretrizes para o desenvolvimento urbano. Veja-se que a capacidade de buscar o desenvolvimento urbano vai além do interesse individual de cada um dos municípios.

7 As normas de referência em matéria regulatória como normas-diretrizes: a validade do modelo do novo marco legal

Postas essas considerações, perceba-se que as normas de regulação postas sobre a competência da ANA são instrumentos de concretização das finalidades estipuladas para o setor de saneamento. *Elas são meios para*

---

[16] FERRAZ JR., Tércio Sampaio. A relação meio/fim na teoria geral do direito administrativo. *Revista de Direito Administrativo e Infraestrutura*, v. 2, p. 413-421, jul./set. 2017. Grifos nossos.

que se atinja um fim que não estava sendo atingido, qual seja, a universalização dos serviços de água e esgoto. Nesta perspectiva, a produção de uma nova diretriz acerca da regulação dos serviços de saneamento é perfeitamente aderente à técnica consagrada pelo art. 21, XX da Constituição.

Aliás, isso não deveria constituir surpresa alguma, pois a própria existência de um arcabouço federal poderia ser posta em causa se levarmos a competência dos municípios em matéria de saneamento a ferro e fogo.

Dito de modo direito: *a União tem competência para definir regras-quadro que induzam e garantam que a atuação dos municípios produza os resultados esperados.* Se inexistir essa competência, nem sequer haveria fundamento de validade para a edição de leis nacionais que tratassem de serviços municipais.

Diante disto, a única conclusão possível é que *o modelo regulatório previsto no novo marco legal atende às exigências da Constituição e não implica qualquer agressão à titularidade dos municípios sobre tais serviços.* Como exposto, a autonomia dos municípios para organizar os seus serviços deve ser deferente às diretrizes produzidas pela União para o desenvolvimento urbano, especialmente no que se refere ao saneamento.

Diretrizes não significam normas gerais (ou qualquer expressão similar) a serem particularizadas pelos entes municipais. Diretrizes constituem medidas de implementação de finalidades. Na exata medida em que há finalidades que escapam da esfera local – tal como a universalização do saneamento –, legitima-se a atuação da União para buscar que todos os municípios coordenem seus esforços para implementar algo que vai além do interesse puramente local.

Mais do que isso, a existência de déficits históricos no setor do saneamento e a ineficácia do modelo de regulação local autorizam as diretrizes a adotarem novo direcionamento, reservando à União a criação de um arcabouço regulatório que se oriente à efetiva implementação dos resultados pretendidos pelo novo marco legal.

Na exata medida em que as normas de regulação federal são instrumentos de efetivação dos objetivos fixados pelo novo marco, elas se enquadram na competência reservada à União para produzir diretrizes de desenvolvimento urbano, inclusive saneamento. A existência de um modelo federal em nada contraria a previsão de que os municípios são titulares dos serviços. *O interesse local deve ser exercido de acordo com as diretrizes nacionais. O resultado almejado de desenvolvimento urbano em nível nacional não se caracteriza como local, e vincula todos os municípios a coordenar sua atuação com vistas a produzir os resultados de interesse nacional.*

Posto isso, perceba-se que *as normas de referência são as normas necessárias a garantir que os serviços serão prestados de modo adequado para alcançar os objetivos macro no setor de saneamento.* Elas implementam o ambiente necessário para atrair investimentos demandados pelo setor, que não pode ficar refém de padrões regulatórios esquizofrênicos. Com efeito, as falhas do modelo local de regulação justificam concretamente a adoção dos padrões nacionais.

Na exata medida em que o novo marco legal se orienta a produzir a universalização e que a regulação é instrumento disso, note-se que o papel reservado à ANA é fundamental para que os objetivos buscados sejam atingidos.

Tendo isso em mente, perceba-se que as normas produzidas em âmbito municipal devem respeito às normas de referência, não podendo contrariá-las ou anulá-las. Aliás, pensar de modo diverso seria admitir que os municípios pudessem optar por não adotar as estipulações federais que busquem a universalização. Assim como seria absurdo permitir que os municípios optassem por não universalizar os serviços no prazo exigido em lei, é absurdo pensar que o modelo de regulação federal é incompatível com a titularidade municipal dos serviços de saneamento. Ambas as consequências decorrem da mesma premissa: o caráter vinculante das normas-diretrizes. *Cumprir as diretrizes nacionais é mandatório, adotar concretamente as medidas reputadas adequadas para implementar os objetivos federais é fundamental.*

Nesse contexto, a sistemática adotada em nível nacional é constitucional e se apresenta como meio necessário à promoção do desenvolvimento urbano. Alegar que as exigências postas pelo novo marco legal agridem a autonomia dos municípios é pensar que a eles seja dado não envidar os esforços necessários para a universalização, objetivo final da nova lei.

8 Natureza da vinculação das normas locais às normas de referência nacional

Outro ponto que surge da análise do novo marco legal é estipular qual o nível de vinculação dos municípios às normas a serem produzidas pela ANA. Elas seriam meras recomendações, sujeitas a sanções premiais ou, pelo contrário, condicionariam a atuação regulatória dos municípios?

A dúvida se coloca na exata medida em que, de acordo com o art. 4º-B da Lei nº 9.984/2000, *caput* e parágrafos, estipula-se que o não atendimento das normas regulatórias de referência tem por consequência bloquear o acesso a verbas federais. Num primeiro lance de olhos, tal preceito poderia ser entendido como um incentivo aos municípios, que seriam livres para atender, ou não, às normas regulatórias de referência. Em não as adotando, não poderiam captar verbas federais.

Essa interpretação, todavia, parece depor contra o próprio conceito de normas de referência como expressão das diretrizes nacionais para o saneamento básico. Pelo tudo que se expos acima, *as normas de referência não podem ser contrariadas.* A produção de normas municipais deve estar em conformidade com os padrões de referência. Dito de modo mais técnico, a observância dos padrões produzidos pela ANA é condição de validade das normas produzidas em âmbito local. Nesta linha, *qualquer norma que contrarie os padrões estipulados pela ANA deverá ser considerada despida de fundamento de validade e, portanto, nula.*

Em reforço dessa conclusão, note-se que a atual redação do art. 22, I da Lei nº 11.445/2007, ao tratar dos objetivos da regulação produzida em nível local, é explícita ao indicar que entes reguladores devem "observação das normas de referência editadas pela ANA". Por outro lado, o art. 23, *caput*, repete isto ao indicar que as entidades reguladoras editarão normas "observadas as diretrizes determinadas pela ANA". Como se nota, a atuação dos entes reguladores deve deferência aos parâmetros fixados pela ANA. Tanto é assim que a delegação para entidade diversa da do titular do serviço só pode ser feita se houver aderência às normas da ANA (cf. se infere do art. 23, §1º-A, I da Lei nº 11.445/2007). Enfim, a atuação dos entes reguladores deve deferência aos padrões definidos pelas normas de referência criadas pela ANA.

Note-se que mesmo que as normas locais tenham sido produzidas anteriormente, elas devem ser revistas à luz dos padrões gerais quando eles existirem. Isso porque não existe qualquer direito adquirido a regime normativo. Tendo sido alterado o modelo regulatório do setor, trocando-se a regulação local por uma regulação nacionalmente homogênea, modificou-se o regime jurídico aplicável. Nessa perspectiva, à imposição de diretrizes que devem valer nacionalmente, as normas locais que não se adaptarem ao novo modelo deverão ser revistas para serem alinhadas às novas regras de referência.

E é natural que seja assim, na exata medida em que a regulação homogênea é condição para desenvolvimento do saneamento. Tal como a qualificou o legislador, não é dado aos municípios produzir normas que contrariem tais diretrizes.

Insista-se, a autonomia local não é um título que permita aos municípios criar disposições contrárias àquilo que é necessário ao desenvolvimento urbano. *As diretrizes nacionais não são recomendações de melhores práticas, são padrões a serem observados com vistas a implementar o resultado desejado pela Constituição, que é o desenvolvimento urbano.* Em se constando que há produção de normas regulatórias que não se compatibilizam com as normas de referência, a consequência é que tais preceitos carecem de fundamento de validade.

Portanto, a não aderência às normas de referência não só obstaculiza o acesso a verbas federais, como se poderia imaginar à primeira vista; há outra consequência: o dever de a regulação produzida localmente estar em conformidade com as normas de referência. Normas que contrariem padrões gerais devem ser consideradas inválidas. Nessa linha, *em havendo entidades reguladoras locais, elas devem, tão logo sejam produzidas as normas de referência, revisitar a regulação por si produzida de modo a adaptá-la aos preceitos novos.*

Normas que não estejam em conformidade com as produzidas pela ANA não podem ser aplicadas, abrindo-se oportunidade para o controle judicial em havendo discrepância entre as diretrizes locais e as regras nacionais. Aliás, na exata medida em que se cria instrumento de atestação de conformidade das regras locais aos padrões nacionais, tal como previsto no art. 4º-B da Lei da ANA, *a não submissão a esse procedimento caracteriza indício de que as normas locais não atendem aos padrões nacionais.*

Com efeito, compete à ANA, através do procedimento a ser disciplinado por ela, atestar a conformidade das normas locais às nacionais, bem como criar regras de transição. *A presunção de validade dos atos administrativos locais deve ceder no caso em que se caracterize a evidente omissão das autoridades locais em se adaptar aos padrões da ANA.*

Em suma: tão logo sejam produzidos os padrões nacionais, os entes locais devem buscar se amoldar à disciplina fixada pela ANA. Nos termos expostos, isso é mandatório. Além da sanção prevista de perda do acesso a recursos federais, a não observância das normas de referência deve conduzir à invalidação das normas locais que não estejam em harmonia com elas.

9 Conclusão

Quanto à regulação, o novo marco legal implementou a diretriz de estipular normas de referência que devem ser nacionalmente homogêneas. Alterou-se assim o modelo anterior de regulação local.

Esse modelo é perfeitamente conforme nossa Constituição. Nos termos do art. 21, XX, caberá à União produzir normas-diretrizes que visam a implementar o desenvolvimento urbano, que expressamente contempla o saneamento básico.

Normas-diretrizes são aquelas que estipulam condições necessárias para que se atinja um objetivo, aplicando-se a elas a lógica finalística. No exercício dessa competência, a União deve produzir normas adequadas ao desenvolvimento. E uma vez verificada a existência de inadmissível déficit no que tange ao saneamento, é perfeitamente legítimo que se altere a estratégia encampada pelas normas-diretrizes. No caso, alterou-se o modelo originário de regulação local, pela regulação nacionalmente homogênea.

Dentro da lógica do novo marco legal, as normas de referência a serem produzidas pela ANA são instrumentos necessários à estratégia de universalização adotada. Elas são, portanto, instrumentos para a promoção de um resultado que vai além do interesse local individualmente considerado.

Nessa perspectiva, as normas de referência devem ser seguidas pelos municípios que não podem produzir normas regulatórias que discrepem daquelas produzidas pela ANA. Mesmo as normas regulatórias já existentes devem ser harmonizadas com os padrões nacionais, sob pena de invalidade.

Tais medidas se inserem na estratégia de universalização do serviço de saneamento básico, sendo um dos pilares do chamado novo marco legal.

Informação bibliográfica deste texto, conforme a NBR 6023:2018 da Associação Brasileira de Normas Técnicas (ABNT):

GUIMARÃES, Bernardo Strobel. Nova regulação do saneamento básico: da regulação local às normas de referência. *In*: GUIMARÃES, Fernando Vernalha (Coord.). *O novo direito do saneamento básico*: estudos sobre o novo marco legal do saneamento básico no Brasil (de acordo com a Lei nº 14.026/2020 e respectiva regulamentação). Belo Horizonte: Fórum, 2022. p. 145-166. ISBN 978-65-5518-299-6.

APONTAMENTOS SOBRE O DECRETO Nº 10.710/2021 E A COMPROVAÇÃO DA CAPACIDADE ECONÔMICO-FINANCEIRA DOS PRESTADORES DE SERVIÇO DE SANEAMENTO BÁSICO PARA VIABILIZAR A SUA UNIVERSALIZAÇÃO[1]

FERNANDO VERNALHA GUIMARÃES

1 Introdução

A Lei nº 14.026/2020, com as modificações introduzidas na Lei nº 11.445/2007, trouxe mudanças importantes para a prestação dos serviços de saneamento no Brasil. Entre elas, o estabelecimento de novas metas de universalização para os serviços de abastecimento de água e esgotamento sanitário, que devem ser incorporadas aos contratos vigentes de prestação do serviço de saneamento até 31.3.2022. Com vistas a assegurar a efetiva implementação da universalização, a legislação condicionou os contratos vigentes à demonstração da capacidade econômico-financeira dos prestadores para promover os investimentos necessários e assegurar o atingimento das novas metas. Até o marco de adaptação dos contratos vigentes, esta comprovação deverá ter sido demonstrada pelos prestadores.

---

[1] Com os agradecimentos a Angélica Petian, Larissa Casares, Thiago Breus e Regina Rillo, pelos comentários e pela troca de ideias sobre os temas abordados. Agradeço especialmente à Larissa Casares pelas sugestões de aperfeiçoamento ao presente texto.

Nos termos do parágrafo único do art. 10-B da Lei nº 11.445/2007, essa comprovação deverá observar uma metodologia definida por via regulamentar, que haveria de ser editada no prazo de até 90 dias contados da edição da lei, publicada em 15.7.2020. Mas apenas em 31 de maio (com mais de sete meses de atraso em relação ao prazo definido em lei), foi editado o Decreto nº 10.710/2021 para estabelecer a tal metodologia.

O regulamento traz uma série de regras voltadas a orientar a comprovação da capacidade econômico-financeira dos prestadores, tanto no que diz com o atendimento a indicadores financeiros pelo seu grupo econômico, como com a exequibilidade econômico-financeira da execução dos contratos de prestação do serviço, o que pressupõe a adequação de estudos de viabilidade e de um plano de captação de recursos. Este conjunto de regras condicionará a comprovação, devendo ser observado pelos prestadores detentores de contratos em vigor, nos termos referidos adiante. Embora seu conteúdo apresente natureza eminentemente técnico-contábil, derivado do exercício de discricionariedade técnica do administrador, há normas que interferem diretamente na delimitação de direitos e deveres dos prestadores no âmbito das relações jurídico-contratuais estabelecidas. Algumas destas normas afiguram-se inválidas, por extravasarem os limites da competência regulamentar.

Assim se passa com: (i) a norma do art. 1º, §1º, que restringe o referido dever de comprovação aos operadores detentores de contratos típicos à luz da legislação vigente; (ii) a norma do art. 7º, §3º, I, que acolhe como premissa dos estudos de viabilidade a impossibilidade de extensão de prazo dos contratos de programa – ainda que tal possa ser uma consequência jurídica do seu desequilíbrio econômico-financeiro verificado em função da incorporação das novas metas; (iii) a regra do art. 7º, §4º, que admite que a subdelegação possa se dar na forma de parcerias público-privadas, para os fins da incidência do limite de 25% às subdelegações em relação ao valor do contrato originário, conforme os termos da norma 11-A da Lei nº 11.445/2007; assim como (iv) a regra do art. 10, que estabelece o prazo de até 31.12.2021 para que os prestadores apresentem o requerimento de comprovação econômico-financeira junto à entidade reguladora responsável. Essa norma parece restringir o direito desses prestadores em dispor de um prazo minimamente razoável para isso. Considerada a data da edição do regulamento, o prazo que remanesce torna-se excessivamente encurtado comparativamente ao prazo pressuposto originariamente pela conjugação das normas dos arts. 11-B, §1º, e 10-B, parágrafo único, da Lei nº 11.445/2007.

Todas estas normas regulamentares parecem desafiar direitos e deveres constituídos por meio de leis e de contratos. Se assim for, estariam extravasando os limites da competência regulamentar. Além disso, algumas delas padecem de inconstitucionalidade por usurpação pela União de competência legislativa e regulamentar reservada aos entes locais. O presente texto volta-se à análise destas específicas regras do Decreto nº 10.710/2021.

2 Âmbito de aplicação do Decreto nº 10.710/2021 (norma do art. 1º, §1º)

Primariamente, vale uma nota sobre o âmbito subjetivo de aplicação do Decreto nº 10.710/2021.

Observe-se que, segundo os termos do seu art. 1º, §1º, a comprovação da referida capacidade econômico-financeira, assim como a observância da metodologia definida, seria exigível apenas dos prestadores que explorem o serviço por meio de *contratos de programa*, assim como daqueles que o explorem por meio de *contratos de concessão precedidos de licitação*. Sob uma interpretação gramatical desta regra, ficariam de fora de seu âmbito de aplicação os prestadores que atuem por meio dos chamados contratos atípicos.

Não é incomum a existência de vínculos contratuais entre prestadores e municípios, formalizados à luz de legislações passadas (eventualmente, antes mesmo da Constituição de 1988), que não se enquadrem nas categorias de contratos de programa ou de contratos de concessão precedidos de licitação. Assim se passa particularmente com as companhias estaduais de saneamento. Abstraindo-se a discussão acerca da validade destes vínculos, fato é que eles ainda se prestam a lastrear a prestação do serviço público de saneamento, e, uma vez existente e produzindo efeitos, devem ser compreendidos no dever de comprovação da capacidade econômica do prestador definida no art. 10-B da Lei nº 11.445/2007 e do Decreto nº 10.710/2021.

Creio, neste particular, que a regra do art. 1º, §1º, deve ser lida em conformidade com o disposto na regra do art. 10-B da Lei nº 11.445/2007, que não restringe o condicionamento da demonstração da dita capacidade econômico-financeira aos contratos de programa e aos contratos de concessão precedidos de licitação. Segundo a letra da norma legal, o dever de comprovação da capacidade econômico-financeira pesa sobre os "contratos em vigor", incluídos aditivos e renovações. A utilização da expressão mais abrangente tem a finalidade de albergar todos os vínculos contratuais de prestação de serviço válidos.

Não se contraponha que a delimitação feita pelo decreto pressupõe a invalidade dos vínculos que não se vistam do figurino de contrato de programa ou de contrato de concessão precedido de licitação. Essa pressuposição seria descabida, em vista da impossibilidade de se reconhecer abstratamente a invalidade destas relações jurídicas contratuais. A esta análise importa tomar em consideração uma série de questões relacionadas ao direito intertemporal, apenas possíveis de ser ponderadas em cada caso concreto.

Daí que a delimitação do âmbito de incidência das normas do decreto – e do próprio dever de comprovação da capacidade econômico- -financeira – aos contratos de programa ou aos contratos de concessão precedidos de licitação abriria a porta para que a prestação do serviço público lastreada em contratos válidos não estivesse submetida à comprovação da capacidade econômica do prestador para os fins da implementação das metas de universalização.

Logo, parece-me que o encargo de comprovação da capacidade econômico-financeira tratada na norma do art. 10-B da Lei nº 11.445/2007, assim como a observância das disposições do Decreto nº 10.710/2021, são exigíveis dos prestadores que detenham contratos vigentes e válidos, sejam eles típicos sejam atípicos à luz do regime atual.

3 A invalidade da restrição à extensão de prazo dos contratos vigentes para os fins da comprovação da capacidade econômico-financeira (art. 7º, §3º, I)

Lembre-se de que a nova legislação não apenas expressamente preservou a vigência dos atuais contratos de prestação de serviço de saneamento (art. 17 da Lei nº 14.026/2020), como estabeleceu a obrigatoriedade da inclusão de metas de disponibilidade e de qualidade. Nos termos do §1º do art. 11-B da Lei nº 11.445/2007, estes contratos deverão ser adaptados até 31.3.2022, com vistas a incorporar metas de universalização que garantam o atendimento de 99% da população com água potável e de 90% da população com coleta e tratamento de esgotos, assim como metas quantitativas de não intermitência do abastecimento, de redução de perdas e de melhoria dos processos de tratamento.

A inclusão destas metas nos contratos vigentes, como é lógico supor, importa a assunção, pelos atuais prestadores, de novas obrigações de investimento, além de repercutir no provável encarecimento dos custos de operação. Este impacto na estrutura de custos dos contratos acarreta o rompimento do seu equilíbrio econômico-financeiro. Por mais que, em muitos casos, dadas as peculiaridades de algumas contratações que prevalecem no âmbito da operação do saneamento, seja difícil decifrar com precisão a sua equação econômico-financeira originária, ante a ausência de matrizes de risco e de obrigações detalhadas e bem definidas, é inegável que a introdução de novos encargos e investimentos provoca um desequilíbrio contratual. Assim, exsurgem direitos e deveres das partes voltados a assegurar a intangibilidade desta equação. Os prestadores, neste contexto, detêm um direito a obter as respectivas compensações econômicas e financeiras pelos ônus gerados.

Não se olvide que os contratos que prevalecem no âmbito da prestação do serviço de abastecimento de água e esgoto, como os contratos de programa, estão submetidos, neste particular, ao regime da contratação administrativa. Assim se passa não apenas em vista da sua natureza jurídica de contrato administrativo, mas também pela expressa remissão de algumas normas da Lei nº 11.445/2007, entre elas a do art. 11, §2º, IV, e do art. 22, IV. Estas normas explicitamente submetem os contratos de prestação do serviço público do saneamento básico, sejam eles contratos de concessão, contratos de programa ou vínculos atípicos, ao princípio da intangibilidade da equação econômico-financeira. Aliás, como contratos administrativos que são, os contratos de prestação de serviços de saneamento estão submetidos à incidência (subsidiária) da disciplina da Lei nº 8.666/93, que assegura a inalterabilidade de suas cláusulas econômico-financeiras (art. 58, §1º).

Para os fins do tratamento dos riscos contratuais, o advento da imposição de novas metas de universalização caracteriza-se como um "fato do príncipe" ou mesmo como uma alteração unilateral do contrato. Segundo a legislação, a responsabilidade sobre as consequências da materialização deste risco, no silêncio do contrato, está alocada à Administração Pública (art. 9º, §§1º e 2º, Lei nº 8.987/95; art. 65, II, "d" da Lei nº 8.666/93).[2] Estas normas têm relevância para a demarcação do direito dos prestadores ao reequilíbrio econômico-financeiro dos contratos de prestação do serviço de saneamento.[3]

---

[2] Já sustentei a aplicabilidade desta regra aos contratos concessórios em outra obra: GUIMARÃES, Fernando Vernalha. Alocação de riscos na PPP. *In*: JUSTEN FILHO, Marçal; SCHWIND, Rafael Wallbach (Coord.). *Parcerias público-privadas*: reflexões sobre os 10 anos da Lei 11.079/2004. São Paulo: Revista dos Tribunais, 2015. p. 238.

[3] A assertiva leva em consideração os contratos originados sob a vigência da referida legislação.

Logo, em grande parte dos casos, seja pela alocação contratual do risco do fato do príncipe à responsabilidade da Administração contratante, seja pela incidência das normas referidas, os prestadores terão direito ao restabelecimento da equação econômico-financeira do contrato de prestação do serviço do saneamento básico (inclusive, dos contratos de programa).

A efetividade deste direito passa também pela definição da forma de reequilíbrio econômico-financeiro. Integra a disciplina jurídica sobre o reequilíbrio contratual a identificação das vias possíveis para tal. E a sua demarcação é um tema de grande importância para a preservação do equilíbrio contratual, uma vez que a opção por uma ou outra via pode produzir resultados bastante diversos no fluxo de caixa dos projetos. Embora sempre seja possível buscar a sua equivalência econômica, convertendo diferenças financeiras em compensação econômica, fato é que a definição de via de reequilíbrio importa consequências distintas no âmbito da execução do contrato administrativo de longo prazo (como são os contratos de prestação do serviço de abastecimento de água e esgotamento sanitário).

De um prisma jurídico, a eleição da forma de reequilíbrio passa pela análise da legislação e do conteúdo dos contratos, com vistas a verificar o seu acolhimento por normas injuntivas ou dispositivas. Quanto a isso, é possível afirmar, com Marçal Justen Filho, que a lei brasileira não impõe alternativa determinada como solução obrigatória a ser seguida, cuja "escolha depende das circunstâncias concretas".[4] A escolha da via para o reequilíbrio dependerá de circunstâncias diversas, como de sua vocação para compensar econômica e financeiramente os desvios gerados no fluxo de caixa do contrato. Eventualmente, a lei e o contrato podem dispor sobre as formas de reequilíbrio; mas essa será sempre uma delimitação prévia à celebração do contrato, pois que integra a própria equação econômico-financeira originária.[5]

---

[4] JUSTEN FILHO, Marçal. *Teoria geral das concessões de serviços públicos*. São Paulo: Dialética, 2003. p. 402.

[5] É evidente que a delimitação das formas de reequilíbrio terá impacto na formação do conteúdo econômico do contrato, contribuindo para a definição do equilíbrio contratual. As vias de reequilíbrio podem ter distinta repercussão financeira no fluxo de caixa do projeto (embora sempre se possa buscar a sua compensação econômica. Isto é: não se duvida que o custo financeiro possa ser compensado economicamente). Logo, a definição por uma ou outra forma de reequilíbrio pode significar distinta percepção de riscos e custos para o contratado. Por isso é que as eventuais limitações da forma de reequilíbrio apenas serão viáveis desde que *previamente* estabelecidas em lei ou em contrato. Quando decretadas supervenientemente, afiguram-se violadoras da regra da imutabilidade das cláusulas econômico-financeiras do contrato.

Neste contexto, um dos mecanismos de reequilíbrio admitidos pela legislação consiste na alteração do prazo contratual. Particularmente nos contratos de delegação, de natureza concessória, como são os contratos de prestação do serviço de saneamento de abastecimento de água e esgotamento sanitário, em que a delimitação do prazo de exploração do serviço relaciona-se com a necessidade de amortização dos investimentos implementados pelo contratado, a via da extensão do prazo tem impacto direto na sua equação econômico-financeira. Afinal, estender o prazo significará esticar o período de amortização dos investimentos.

Em muitos casos, a extensão no prazo do contrato pode significar, inclusive, uma via menos onerosa às partes (inclusive ao usuário) para promover o restabelecimento de sua equação econômico-financeira. Em tantos outros, pode traduzir-se na única alternativa viável, consideradas as circunstâncias concretas. Essa é uma ponderação que haverá de orientar a definição das formas de reequilíbrio nos casos concretos, à luz dos princípios da razoabilidade e da proporcionalidade. O que não se admite, em qualquer hipótese, é a frustração do direito ao reequilíbrio econômico-financeiro em virtude de limitação imposta às formas de compensação.

A extensão de prazo é, portanto, indiscutivelmente, uma forma apta e juridicamente viável para reequilibrar os contratos administrativos, que encontra amparo em muitas previsões legais e regulamentares, em diversos âmbitos, a exemplo do art. 18 do Decreto Federal nº 7.624/2011 e do revogado Decreto nº 7.205/2010, bem assim de normativas de agências reguladoras, tais como o art. 10 da Resolução nº 3.651/11, da Agência Nacional de Transportes Terrestres – ANTT.

A despeito disso, a norma do art. 7º, §3º, I, do Decreto nº 10.710/2021, ao estabelecer as premissas para a elaboração dos estudos de viabilidade vocacionados à comprovação da capacidade econômico-financeira do prestador para a implementação das metas de universalização, restringiu a possibilidade de extensão de prazo dos contratos em vigor.

Ao assim dispor, a norma regulamentar, a meu juízo, afigura-se contrária ao direito, por ilegalidade e inconstitucionalidade. Em primeiro lugar, analisando-se o mérito da regulamentação em si, parece-me inexistir uma relação de pertinência lógica entre a limitação desta forma de reequilíbrio econômico-financeiro e o propósito de comprovação da capacidade econômico-financeira do contrato. Não me parece haver uma correlação entre elas, a ponto de justificar a restrição estabelecida. O que, afinal, tem a ver a hipótese da extensão do prazo dos contratos com a capacidade econômico-financeira dos prestadores em implementar os investimentos para o atingimento das metas de universalização? Note-se que a demonstração da capacidade do prestador em contrair financiamentos e viabilizar investimentos tempestivos com vistas a comprovar a implementação das metas até o marco temporal estabelecido estará assegurada pela observância de outras normas do decreto, como a que prevê um plano de captação dos recursos previstos com datas preestabelecidas. Limitar a alteração de prazo dos contratos não concorre para melhorar a capacidade econômico-financeira do prestador em viabilizar os investimentos à implementação das metas.

É claro que alternativas de reequilíbrio econômico-financeiro como as revisões tarifárias e aportes públicos podem repercutir na necessidade de um volume menor de financiamento externo com vistas a viabilizar os investimentos pelos prestadores. Mas o decreto já conta com regras voltadas a assegurar a demonstração da capacidade dos prestadores em viabilizar esses financiamentos, como se extrai da exigência de apresentação do plano de captação. Daí que a preferência por formas de reequilíbrio que tenham menor impacto financeiro não foi uma preocupação do regulamento. Veja-se também que a norma do art. 7º, §3º, IV, admite, quando contratualmente prevista, a indenização pelo valor residual do investimento em bens reversíveis ao final do contrato.

Em segundo lugar, a norma do art. 7º, §3º, parece retratar o extravasamento da competência regulamentar, por limitar a utilização de uma forma de compensação contratual admitida pela legislação. Sob o pretexto de definir a metodologia para orientar aquela comprovação, a norma regulamentar está tolhendo a possibilidade das partes em dispor de uma via lícita e eficaz para recompor a equação econômico-financeira dos contratos. O regulamento, neste particular, embora mire na definição da metodologia, atinge o direito das partes em dispor de uma "moeda" juridicamente viável para o reequilíbrio contratual.

Mesmo que se entenda que o decreto apenas condiciona a comprovação da capacidade econômico-financeira, o fato é que restrição desta ordem atinge o direito dos titulares contratantes e dos prestadores em valer-se dos mecanismos contratuais admitidos pela legislação para o reequilíbrio econômico-financeiro, com vistas a demonstrar sua capacidade econômico-financeira para aqueles fins. Lembre-se, afinal, que o decreto considera irregulares os contratos de programa cujo prestador não comprove a capacidade econômico-financeira (art. 20).

Parece-me que uma norma de efeitos secundários como o regulamento não poderia, para os fins a que se propõe, ir a ponto de vedar a utilização pelas partes contraentes de uma forma de reequilíbrio contratual admitida implicitamente pela legislação nacional e explicitamente por leis regionais e locais, como referido atrás.

Repita-se que, em muitos casos, a extensão de prazo poderá afigurar-se a via menos onerosa para promover o reequilíbrio. É provável que, no contexto dos contratos de prestação de serviço de abastecimento de água e esgotamento sanitário vigentes, ela se coloque como a alternativa mais factível, em vista das circunstâncias concretas. Afinal, dadas as metas exigentes, os investimentos para viabilizá-las serão em regra bastante expressivos. Excluída a hipótese da extensão do prazo, sua compensação importaria em revisões tarifárias ou aportes públicos muito significativos.

O aumento no valor das tarifas, como é sabido, tem forte repercussão social, além de impactar a própria fruição do serviço (o que tem reflexo, em alguma medida, na redução de receitas). Para serviços essenciais como o saneamento básico, é uma via que sofre ainda as limitações da modicidade tarifária. Dada a consideração deste princípio, o aumento das tarifas, em casos como o presente, pode ter um cabimento ainda mais restrito.

Por outro lado, a hipótese de contraprestações e subsídios providos pelos titulares esbarra num problema conjuntural: o cenário de forte restrição fiscal e orçamentária pela qual passam as administrações públicas locais. É evidente, neste contexto, que a extensão de prazo pode constituir-se numa via possível e menos onerosa para compensar os agravos econômicos gerados aos contratos por força dos encargos trazidos com a nova legislação.

São elucidativas, neste particular, as ponderações de Marçal Justen Filho a propósito do tema:

> O princípio da proporcionalidade impede que se imponha ao concessionário o dever de sofrer perda patrimonial tal como exclui a elevação de tarifas que possam colocar em risco a estabilidade econômica da Nação. Também exclui a possibilidade de que se constranja o poder público a desembolsar vultosos recursos para indenizar o contratado apenas porque se reputa indispensável extinguir a contratação e realizar a licitação. Soluções extremadas, que ignoram as consequências secundárias da preponderância de um único valor, não são conformes ao Direito. Não se cumpre a vontade da Constituição quando se desmerece um valor nela consagrado, ainda que a pretexto de dar aplicação às próprias normas constitucionais.
> Uma alternativa consistiria na ampliação dos prazos da concessão, de modo a assegurar que o prazo mais longo permita a realização dos resultados assegurados ao interessado. A prorrogação é compatível com

a Constituição especialmente quando todas as outras alternativas para produzir a recomposição acarretariam sacrifícios ou lesões irreparáveis às finanças públicas e aos interesses dos usuários. Essa é a alternativa que realiza, de modo mais intenso possível, todos os valores e princípios constitucionais.[6]

Ou seja: ao eliminar abstratamente a possibilidade de reequilibrar os contratos de prestação de serviço de saneamento por meio da extensão de prazo, para os fins da comprovação da capacidade econômico-financeira dos prestadores, o Decreto nº 10.710/2021 impede que se adote, nos casos concretos, solução potencialmente mais satisfatória ao interesse administrativo e aos valores constitucionais.[7]

Deve-se ir além para reconhecer que esta limitação trazida pelo decreto viola a regra da imutabilidade das cláusulas econômico-financeiras do contrato administrativo. É evidente, como já se aludiu, que a delimitação das formas de reequilíbrio integra a própria definição da equação econômico-financeira do contrato. Essa definição não é indiferente ao contratado, pois há diversa percepção de riscos e custos quanto à adoção de uma ou outra via para o reequilíbrio contratual (ainda que se possa sempre buscar a compensação econômica das suas diferentes repercussões financeiras ou da diversa percepção de risco). Eventualmente, o contrato ou a própria lei podem disciplinar as formas de reequilíbrio. Mas essa sempre será uma delimitação prévia, pois tem relevância para a formação do conteúdo econômico do contrato. A restrição superveniente das vias de reequilíbrio sem a concordância do contratado traduz violação à imutabilidade das cláusulas econômico-financeiras do contrato administrativo.[8] Não seria ocioso lembrar que

---

[6] JUSTEN FILHO, Marçal. *Teoria geral das concessões de serviços públicos*. São Paulo: Dialética, 2003. p. 406.

[7] Tal como referido adiante, a ausência desta alternativa para o reequilíbrio contratual pode dificultar sobremaneira a sua implementação, conduzindo à incapacidade de o titular prover as condições para a incorporação das metas de universalização nos contratos. O desfecho poderá ser o encerramento do vínculo, o que passará pelo pagamento de justa e prévia indenização ao prestador-contratado. Como será pouco factível que os titulares disponham, na atual conjuntura, de condições orçamentárias para tal, o resultado prático será a continuidade da execução do contrato (ou da operação do serviço), mas sem a incorporação das metas de universalização. De uma perspectiva consequencialista, portanto, a norma regulamentar que limita a extensão de prazo dos contratos concorre para ensejar um estado de coisas avesso à finalidade da norma legal que institui as metas de universalização, assim como ao próprio objetivo da universalização.

[8] Há um precedente importante do Supremo Tribunal Federal que reconheceu a impossibilidade de lei estadual alterar as condições de pagamento de indenização por investimentos não integralmente amortizados por ocasião do encerramento de contratos de concessão firmados entre a Sabesp e municípios do estado de São Paulo. Neste julgado, o voto do Ministro

este é um direito de raiz constitucional, sendo inviável que a norma legal – e, muito menos, a norma regulamentar – o restrinja.

Em terceiro lugar, a ilegalidade da norma evidencia-se pela provável usurpação pela União da competência legislativa e regulamentar dos entes locais. Perceba-se que a matéria aqui discutida não é própria nem de *norma geral de contratação administrativa*, nem de *diretrizes do serviço público de saneamento*, competências legislativas constitucionalmente reservadas à União. Trata-se de tema que se situa no entrecruzamento das competências para a edição de *normas especiais de contratação administrativa* e para a *regulação do serviço público do saneamento básico*, ambos de competência local. A definição, pela via legislativa ou regulamentar, da forma de compensação do reequilíbrio econômico--financeiro em contratos de prestação do serviço público de saneamento básico não está abrangida, a meu juízo, nas competências atribuídas constitucionalmente à União. Creio que esse seja um tema próprio da competência legislativa e regulamentar dos entes locais. Também por isso, a norma do art. 7º, §3º me parece ilícita, por inconstitucionalidade.

Além de tudo isso, soa rebarbativo que o Decreto nº 10.710/2021 tenha limitado a extensão de prazo para aqueles fins apenas para o reequilíbrio dos *contratos de programa*, admitindo implicitamente que tal possa se dar no âmbito dos *contratos de concessão precedidos de licitação*, submetidos ao mesmo dever de comprovação da capacidade econômico--financeira. Não se identifica razão alguma para essa diferenciação. Afinal, a precedência de processo licitatório não é uma circunstância apta a singularizar o tratamento das formas de reequilíbrio.

3.1 As consequências jurídicas da impossibilidade de incorporação das novas metas de universalização nos contratos vigentes

A limitação das vias de recomposição do equilíbrio contratual pode conduzir à impossibilidade de custeio do desequilíbrio contratual

---

Marco Aurélio, relator do caso, consignou que "a mudança deve sempre vir acompanhada da correlata revisão das cláusulas econômico-financeiras, de modo a manter a proporção entre direitos e obrigações previamente ajustados. Nessa linha, não são apenas relevantes os valores alusivos à tarifa decorrente da prestação do serviço. Também compõem a balança econômica a forma e os prazos de pagamentos e indenizações [...] Assim, o cálculo do valor, o modo e o prazo para o pagamento da indenização devida em virtude do encerramento antecipado do pacto administrativo, por motivos de conveniência e oportunidade, integram o núcleo de direitos iniciais que devem ser preservados durante o contrato de concessão" (ADI nº 1.746/SP, j. 18.9.2014, Tribunal Pleno).

verificado. Já se referiu acerca das dificuldades jurídicas e práticas relacionadas à repactuação tarifária ou à implementação de aportes públicos para esses fins. Dada a eventual incapacidade dos titulares em arcar com esse ônus, surge uma indagação sobre os seus efeitos nos contratos vigentes.

A resposta a esta indagação não é simples. A lei não definiu consequência jurídica específica para essa hipótese.[9] Note-se que a adaptação dos contratos é, antes de tudo, um encargo que pesa sobre o titular-contratante. Ao prestador caberá submeter-se à alteração contratual, obrigando-se a cumprir os novos encargos. Mas a adaptação do contrato depende da vontade do titular, que dispõe de competência para implementá-la e é o responsável por custear o desequilíbrio contratual. A via mais apropriada para isso seria a alteração unilateral, assegurando-se, concomitantemente, a recomposição da equação econômico-financeira (ainda que se admita, é claro, que essa adaptação seja realizada pela via consensual).

O fato é que os prestadores-contratados não dispõem de poderes jurídicos para promover unilateralmente a adaptação dos contratos. O cumprimento deste encargo depende da vontade do titular-contratante. Mais do que isso, o processo de adaptação dos contratos depende da garantia do reequilíbrio contratual, cuja responsabilidade recai sobre o titular. Ou seja: não se poderá exigir dos prestadores o cumprimento do encargo de adaptação dos contratos, nem mesmo o cumprimento das novas metas de universalização, sem que se lhes seja garantida a recomposição da equação econômico-financeira.

Logo, a garantia do equilíbrio contratual poderá se traduzir, no mundo prático, num entrave para a adaptação dos contratos. O dever jurídico de adaptar os contratos e incorporar as novas metas conduz a que as partes, especialmente o titular-contratante, envidem esforços para esgotar todas as vias possíveis para a promoção do reequilíbrio contratual. A finalidade da lei está em viabilizar a universalização, por meio (também) da incorporação de novas metas aos contratos vigentes. Não é lícito que a autoridade administrativa (ou o regulamento) deixe de considerar todas as possibilidades legalmente admitidas para promover o reequilíbrio do contrato e permitir a adaptação dos contratos. A

---

[9] Não se diga que o §7º do art. 11-B da Lei nº 11.445 teria tratado da hipótese, prevendo inclusive como consequência a decretação de caducidade da concessão. Tal dispositivo disciplina a hipótese de não atingimento das metas por falta contratual e culpa do concessionário, hipótese que não se confunde com a impossibilidade de adaptação dos contratos por descumprimento de dever jurídico que pesa sobre os titulares do serviço.

ausência de vias efetivas para o reequilíbrio resultará na impossibilidade de adaptação dos contratos, com a frustração da finalidade da norma legal. Nesta hipótese, a solução possível será o encerramento do vínculo.

Ocorre que o encerramento precoce dos contratos vigentes, motivado pela ocorrência de fato alheio à responsabilidade dos prestadores-contratados, importa na necessidade de sua indenização justa e prévia, nos termos referidos adiante. Entre as alternativas possíveis, será esta provavelmente a mais onerosa para o interesse administrativo. A solução mais satisfatória seria buscar o reequilíbrio contratual por meio da extensão de prazo dos contratos, estendendo-se o lapso para a amortização dos investimentos, como referido acima.

Insista-se que, esgotada a análise acerca das alternativas para o reequilíbrio contratual, e constada sua inexequibilidade, a alternativa será o encerramento do contrato. Neste cenário, ante a ausência de culpa ou responsabilidade do prestador, a extinção do vínculo com a reversão dos bens dependerá de ampla indenização, nos termos expostos adiante.

A hipótese de extinção, para estes casos, será a de *encampação* ou de *extinção consensual*. É descabido reputar que nesta situação a via própria para o desfecho do contrato seria a caducidade. Não havendo descumprimento de encargo relevante pelo prestador, não há justa causa para a caducidade. As vias possíveis de extinção do contrato seriam aquelas relacionadas às hipóteses dos incs. II e IV do art. 35 da Lei nº 8.987/95.

Também não se poderá reputar que nestas hipóteses os contratos que não forem adaptados até o marco temporal definido em lei deverão objeto de *decretação de nulidade* – ou mesmo considerados automaticamente inválidos ou desconformes aos parâmetros definidos na legislação. A hipótese cogitada não é de nulidade do contrato, mas de descumprimento pelo titular-contratante da obrigação legal de implementar a alteração contratual, o que poderá conduzir à impossibilidade de sua adaptação e, como consequência, ao reconhecimento da irregularidade do vínculo.[10] Até se poderia dizer que, a partir do marco temporal definido, os contratos que não forem adaptados poderão ser

---

[10] Para Egon Bockmann Moreira, "a qualificação de 'irregular' não significa nulo ou anulável (eis que não atinge os elementos essenciais do contrato), mas desconforme a regulação setorial, eis que afastado dos princípios e regras que a disciplinam" (MOREIRA, Egon Bockmann. Serviços de água e esgotamento: notas sobre o Decreto 10.710/2021 e a "comprovação da capacidade econômico-financeira". *Revista Colunistas*, n. 482, 2021. Disponível em: http://www.direitodoestado.com.br/colunistas/egon-bockmann-moreira/servicos-de-agua-e-esgotamento-notas-sobre-o-decreto-10710-2021-e-a-comprovacao-da-capacidade-economico-financeira).

reconhecidos como irregulares ou inválidos (a partir de então). Mas os efeitos desta nulidade ou irregularidade, ocasionada pelo titular-contratante, não podem ser oponíveis ao prestador-contratado. Ainda que se pudesse aludir à nulidade/irregularidade superveniente do contrato, a consequência para o prestador-contratado seria equivalente à da extinção por interesse do titular, havendo direito à ampla indenização em face de sua eventual rescisão precoce.

3.2 O direito dos prestadores a perceber indenização prévia e justa na hipótese do encerramento precoce dos contratos ante a impossibilidade de seu reequilíbrio econômico-financeiro

O advento do encerramento precoce do contrato de prestação de serviço de saneamento de longo prazo, ante a impossibilidade de custeio do reequilíbrio contratual, ensejará o direito dos prestadores à prévia indenização nos termos originariamente contratados. A indenização deverá ser ampla, dada a ausência de culpa ou responsabilidade do prestador-contratado, o que poderá envolver não apenas a indenização pelos investimentos não completamente amortizados, mas o ressarcimento por demais prejuízos suportados, inclusive e eventualmente a percepção da taxa de retorno associada a investimentos futuros e frustrados em virtude da extinção precoce do contrato. Tal como referido acima, a hipótese equipara-se, para esses fins, à encampação.

Como já escrevi em meu livro *Concessão de serviço público*:

> Precisamente pelo fato de a encampação não derivar de conduta faltosa do concessionário é que o regime de indenização há de ser amplo, cujo ressarcimento deverá abranger a recomposição de toda sorte de prejuízos, inclusive danos emergentes e lucros cessantes. Tal decorre do disposto nos arts. 36 e 37 da Lei n. 8.987/95 e, ainda, da norma do inciso XXIV do art. 5º da Constituição Federal. Não se afirme que a indenização em caso de encampação estaria limitada ao valor dos investimentos em bens reversíveis ainda não plenamente amortizados, raciocínio que poderia ser extraído da remissão feita pelo art. 37 ao art. 36 da Lei n. 8.987/95, que não considera os lucros cessantes para o ressarcimento do concessionário. A assertiva é improcedente. Note-se que a limitação da indenização para a hipótese de encampação, excluindo-se o ressarcimento por lucros cessantes, afigura-se inconstitucional na medida em que é oriunda da decisão estatal cujos pressupostos não se relacionam à conduta do concessionário, mas à tutela do interesse coletivo (a decisão de encampação é tomada em prol da coletividade e em prejuízo do interesse

do concessionário). Nesta medida, os seus efeitos deverão ser partilhados por toda a sociedade e não suportados apenas pelo concessionário. O princípio da partilha igualitária dos ônus sociais impõe a necessidade de amplo ressarcimento ao concessionário pelos prejuízos verificados. Não faria sentido que o concessionário suportasse os prejuízos oriundos de decisão estatal tomada no interesse de toda a coletividade.[11]

Além de ampla, a indenização ao prestador-contratado por ocasião da extinção precoce do contrato terá de ser *prévia*. Ou seja: não será possível proceder à reversão (e ao apossamento) dos bens pelo titular sem se promover a indenização ao prestador.

> Não poderá o poder concedente, em qualquer hipótese, utilizar ou se apropriar de bens privados sem a devida, prévia e justa indenização. Caso os bens privados (inclusive, aqueles reversíveis) [...] sejam necessários à continuidade do serviço público, não caberá alternativa ao poder concedente senão indenizá-los [...] previamente à sua incorporação.[12]

Observe-se que o possível efeito prático da ausência de capacidade do titular em adimplir o pagamento da justa e prévia indenização será a continuidade da prestação do serviço. Isso porque, em princípio, mesmo num contexto de encerramento do vínculo, o concessionário possui o direito de manter-se na posse dos bens até o pagamento da indenização. Caso isso ocorra – a frustração do pagamento da indenização –, o resultado prático poderá ser a continuidade da prestação do serviço, mas sem a implementação das metas de universalização, instalando um estado de coisas avesso à finalidade da norma legal e ao próprio objetivo de universalização. Daí também a relevância em se possibilitar ao titular (e ao prestador-contratado) formas variadas de reequilíbrio contratual, com vistas a reduzir o risco de sua frustração, o que impedirá a incorporação das metas de universalização nos contratos, prejudicando a agenda da universalização.

---

[11] GUIMARÃES, Fernando Vernalha. *Concessão de serviço público*. 2. ed. São Paulo: Saraiva, 2013. p. 355.

[12] GUIMARÃES, Fernando Vernalha. *Concessão de serviço público*. 2. ed. São Paulo: Saraiva, 2013. p. 362.

4 A interpretação das normas do art. 2º, III, e do art. 7º, §4º do Decreto nº 10.710/2021 – Insubmissão de parcerias público-privadas à restrição da norma do *caput* do art. 11-A da Lei nº 11.445/2007

O art. 11-A da Lei nº 11.445/2007 traz algumas regras voltadas a disciplinar a hipótese de subdelegação dos serviços de saneamento básico prestados por meio de contrato. Entre elas está a norma do *caput*, que, ao autorizar a subdelegação, a limita a 25% do valor do contrato originário. Em seus termos:

> na hipótese de prestação dos serviços públicos de saneamento básico por meio de contrato, o prestador de serviços poderá, além de realizar licitação e contratação de parceria público-privada, [...], desde que haja previsão contratual ou autorização expressa do titular dos serviços, subdelegar o objeto contratado, observado, para a referida subdelegação, o limite de 25% (vinte e cinco por cento) do valor do contrato.

Já o Decreto nº 10.710/2021 admitiu, conforme a norma do art. 2º, III, que a subdelegação possa se dar na forma de parceria público-privada, para os fins do disposto no §4º do art. 7º do regulamento – e, por extensão, do disposto no *caput* do art. 11-A da Lei nº 11.445/2007.

No exercício de interpretação combinada das normas dos arts. 2º, III, e 7º, §4º, do regulamento, à luz da norma do *caput* do art. 11-A, são cogitáveis três possibilidades hermenêuticas, ainda que apenas uma se revele conforme ao direito. A primeira importaria submeter toda e qualquer parceria público-privada (contendo ou não subdelegação) ao limite do *caput* do art. 11-A (e do art. 1º, §4º, do regulamento). A segunda linha de interpretação significaria restringir a incidência daquele limite apenas às parcerias público-privadas que pressupusessem "subdelegação", conforme a conceituação dada pelo próprio regulamento. Já a terceira importaria o reconhecimento da invalidade da norma do decreto, na parte que admite que as subdelegações, para esses fins, possam se dar (também) na forma de parceria público-privada.

Tenho para mim que a terceira alternativa hermenêutica é a que deve prevalecer na aplicação das normas regulamentares, pois que resulta de sua interpretação conforme a norma do art. 11-A da Lei nº 11.445/2007.

A primeira possibilidade hermenêutica cogitada é induvidosamente descabida. Em primeiro lugar, porque traduz interpretação que não se afigura compatível com a redação do dispositivo regulamentar.

Isto é: a mera interpretação gramatical da norma já conduz à conclusão diversa. Em segundo lugar, porque os contratos de parceria público-privada não pressupõem em todos os casos a *delegação* de um serviço público. Assim se passa com as concessões administrativas para a prestação de serviço tomado diretamente pela Administração Pública, como explicado adiante.

Lembre-se de que a norma do inc. III do art. 2° define como contrato de subdelegação o "contrato por meio do qual o prestador subdelega a execução de obrigações que detém perante o titular, na forma de subconcessão, parceria público-privada ou outra modalidade legalmente admitida". Ao que se nota, a norma regulamentar não define a parceria público-privada como um contrato de subdelegação, nem equipara as figuras para o fim de submeter aquela aos limites impostos a esta pela norma do art. 11-A da Lei n° 11.445/2007. O que a norma admite é que a subdelegação possa também se dar *na forma* da parceria público-privada, assim como de outras modalidades contratuais. Isso ocorrerá, segundo os termos da norma, quando o ajuste de parceria público-privada importar na subdelegação "da execução de obrigações que detém perante o titular". Ou seja: o regulamento pressupõe a existência de parcerias público-privadas com delegação; mas não que toda e qualquer parceria público-privada contenha delegação.

E sequer faria sentido que o decreto pretendesse equiparar as figuras para o fim de estender às parcerias público-privadas os limites impostos às subdelegações. Isso porque, como dito, os contratos de parceria público-privada não contêm em todos os casos a *delegação* da prestação do serviço. As concessões administrativas são modalidades contratuais que podem ter por objeto a prestação de serviços diretamente à Administração, que se põe na qualidade de *usuária direta* do serviço. Nestes casos, não ocorrerá a delegação – ou a subdelegação – da prestação do serviço ao parceiro privado.

Em minha obra *Parceria público-privada*, já adverti acerca da necessidade de se distinguir concessões administrativas com ou sem delegação da prestação do serviço, o que se extrai "da qualidade de usuária direta ou indireta da Administração". Em se tratando de

> concessão administrativa de serviços tomados diretamente pela Administração (sem delegação de gestão), põem-se na condição de sujeitos apenas a Administração e o parceiro privado. Ter-se-á, aqui, uma estruturação subjetiva equivalente àquela dos contratos administrativos gerais ordinários. Será um vínculo bilateral, com efeitos que alcançam

apenas as partes contratuais (e a terceiros a que a Lei deferiu direitos subjetivos em face daqueles sujeitos, como o agente-financiador).[13]

Isto é: nos ajustes de concessão administrativa que pressupuserem a prestação de um serviço diretamente à Administração (e não ao usuário), não haverá a transferência ao parceiro privado do direito de explorar o serviço *em face dos usuários*. Nestes casos, não caberá ao parceiro privado (por exemplo) exercer o direito da cobrança tarifária, mantendo uma relação jurídico-contratual diretamente com o usuário. Isso porque o serviço será prestado à Administração e não ao usuário.

Esta circunstância importa à ausência de *(sub)delegação*. Tal como já afirmei em outra local:

> a delegação da gestão importará fixar a responsabilidade do concessio-nário-delegatário em face dos usuários, que titulariza (o concessionário) posição jurídica própria (pois assume a gestão do serviço por sua conta e risco), exercendo o serviço público em nome próprio. Daí que a delegação envolve a transferência de atribuições de controle (gerencial) sobre a operação econômica do serviço público, situação que atrai ao concessionário a responsabilização pela prestação da atividade em face do usuário.[14]

Insista-se que a delegação da prestação do serviço faz nascer uma relação jurídica diretamente entre o parceiro privado e o usuário do serviço. Por meio da delegação, o concessionário adquire posição jurídica própria perante os usuários. Tal não ocorre nos casos em que a concessão administrativa pressupuser a prestação do serviço diretamente à Administração, em que o parceiro privado atua exclusivamente no interesse e em face do parceiro público. Assim considerada, a concessão administrativa de serviço ao Estado dará ensejo a uma relação jurídico-contratual equivalente àquela que se estabelece no âmbito dos contratos de *terceirização*.[15]

---

[13] GUIMARÃES, Fernando Vernalha. *Parceria público-privada*. 2. ed. São Paulo: Saraiva, 2013. p. 179. Talvez se possa dizer que arranjos desta espécie não se configuram como verdadeiros contratos de delegação, mas como contratos de colaboração.

[14] GUIMARÃES, Fernando Vernalha. *Concessão de serviço público*. 2. ed. São Paulo: Saraiva, 2014. p. 68.

[15] Nas palavras de Carlos Ari Sundfeld, "a concessão administrativa de serviços ao Estado é a que tem por objeto os mesmos serviços a que se refere o art. 6º da Lei de Licitações, isto é: o oferecimento de utilidades à própria Administração, que será havida como usuária direta dos serviços e versará a correspondente remuneração. Quanto a estes aspectos a concessão administrativa de serviços ao Estado aproxima-se do contrato administrativos regidos pela Lei de Licitações" (SUNDFELD, Carlos Ari. Guia jurídico das parcerias público-privadas.

A existência ou não de delegação, ou a qualidade da Administração de usuária direta ou indireta do serviço – para usar as expressões constantes do art. 2º, §2º, da Lei nº 11.079/2004 –, dependerá da configuração do ajuste nos casos concretos. Nada impedirá que serviços relacionados ao esgotamento sanitário ou mesmo ao abastecimento de água sejam objeto de um contrato de concessão administrativa sem que se promova a delegação de sua prestação ou gestão.[16] Tal ocorrerá caso esses serviços não sejam prestados diretamente aos usuários, mas à própria Administração. Se esta mantiver o vínculo de prestação do serviço público com os usuários, não se há de falar em sua delegação ao parceiro privado – ou em *subdelegação*, na hipótese de o parceiro público ser o delegatário do direito de exploração do serviço.

Logo, é descabido reputar que a norma regulamentar estaria equiparando as parcerias público-privadas que não contêm subdelegação às hipóteses de subdelegação.

Mais do que isso, a interpretação sistemática das regras do art. 11-A conduz ao entendimento de que a sujeição de um arranjo de parcerias público-privadas à incidência daquele limite dependeria não apenas da existência de subdelegação (típica), mas de subdelegação com a sub-rogação de direitos e deveres. A definição de subdelegação trazida pela norma regulamentar pressupõe a sub-rogação ao parceiro privado dos direitos e obrigações contraídos pelo parceiro público. Mesmo quando houver a transferência de atribuições inerentes à prestação do serviço ao parceiro privado, e ainda que este mantenha relação jurídica diretamente com os usuários, apenas poderá haver subdelegação, na acepção da norma regulamentar, caso tenha havido a sub-rogação de direitos e obrigações recebidos do concedente.

É o que se extrai do §2º do art. 11-A, segundo o qual a subdelegação pressupõe a sub-rogação de direitos e obrigações do concessionário (prestador-delegatário) ao subconcessionário (subdelegatário). Assim

---

In: SUNDFELD, Carlos Ari (Coord.). *Parcerias público-privadas*. 2. ed. São Paulo: Malheiros, 2011. p. 32).

[16] No contexto da prestação dos serviços de saneamento, por exemplo, tem sido comum a celebração de concessões administrativas por companhias estaduais, cujo objeto é constituído por prestações e serviços diversos relacionados ao esgotamento sanitário, sem que haja a transferência da sua posição jurídica de delegatária da prestação. Este conjunto de serviços e atividades é prestado pelo parceiro privado diretamente à companhia estadual, mantendo esta posição jurídica própria perante os usuários e o poder concedente. Concessões administrativas desta natureza não importam na transferência da atividade-fim do serviço público, assemelhando-se, neste aspecto, a contratos administrativos ordinários de prestação de serviços.

caracterizada, a subdelegação referida na norma do *caput* do art. 11-A se equipara à *subconcessão* tratada pelo §2º do art. 26 da Lei nº 8.987/95.[17] Marçal Justen Filho esclarece que, na subconcessão tratada no art. 26 da Lei nº 8.987/95 (chamada pelo autor de subconcessão imprópria):

> o subconcessionário será titular de direitos em nome próprio e em face do poder concedente, podendo atuar como se fosse o concessionário. Isso significa que o concessionário deixará de ser titular dos direitos e dos deveres inerentes ao âmbito de atuação em que se promova a sub-rogação do subconcessionário.[18]

Daí se segue que, no âmbito da subconcessão, o deslocamento da posição jurídica de concessionário a terceiro se procede pela via da sub-rogação, nascendo daí uma relação jurídica diretamente entre subconcessionário e concedente. Assim não se passa com as subconcessões (próprias),[19] em que o subconcessionário assume o serviço em nome e por conta do concessionário ou delegatário.

Isso permite afirmar que apenas as parcerias público-privadas que pressuponham subdelegação com a sub-rogação de direitos e obrigações se caracterizariam como subdelegação para os efeitos das normas do Decreto nº 10.710/2021.

É inviável, portanto, extrair da norma do art. 2º, III, do Decreto nº 10.710/2021 a necessária equiparação da parceria público-privada à subdelegação, para os fins de aplicação do limite de 25% do valor do contrato original às subdelegações.

Já a segunda possibilidade hermenêutica cogitada acima, embora extraia da norma regulamentar um sentido compatível com seus termos e, ainda, com o conteúdo jurídico das parcerias público-privadas, sustentando que aquele limite se aplicaria restritamente às parcerias público-privadas que contenham subdelegação (ou subdelegação com sub-rogação), ainda assim não parece se conciliar com a norma do *caput* do art. 11-A da Lei nº 11.445/2007. A interpretação da regra legal, por vários ângulos distintos, conduz ao acolhimento da terceira possibilidade hermenêutica referida.

---

[17] Nos termos do §2º do art. 26 da Lei nº 8.987/95, "o subconcessionário se sub-rogará todos os direitos e obrigações da subconcedente dentro dos limites da subconcessão".

[18] JUSTEN FILHO, Marçal. *Teoria geral das concessões de serviços públicos*. São Paulo: Dialética, 2003. p. 527.

[19] É esta modalidade de avença em que o concessionário transfere a um terceiro parcelas da prestação do serviço público, sendo que este assume o serviço em nome e por conta daquele (JUSTEN FILHO, Marçal. *Teoria geral das concessões de serviços públicos*. São Paulo: Dialética, 2003. p. 523).

Trata-se de afirmar que a norma do art. 2º, III, do Decreto nº 10.710/2021 não poderia presumir a submissão das parcerias público-privadas ao aludido limite de 25% do valor original do contrato, aplicável exclusivamente às subdelegações. Apesar de os dispositivos do referido art. 11-A revelarem uma técnica legislativa sofrível, com diversas imprecisões redacionais, essa parece ser a conclusão a que se chega a partir do processo de interpretação da norma.

Iniciando-se pela sua interpretação gramatical, parece-me inexistir dúvida de que a intenção do legislador foi preservar as contratações de parceria público-privada da incidência do referido limite de 25%. Isso se evidencia pelo emprego da locução "além de", inserida na primeira parte da redação do dispositivo, denotando que o ato de subdelegar é algo inconfundível com a celebração do contrato de parceria público-privada. Além disso, já na segunda parte da redação do dispositivo, dispõe-se que o limite de 25% é de observância "para a referida subdelegação". A composição sintática do texto da norma não deixa qualquer dúvida quanto à reserva da dita limitação apenas à hipótese da subdelegação.

Três conclusões, portanto, são extraídas da interpretação gramatical da norma: (i) o prestador do serviço poderá celebrar parcerias público-privadas e subdelegações; (ii) parceria público-privada e subdelegação são hipóteses inconfundíveis; (iii) apenas a hipótese de subdelegação está sujeita à observância do limite de 25% do valor do contrato.

Essas conclusões não são desmerecidas pela interpretação sistemática da norma, tomando-se em consideração o conjunto das regras que compõem o art. 11-A. É verdade que a norma do §4º, a despeito de sua redação confusa, parece sugerir, contraditoriamente, que as parcerias público-privadas estariam também submetidas ao limite estabelecido no *caput*. Diz o dispositivo:

> os Municípios com estudos para concessões ou parcerias público-privadas em curso, pertencentes a uma região metropolitana, podem dar seguimento ao processo e efetivar a contratação respectiva, mesmo se ultrapassado o limite previsto no *caput* deste artigo, desde que tenham o contrato assinado em até 1 (um) ano.

Mas esta norma sequer parece tratar da mesma hipótese da norma do *caput*, que é a *prestação do serviço público por meio de contrato*. O comando da norma do §4º está endereçado aos municípios e não aos prestadores que atuam por meio de delegação ou de contrato. Os municípios, como é evidente, não prestam o serviço público mediante contrato, mas na condição de titulares do serviço de saneamento local. Nesta qualidade, constituem o poder concedente originário do serviço. Não parece fazer qualquer sentido, portanto, a alusão da redação do dispositivo ao limite estabelecido na norma do *caput*.

Daí que a ausência de equivalência entre as hipóteses reguladas torna o conteúdo da regra do §4º indiferente à interpretação da norma do *caput*. Aliás, a incompatibilidade da hipótese de delegação originária do serviço pelos titulares, pressuposta pela primeira parte da redação da norma, com a restrição à celebração de subdelegação, referida na sua segunda parte, por remissão à norma do *caput*, a torna imprestável para quaisquer fins hermenêuticos. Há um defeito intrínseco à regra que impede que dela se extraia qualquer interpretação racional.

Note-se também que a diferenciação entre parceria público-privada e subdelegação é acolhida ainda pelas normas do art. 18 (*caput* e parágrafo único) da Lei nº 14.026/202.

Por isso, parece-me que a regra do *caput* do art. 11-A da Lei nº 11.445/2007 preserva as parcerias público-privadas da incidência do referido limite de 25% aplicável às hipóteses de subdelegação. Não vejo, então, como possa a norma regulamentar (art. 2º, III, do Decreto nº 10.710/2021) equiparar aquilo que a norma legal (*caput* do art. 11-A da Lei nº 11.445/2007) explicitamente distinguiu, com vistas a submeter às parcerias público-privadas a restrição imposta por esta exclusivamente às subdelegações.

Trata-se de equiparação, a meu ver, ilegal e que importa o tolhimento do direito dos prestadores em dispor da via da parceria público-privada como técnica de contratação, com vistas a promover novos investimentos e ampliar eficiência na operação do serviço, buscando o atingimento das metas impostas pela legislação. Afinal, não se duvida que as parcerias público-privadas podem ser um instrumento relevante para isso.

Além disso, em atenção à regra fundamental de hermenêutica aplicável a normas restritivas de direito, não seria possível interpretar-se extensivamente a restrição contida na norma legal do art. 11-A da Lei nº 11.445/2007. Dado que a limitação de 25% do valor do contrato foi imposta pela norma do *caput* apenas às hipóteses de subdelegação, não cabe ao intérprete, por meio de interpretação ampliativa, entendê-la aplicável também às parcerias público-privadas. Trata-se aqui de homenagear a clássica regra de interpretação segundo a qual normas de restrição a direitos apenas podem ser interpretadas restritivamente.

Não se argumente também que essa interpretação importaria tratar desigualmente objetos equivalentes, uma vez que as parcerias público-privadas podem conter *delegação/sub-rogação*, e, nestas específicas hipóteses, estariam compreendidas no conceito de subdelegação. O fato de a parceria público-privada conter (em certos casos) delegação da prestação do serviço – e, neste sentido, ser considerada um contrato de subdelegação – não impede que possa ter um tratamento normativo distinto de outras hipóteses de subdelegação. Isto é: ainda que se admita que a parceria público-privada possa importar em subdelegação, seus característicos próprios podem fundamentar tratamento singularizado de outras hipóteses para os fins daquela limitação. E essa foi a vontade da lei, retratada numa redação que nitidamente segregou as parcerias público-privadas, com ou sem delegação da prestação do serviço, do tratamento das (demais) hipóteses de subdelegação.

Observe-se que, ao que parece, a finalidade daquela restrição está em desencorajar o trespasse dos serviços públicos a terceiro, com vistas a evitar que os prestadores atuem como uma espécie de intermediário na cadeia contratual.[20] O objetivo da regra parece ser o de limitar o que se poderia denominar *subdelegação ociosa*, cujo interesse único do subdelegante estaria em auferir os resultados decorrentes do repasse da gestão do serviço a terceiro. Trata-se de objetivo bastante criticável, uma vez que os arranjos de subdelegação podem, sim, funcionar como instrumento para a ampliação da eficiência na gestão do serviço. Seja como for, essa parece ser a motivação subjacente à regra do art. 11-A da Lei nº 11.445/2007.

Adotada a premissa de que a motivação do legislador esteve em impedir situações desta natureza, afigura-se compreensível a diferenciação do tratamento das parcerias público-privadas relativamente às demais hipóteses de subdelegação. Isso porque aquelas configuram contratos que contam, em todos os casos, com *contraprestação pública* como forma de remuneração. É um arranjo que pressupõe a necessidade de subsídios do parceiro público (concessão patrocinada) ou de remuneração integralmente constituída de contraprestações públicas (e de receitas alternativas). Essa é uma característica que afasta o arranjo da parceria público-privada das hipóteses que a regra do art. 11-A pretende evitar. A PPP não origina um negócio em si rentável para o parceiro público. Muito pelo contrário, consiste numa modalidade de contrato

---

[20] Note-se a esse respeito o disposto no art. 11-A, §3º, da Lei nº 11.445/2007: "Para a observância do princípio da modicidade tarifária aos usuários e aos consumidores, na forma da Lei nº 8.987, de 13 de fevereiro de 1995, ficam vedadas subconcessões ou subdelegações que impliquem sobreposição de custos administrativos ou gerenciais a serem pagos pelo usuário final".

que lhe exige a participação parcial ou integral no custeio da prestação do serviço. Da perspectiva do parceiro público, é um instrumento contratual vocacionado a propiciar eficiências na organização e gestão do serviço sob a sua incumbência. Situação diversa ocorre nas demais hipóteses de subdelegação, cuja operação delegada em si é potencialmente lucrativa, permitindo ao delegante auferir renda derivada do pagamento (por exemplo) do ônus de outorga.

Não vejo, por isso, no tratamento singularizado das parcerias público-privadas no tocante à incidência do referido limite de 25%, qualquer prejuízo à coerência sistêmica da disciplina legal. Entendo que se deva extrair da regra do art. 2º, III, do Decreto nº 10.710/2021 interpretação conforme a norma do *caput* do art. 11-A da Lei nº 11.445/2007, excluindo-se as parcerias público-privadas do conceito de subdelegação, para os fins da aplicação da regra do seu art. 7º, §4º.

5 A ilegalidade do prazo para a apresentação do requerimento de comprovação da capacidade econômico-financeira definido pelo art. 10 do Decreto nº 10.710

Por fim, uma nota sobre a invalidade do art. 10, considerados os efeitos jurídicos do atraso na edição do decreto regulamentador na agenda de comprovação da capacidade econômico-financeira dos prestadores.

A Lei nº 14.026/2020, ao alterar a Lei nº 11.445/2007, estabeleceu marcos temporais específicos a orientar o cumprimento de uma série de encargos relacionados à agenda de adaptação dos contatos de prestação de serviços de abastecimento de água e esgotamento sanitário vigentes. Assim é que (i) o prazo final para o cumprimento das metas de universalização foi definido em 31.12.2033 (art. 11-B, *caput*); (ii) o prazo para inclusão, nos contratos vigentes, das metas legais de universalização, assim como o prazo para a comprovação da capacidade econômico-financeira dos prestadores, foi fixado em 31.3.2022 (art. 11-B, §§1º e 2º); (iii) o prazo para regulamentação da metodologia para comprovação da referida capacidade econômico-financeira foi estabelecido em 90 dias a partir da promulgação da lei (art. 10-B, parágrafo único) – publicada em 15.7.2020.

Há, evidentemente, uma relação de interdependência no cumprimento de todos estes encargos. A adaptação dos contratos vigentes depende da comprovação da demonstração da capacidade econômica do prestador, sendo que esta, por sua vez, depende da definição da metodologia a orientá-la. Há, portanto, uma ordem lógica e sucessiva para o adimplemento destes encargos. Não é possível, por exemplo, ao prestador contratado (e à agência reguladora), atender ao comando legal da comprovação da capacidade econômico-financeira, prevista no art. 11-B, §§1º e 2º, sem que se tenha definida a sua metodologia, com instituição das regras, critérios e parâmetros para tal.

Ciente disso, o legislador prescreveu prazos sucessivos, que foram definidos em razão de um calendário voltado a viabilizar lapsos minimamente necessários para o cumprimento dos encargos. Uma vez definido o marco temporal de março de 2022 para que todos os contratos sejam adaptados (art. 11-B, §1º) e para que a capacidade econômica dos operadores seja demonstrada (art. 11-B, §§1º e 2º), a Lei nº 11.445/2007 estabeleceu o prazo de 90 dias para que a regulamentação fosse editada pelo Executivo (art. 10-B, parágrafo único), a partir de sua publicação, assegurando aos prestadores e à agência reguladora um lapso de 17 meses e meio dias para o cumprimento deste encargo. Presumiu o legislador que este lapso é o minimamente necessário para possibilitar o atendimento daquelas providências.

Respeitado o prazo de 90 dias para edição do decreto previsto no art. 10-B, parágrafo único, a norma regulamentar deveria ter sido publicada até 15.10.2020. Se assim ocorresse, haveria um prazo mínimo de 17 meses e meio até o marco previsto para a comprovação de capacidade econômico-financeira (de 15.10.2020 a 31.3.2022). Descontado o prazo reservado pelo decreto para a análise e deliberação pela agência reguladora, o prazo assegurado aos operadores seria de 14 meses e meio. Trata-se de um lapso já apertado para a produção de uma série de estudos extremamente complexos e sofisticados, que envolvem não apenas a participação de consultores diversos e certificadores, como a necessidade de diligenciamento junto a instituições financeiras. Não por acaso, portanto, o legislador preocupou-se em impor ao Executivo um prazo máximo para a edição da regulamentação. O descumprimento deste prazo importa, logicamente, o encurtamento dos prazos que lhe são sucessivos. Isso porque as providências associadas aos prazos sucessivos apenas puderam iniciar o seu adimplemento a partir do advento da regulamentação.

Logo, a lei, ao assim dispor, conferiu aos prestadores um direito em dispor de um lapso razoável para o adimplemento do encargo legal, que, segundo a interpretação combinada das normas do art. 11-B, §1º, e do parágrafo único do art. 10-B da mesma lei, foi de 17 meses e meio. Ou, descontando-se o prazo de 3 meses reservado pelo decreto para que as agências reguladoras possam realizar suas análises, de, no mínimo, 14 meses e meio.

A norma do art. 10 do Decreto nº 10.170/2021, por sua vez, estabeleceu um prazo de apenas 7 meses para o cumprimento daquela providência, considerando-se a data e sua publicação (31.5.2021) e o termo previsto na regra: 31.12.2021. Daí que este lapso se afigura bastante inferior àquele presumido pela legislação para o adimplemento do encargo.

Parece-me correto concluir que o atraso na edição do decreto regulamentador não poderia importar na subtração do prazo resguardado pelo legislador ao cumprimento da comprovação da capacidade econômico-financeira pelos prestadores. Fosse isso possível, ao regulamentador estaria facultada a manipulação arbitrária dos lapsos previstos em lei, cujo adimplemento dependesse de regulamentação, por meio do artifício da postergação de sua edição.

Embora em muitos casos os prazos assinalados para a regulamentação sejam considerados impróprios, assim não se passa quando da edição da norma regulamentar depende o cumprimento de encargos com prazos estipulados em norma legal. Isso porque da regulamentação depende o cumprimento destes encargos, no prazo legalmente definido. À medida que a edição da regulamentação atrasa, encurta-se, por inércia do Executivo, o prazo presumido pela lei para o cumprimento daqueles encargos.

Por tudo isso, entendo que a norma do art. 10 do Decreto nº 10.710/2021 é ilegal, por restringir o direito dos operadores em apresentar sua comprovação de capacidade econômico-financeira no prazo legal, extraído da interpretação combinada das normas do art. 11-B, §1º, e do parágrafo único do art. 10-B da mesma lei.

6 Conclusões

De tudo o que foi dito, concluo:

1) O encargo de comprovação da capacidade econômico-financeira tratada na norma do art. 10-B da Lei nº 11.445/2007, assim como a observância das disposições do Decreto nº 10.710/2021, são exigíveis dos prestadores que detenham contratos vigentes e válidos, sejam eles típicos ou atípicos à luz do regime atual.

2) A norma do art. 7º, §3º, I, do Decreto nº 10.710/2021, ao estabelecer as premissas para a elaboração dos estudos de

viabilidade vocacionados à comprovação da capacidade econômico-financeira do prestador para a implementação das metas de universalização, restringiu a possibilidade de extensão de prazo dos contratos em vigor. Ao assim dispor, a norma regulamentar afigura-se contrária ao direito, por ilegalidade e inconstitucionalidade. Sua ilegalidade se verifica pelo extravasamento da competência regulamentar, pois veicula regra que restringe o direito dos prestadores e titulares em dispor da forma de extensão de prazo como via para o reequilíbrio econômico-financeiro. Sua inconstitucionalidade decorre da usurpação pela União da competência dos entes locais para legislar e regulamentar acerca de aspectos específicos relacionados à contratação pública e ao serviço público de saneamento básico.

3) Pesa sobre os titulares o dever jurídico de restabelecer a equação econômico-financeira dos contratos de prestação de serviço de saneamento rompida pela introdução das novas metas de universalização. A implementação do reequilíbrio contratual haverá de ser concomitante à incorporação das novas metas, sendo que a frustração deste dever poderá dar ensejo ao encerramento do vínculo. Nesta hipótese, a extinção do contrato exigirá o pagamento de justa e prévia indenização ao prestador-contratado.

4) São inconfundíveis as hipóteses de subdelegação e parceria público-privada, para os fins das normas do art. 11-A da Lei nº 11.445/2007, sendo que a restrição contida na norma do *caput* é aplicável restritamente à subdelegação. Em razão disso, a norma do art. 2º, III, do Decreto nº 10.710/2021 afigura-se inválida por extravasar a moldura da norma legal.

5) A regra do *caput* do art. 11-A (e, por extensão, a regra do §4º do art. 7º do Decreto nº 10.710/2021) ressente-se de inconstitucionalidade, ante a usurpação pela União de competência reservada aos entes locais. O controle sobre a dimensão da subdelegação (ou, se for o caso, sobre o valor das parcerias público-privadas) não é um tema próprio de *norma geral de contratação administrativa* ou que legitime a edição de *diretrizes para o saneamento*, competências reservadas constitucionalmente à União. Dada sua especificidade, trata-se de assunto que está situado no entrecruzamento das competências dos entes locais em disciplinar aspectos mais específicos acerca

da modalidade de contrato administrativo e em regular o serviço público de saneamento básico.

6) A norma do art. 10 do Decreto nº 10.710/2021 é ilegal, por desafiar o direito dos operadores em apresentar sua comprovação de capacidade econômico-financeira no prazo razoável presumido pela interpretação combinada das normas do art. 11-B, §1º, e do parágrafo único do 10-B da mesma lei.

Informação bibliográfica deste texto, conforme a NBR 6023:2018 da Associação Brasileira de Normas Técnicas (ABNT):

GUIMARÃES, Fernando Vernalha. Apontamentos sobre o Decreto nº 10.710/2021 e a comprovação da capacidade econômico-financeira dos prestadores de serviço de saneamento básico para viabilizar a sua universalização. *In*: GUIMARÃES, Fernando Vernalha (Coord.). *O novo direito do saneamento básico*: estudos sobre o novo marco legal do saneamento básico no Brasil (de acordo com a Lei nº 14.026/2020 e respectiva regulamentação). Belo Horizonte: Fórum, 2022. p. 167-194. ISBN 978-65-5518-299-6.

A EVOLUÇÃO DAS AGÊNCIAS E A SEGURANÇA JURÍDICA NAS DECISÕES REGULATÓRIAS

DANIELA SANDOVAL
THAÍS REY GRANDIZOLI

A criação das primeiras agências reguladoras na década de 1990, como ilhas de excelência apartadas do poder político central, tinha como objetivo garantir um ambiente seguro e estável para atrair o interesse de investidores para o pacote de privatizações das companhias públicas à época.[1]

Para tanto, as leis de criação das primeiras agências reguladoras buscaram assegurar tanto a excelência técnica de tais entidades, como sua ausência de subordinação hierárquica ao chefe do Poder Executivo.

A uniformização das regras acima em uma *norma geral* – ainda que aplicável apenas em âmbito federal – sobreveio com recente Lei Federal nº 13.848/2019, cujo art. 3º[2] é claro ao atribuir a própria definição do que é uma agência reguladora como a entidade dotada de autonomia funcional, decisória, administrativa e financeira.

---

[1] A expressão "ilhas de excelência" foi utilizada pela primeiramente por MARTINS, Luciano. *Reforma da Administração Pública e cultura política no Brasil*: uma visão geral. Brasília: Enap, 1997.

[2] "Art. 3º A natureza especial conferida à agência reguladora é caracterizada pela ausência de tutela ou de subordinação hierárquica, pela autonomia funcional, decisória, administrativa e financeira e pela investidura a termo de seus dirigentes e estabilidade durante os mandatos, bem como pelas demais disposições constantes desta Lei ou de leis específicas voltadas à sua implementação".

A referida lei também trouxe algumas regras voltadas a assegurar tal autonomia por parte das agências, notadamente a necessidade de estabilidade de seus dirigentes (art. 3º), e outras voltadas à sua autonomia administrativa (art. 3º, §2º).[3] Além disso, a Lei Federal nº 13.848/2019 previu algumas regras de governança importantes à preservação das funções autônomas de seus dirigentes, por exemplo, a necessidade de as decisões regulatórias da agência reguladora serem adotadas em âmbito colegiado[4] (art. 7º).

Ainda que aplicável apenas às agências reguladoras federais, essas regras – em maior ou menor grau – também já estão reproduzidas nas leis de criação das agências reguladoras estaduais e municipais.

Entretanto, o desafio de garantir autonomia às agências reguladoras continua sendo uma realidade, inclusive no setor de saneamento. É o que mostra um recente estudo desenvolvido pelo Trata Brasil, em conjunto com a Abar,[5] segundo o qual a interferência política foi apontada como um "desafio de grande relevância" por 84% dos funcionários de carreira das agências reguladoras entrevistados na pesquisa.

O número é relevante, e não raro se percebe a disposição dos servidores das agências de pautarem sua atuação com base em fundamentos técnicos, recomendando decisões aos dirigentes das agências, as quais, muitas vezes, não são acatadas. É que, na qualidade de servidores permanentes das agências, há um maior compromisso desses agentes em tentar preservar a credibilidade técnica da entidade, que resta comprometida quando as decisões por ela proferidas são pautadas por motivações outras que não as de ordem técnica.

Um exemplo que ilustra as consequências práticas desse desafio foi a queda significativa das ações da Companhia de Saneamento do Paraná – Sanepar, no final do ano de 2020, como reação do mercado financeiro às decisões regulatórias proferidas pela Agepar naquela

---

[3] "§2º A autonomia administrativa da agência reguladora é caracterizada pelas seguintes competências: I - solicitar diretamente ao Ministério da Economia: a) autorização para a realização de concursos públicos; b) provimento dos cargos autorizados em lei para seu quadro de pessoal, observada a disponibilidade orçamentária; c) alterações no respectivo quadro de pessoal, fundamentadas em estudos de dimensionamento, bem como alterações nos planos de carreira de seus servidores; II - conceder diárias e passagens em deslocamentos nacionais e internacionais e autorizar afastamentos do País a servidores da agência; III - celebrar contratos administrativos e prorrogar contratos em vigor relativos a atividades de custeio, independentemente do valor".

[4] "Art. 7º O processo de decisão da agência reguladora referente a regulação terá caráter colegiado".

[5] Intitulado *Percepção das agências reguladoras infranacionais quanto à atualização do marco regulatório do saneamento básico*, de fevereiro de 2021 (Disponível em: http://www.tratabrasil. org.br/images/estudos/Relat%C3%B3rio_Final_2021.pdf. Acesso em: 22 mar. 2021).

ocasião. Em linhas gerais, tais decisões promoveram as seguintes mudanças na metodologia anteriormente utilizada pela agência: (i) a alteração do índice de reajuste inflacionário das tarifas historicamente utilizado, de IGPM para IPCA; (ii) o cálculo dos custos operacionais a partir da atualização dos dados históricos do ciclo anterior, e não a partir dos custos efetivamente incorridos ao longo do ciclo em revisão; (iii) a projeção de diminuição da demanda para os quatro anos seguintes (e não o aumento, apesar dos investimentos realizados pela companhia que levavam ao crescimento de demanda). Além disso, nos cálculos realizados no âmbito do processo de revisão tarifária, houve aparentemente um erro importante: a inversão dos percentuais alocados para capital próprio e capital de terceiros no cálculo do WACC, de forma inversa à real proporção praticada pela Sanepar. Como consequência, o resultado da revisão foi muito menor do que o projetado pelo mercado com base na metodologia historicamente adotada pela agência.

Por serem divergentes das decisões anteriores da agência, ou carecerem de amparo técnico, tais mudanças foram percebidas pelos investidores como fatores de insegurança jurídica (e possivelmente fruto de interferência política)[6] e, pelos analistas de investimentos, como ambiente regulatório inseguro ante à falta de independência da agência.[7] Cumpre esclarecer que, posteriormente, a Agepar houve por bem rever as decisões acima mencionadas, com exceção apenas do índice de reajuste, mantendo a alteração do IPCA para o IGPM.[8]

Eventos como esses não são particulares ao setor de saneamento. Com um simples exercício de memória, é possível relembrar alguns casos, como:

(i) as mudanças inesperadas nas regras do jogo para o setor elétrico com a edição da Medida Provisória nº 579/2012 pela Presidência da República, que antecipou a rescisão das concessões (de 2015 para 2013) visando à redução do preço das contas de luz; e,

---

[6] A esse respeito, *vide* a análise publicada no *Brazil Journal* no dia 23.2.2021 e que compila a análise de uma série de analistas de mercado divulgadas entre os meses de janeiro e fevereiro de 2021 (Disponível em: https://braziljournal.com/na-sanepar-mais-um-retrocesso-regulatorio. Acesso em: 22 mar. 2021).

[7] Nesse sentido, *vide*: https://www.moneytimes.com.br/sanepar-resultado-foi-uma-cilada-anunciada-mas-nem-tudo-esta-perdido/.

[8] Nesse sentido, *vide*: https://braziljournal.com/na-sanepar-uma-mudanca-de-180-graus. Acesso em: 23 jun. 2021.

(ii) mais recentemente, em 2019, mas também visando à redução das tarifas, a decisão de encampar a Linha Amarela tomada pela Prefeitura do Rio de Janeiro, sem o prévio pagamento de indenização à concessionária, conforme assegurado pelo art. 37 da Lei Federal nº 8.987/1995.

Em todos esses casos, a repercussão das decisões ocasionou percepção negativa do mercado em decorrência do cenário de insegurança jurídica que elas relevaram.

Fica claro, portanto, que a autonomia das agências é uma premissa à segurança jurídica e ao cumprimento das regras do jogo preestabelecidas que, por sua vez, é condição para atração e para a manutenção de investimentos nos setores de infraestrutura.

A correlação entre segurança jurídica e retenção de investidores no mercado de infraestrutura está tão permeada nas regras de criação das agências reguladoras que já foi, inclusive, objeto de pertinente consideração pelo Ministro Edson Vidigal, do STJ,[9] segundo a qual o respeito às regras postas é condição para a manutenção de contratos de longo prazo entre a iniciativa privada e o Poder Público:

> A substituição aleatória da fórmula de reajuste previamente pactuada pelo IGP-M ofende, portanto, a ordem pública administrativa, porque interfere nos mecanismos de política tarifária previamente aprovados pelo Conselho Nacional de Desestatização, e que são vitais para que a prestação do serviço público possa se dar em conformidade com os princípios constitucionais e legais incidentes, e que não só permitam, mas viabilizem a celebração de tais contratos entre o Poder Público e o particular que se disponha a negociar com a Administração, notadamente em se tratando de contratos de concessão com prolongado prazo de duração.

É nesse contexto que, após a aprovação do novo marco regulatório do saneamento, se observa um grande apelo – tanto do mercado quanto dos próprios reguladores, conforme evidenciado na pesquisa feita pela ABAR acima mencionada – para definição de normas de referência pela ANA com o objetivo de se atingir maiores condições de independência nas decisões regulatórias do setor de saneamento, aumentando, assim, a percepção de segurança jurídica para investidores privados no setor e, por consequência, sua participação nesse mercado, indispensável ao

---

[9] No âmbito do julgamento do Agravo Regimental na Suspensão de Liminar e de Sentença nº 161, nos autos do Processo nº 2005/0126738-7.

atingimento da meta de universalização dos serviços até 2033. Em 2019, a participação de investidores privados no saneamento era de 6%[10] dos municípios brasileiros e, em 2021, atingiu o patamar de 7,5%.[11]

Com efeito, a importância das normas de referência da ANA também decorre do seu papel de uniformização das regras aplicáveis ao setor de saneamento, indispensável considerando que atualmente existem 60[12] (sessenta) agências reguladoras atuantes nesse setor, quantidade significativamente maior quando comparada com os setores de infraestrutura já universalizados no Brasil, como os serviços de telecomunicações e energia elétrica, cujas regulações estão centralizadas em uma única agência.

A esse respeito, destaca-se que, em sua primeira norma de referência, aprovada no dia 14.6.2021 por meio da Resolução nº 79 (NR nº 1/2021), a ANA endereçou de forma muito objetiva e pragmática o regramento de um dos pontos mais sensíveis à percepção de segurança jurídica e de estabilidade do mercado no setor de saneamento.

1 Os avanços nas normas da ANA para aumentar a segurança jurídica

Com efeito, na NR nº 1/2021, ao dispor sobre o "regime, a estrutura e os parâmetros de cobrança pela prestação do serviço público de manejo de resíduos sólidos urbanos, bem como os procedimentos e prazos de fixação, reajuste e revisões tarifárias", a ANA estabeleceu que as agências reguladoras devem editar normas específicas visando a estabelecer os procedimentos aplicáveis aos processos de reajustes inflacionários por ela conduzidos, as quais devem prever:

(i) um prazo máximo de duração do processo administrativo destinado à avaliação do reajuste inflacionário (item 6.2.4.1), assegurando, ainda, o direito de o prestador de serviço aplicar o índice de reajuste caso o processo administrativo não seja

---

[10] Conforme estudo feito pelo Trata Brasil (Disponível em: http://www.tratabrasil.org.br/uploads/Estudo---PANORAMA-SETOR-PRIVADO-NO-SANEAMENTO-2019.pdf. Acesso em: 22 jun. 2021).

[11] É o que aponta um estudo feito pela ABCON, conforme consta de uma série de notícias publicadas recentemente na imprensa (Disponível em: https://economia.estadao.com.br/noticias/geral,participacao-do-setor-privado-em-saneamento-vai-crescer-40-com-leilao-da-cedae-estima-associacao,70003698922. Acesso em: 22 jun. 2021).

[12] Essa informação foi extraída do site da ANA (Disponível em: https://www.gov.br/ana/pt-br/assuntos/saneamento-basico/agencias-infranacionais. Acesso em: 23 jun. 2021).

concluído nesse prazo ou caso não haja manifestação da agência (item 6.2.4.2); e

(ii) o encerramento no processo administrativo destinado à avaliação do reajuste em até 30 (trinta) dias antes da data prevista para a aplicação dos novos valores das tarifas (item. 6.2.4.1).

As normas acima conferem segurança jurídica aos investimentos, uma vez que garantem previsibilidade e automaticidade da aplicação dos reajustes inflacionários, prevenindo situações em que agências capturadas pelo poder político procrastinem suas decisões sobre aumentos tarifários.

Além disso, e ainda com relação às regras relacionadas ao reajuste tarifário previstas na NR nº 1/2021, é importante destacar que a ANA dispensou a participação do titular dos serviços do processo administrativo destinado à avaliação do reajuste inflacionário – ao contrário dos procedimentos de revisão tarifária, em relação aos quais a ANA reconheceu a necessidade de participação não só dos titulares dos serviços, como também dos usuários (item 6.3.3.1). Trata-se de importante avanço, que reconhece o reajuste inflacionário como um direito básico do prestador e que, por essa razão, não deve sofrer qualquer tipo de interferência do titular do serviço.

A racionalidade e sobriedade com que foi redigida a NR nº 1/2021 também pode ser notada em outros dispositivos, como exemplo:

(i) ao admitir que os serviços de manejo sejam cofaturados com outros serviços públicos, inclusive os serviços de abastecimento de água, o item 5.6.3 da NR nº 1/2021 prevê expressamente o direito de ressarcimento ao prestador a quem foi imputada essa obrigação. Ou seja, o dispositivo permite o adequado ressarcimento àquele a quem o cofaturamento for imputado, reparando os efeitos negativos de uma série de normativos municipais que impunham aos prestadores dos serviços de abastecimento de água e esgotamento sanitário o dever de fazê-lo gratuitamente. Com relação ao assunto, a única ressalva a ser feita é que, não obstante a possibilidade de cofaturamento, seja dada a possibilidade de o usuário pagar isoladamente cada um dos serviços (códigos de barras distintos), de modo que a NR nº 1/2021 não conflite com a legislação consumerista;

(ii) o item 5.8 recomenda a adoção do Cadastro Único para Programas Sociais do Governo Federal, reconhecido como um banco de dados seguro e construído a partir de critérios objetivos para avaliar condições de baixa renda no Brasil, para identificação dos beneficiários da cobrança de tarifas sociais. Essa norma apresenta importância significativa para uniformizar os critérios de concessão de tarifas sociais, evitando a utilização de cadastros locais desatualizados e nem sempre elaborados a partir de critérios objetivos, o que resulta, muitas vezes, na apropriação desse benefício por pessoas com condições de arcar com o pagamento dos valores integrais de tarifa, e, por outro lado, no aumento desnecessário do valor da tarifa para os demais usuários (de modo que o usuário bom pagador acaba pagando o serviço daquele que está se apropriando de um benefício indevido); e

(iii) o zelo, em diversas disposições da NR nº 1/2021, em expressar a necessidade de observância das disposições contratuais pelas agências em sua atuação (itens 5.9.ii; 6.2.2.i; 6.3.1.2; 6.2.1.3.i; 6.3.2.2, entre outras).

2 As próximas normas da ANA e a segurança jurídica

As demais regras previstas na NR nº 1/2021, voltadas a estabelecer condições gerais dos procedimentos de revisão ordinária e extraordinária, incluindo a metodologia de cálculo das tarifas, se limitaram a trazer parâmetros mais gerais e de natureza principiológica sobre tais temas. Nos parece haver oportunidade para contribuições mais estruturadoras e, por conseguinte, promotoras da segurança jurídica que se espera em situações como a da Sanepar, acima descrita.

Todavia, isso não diminui, em qualquer aspecto, a grande relevância desta primeira norma da ANA, notadamente seu potencial de aumentar os níveis de confiança do mercado no setor de saneamento a partir da maior certeza e previsibilidade quanto à possibilidade de aplicação regular dos reajustes inflacionários pelos prestadores.

A NR nº 1/2021 é aplicável apenas aos serviços de manejo de resíduos sólidos, razão pela qual ainda existe a expectativa de outros avanços quando do regramento desses assuntos para os outros serviços de saneamento. Nesse espectro, entende-se que a ANA poderá prever, por exemplo, que para os processos de revisão ordinária e extraordinária as normas das agências reguladoras deverão estabelecer: (i) períodos máximos de duração desses processos, e respectivas consequências em caso de não observância; (ii) a previsão expressa no sentido de que decisões nesses processos devem cingir-se aos fatos e eventos nele discutidos, respeitando as regras contratuais e as decisões já proferidas em processos anteriores; e (iii) regramento sobre a aplicação de mecanismos voltados à apropriação de ganhos de produtividade para os casos de regulação por agência (uma vez que, conforme será demonstrado a seguir, nos casos de regulação por contrato, os ganhos de produtividade são apropriados pelo Poder Público no momento do leilão).

Outro nicho de atuação pode ser o detalhamento de regras de governança a ser observado pelas agências reguladoras. Nos tópicos a seguir, detalharemos um pouco melhor cada uma dessas sugestões.

2.1 Períodos máximos para a duração dos processos

Ao estabelecer que as agências reguladoras deverão prever prazos máximos de duração dos processos de revisão, é fundamental que a ANA também estabeleça a necessidade de serem previstas as consequências em caso de descumprimento desses prazos.

Em caso de descumprimento, é possível vislumbrar, por exemplo, a possibilidade de os prestadores suspenderem temporariamente a execução dos investimentos sem que isso implique aplicação de penalidades até que haja o reestabelecimento do equilíbrio contratual, uma vez que a manutenção de um cenário de desequilíbrio por um período indeterminado, além de irrazoável, pode comprometer a *financiabilidade* do projeto.

Nesta linha foi a recente decisão[13] da Câmara de Conciliação, Mediação e Arbitragem CIESP/FIESP proferida no âmbito da Arbitragem nº 611 envolvendo Sagua – Soluções Ambientais de Guarulhos S.A. ("Concessionária") e o Serviço Autônomo de Água e Esgoto de Guarulhos – SAAE ("Poder Concedente") para resolver controvérsia oriunda do contrato de PPP celebrado entre as partes visando à prestação dos serviços de esgotamento sanitário na área urbana do município de Guarulhos.

Naquela oportunidade, o Tribunal Arbitral[14] rejeitou os argumentos do Poder Concedente de que a Concessionária não poderia,

---

[13] Disponível em: https://www.guarulhos.sp.gov.br/sites/default/files/CMA611-19-JCA_20210219_Sentenc%CC%A7a_Arbitral_Parcial_0.pdf. Acesso em: 18 jun. 2021.

[14] O Tribunal Arbitral foi composto pelos seguintes árbitros: Lauro da Gama e Souza Jr.; Fernando de Oliveira Marques; e Selma Maria Ferreira Lemes.

em razão dos princípios aplicáveis aos contratos administrativos, paralisar os investimentos contratualmente previstos em decorrência do desequilíbrio existente e oriundo da suspensão dos pagamentos das contraprestações mensais pelo Poder Concedente. Isso porque, no entendimento do Tribunal Arbitral:

(i) exigir-se da Concessionária a continuidade dos investimentos nessa situação representaria "enriquecimento sem causa por parte dos Requeridos, que se beneficiariam de investimentos efetuados sem a contrapartida devida", salientando ainda que o princípio à vedação ao enriquecimento sem causa previsto no art. 884 do Código Civil "tem plena aplicação à Administração Pública";

(ii) em contratos dessa natureza, de características preponderantemente financeiras, como os contratos de parceiras para investimentos (concessões e PPP), a Administração Pública está em nível de igualdade ao particular; e

(iii) o interesse público impede somente a suspensão da prestação em si dos serviços de saneamento (operação e manutenção dos sistemas).

A suspensão dos investimentos em um cenário de inadimplemento contratual pelo Poder Concedente (no caso acima mencionado, o não pagamento da contraprestação pecuniária) é, no entendimento do Tribunal Arbitral, legítima, o que nos parece razoável em função da própria aplicação da regra da exceção de contrato não cumprido, também originária do direito privado, ao direito administrativo.

Assim, por analogia, nos parece igualmente legítima a possibilidade de suspensão de investimentos em razão do descumprimento dos prazos máximos para conclusão dos processos de revisão, na medida em que se trata de obrigações assumidas pelo Poder Concedente no momento da assinatura do contrato.

2.2 Preservação das previsões contratuais e das decisões anteriores

Já com relação às regras voltadas a impedir que processos de revisão futuros impactem processos de revisão passados, por meio da revisão de decisões anteriormente tomadas pela agência ou qualquer outro mecanismo que afete situações já constituídas, trata-se, basicamente, de reforçar o mínimo necessário para a estabilidade dos investimentos: a necessidade de observância aos princípios da segurança jurídica no âmbito do exercício da competência regulatória.

Com efeito, o ordenamento jurídico protege, a partir do princípio constitucional da segurança jurídica, a preservação dos fatos jurídicos já constituídos durante a vigência de uma regra mesmo que essa regra seja posteriormente considerada imperfeita, irregular, ilegal ou até mesmo inconstitucional. Ou seja, se nem mesmo a lei pode afetar fatos consumados – tendo em vista as proteções constitucionais do direito adquirido e do ato jurídico perfeito (CF, art. 5º, XXXVI) –, não se pode cogitar que isso seja admitido no âmbito da atuação regulatória.

Por ainda não estar cristalizado no âmbito da atuação da Administração Pública, o dever de observância ao princípio da segurança jurídica pelos agentes públicos foi reforçado pela Lei Federal nº 13.655/2015, dispondo expressamente que, ao rever suas decisões, a Administração Pública não pode retroagir os efeitos da decisão revista a fatos praticados na vigência da norma ou regramento anterior.[15]

Entende-se oportuno, assim, que o mesmo reforço seja feito no âmbito das normas de referência da ANA, explicitando a impossibilidade de as decisões das agências atingirem os efeitos de outras decisões por ela tomadas anteriormente, inclusive em caso de revisão de tais decisões.

2.3 Regramento sobre a apropriação de eficiência na regulação por agência

Ainda no âmbito dos processos de revisão tarifária, também seria fundamental a edição de normas de referência pela ANA voltadas à melhor orientação e regramento das sistemáticas de apropriação de ganhos de produtividade e eficiência pelas agências reguladoras.

Nesse aspecto, considerando que a imposição de regra extra-contratual sobre apropriação de ganhos de produtividade e eficiência resultaria em reequilíbrio na regulação por contrato, consideramos factível que ANA estabelecesse, por exemplo, que tais metodologias fossem aplicáveis apenas no âmbito de regulações por agências, vedando expressamente a aplicação de mecanismos de apropriação

---

[15] Trata-se do art. 24 da LINDB: "Art. 24. A revisão, nas esferas administrativa, controladora ou judicial, quanto à validade de ato, contrato, ajuste, processo ou norma administrativa cuja produção já se houver completado levará em conta as orientações gerais da época, sendo vedado que, com base em mudança posterior de orientação geral, se declarem inválidas situações plenamente constituídas".

de eficiência – genericamente denominados "fator X" – não previstos contratualmente no caso de regulações por contrato.

A afirmação acima está baseada nas teorias de regulação econômica por incentivos, muito bem reproduzidas e sintetizadas em um importante estudo recentemente publicado por Gabriel de Bragança e Fernando Camacho,[16] no qual os autores explicitam que, no âmbito das regulações por contrato, a eficiência do parceiro privado é capturada pela Administração Pública no momento do leilão.

Tanto é assim que, com a evolução dos projetos, e para tentar impedir equívocos dessa natureza, os contratos frutos das recentes modelagens de projetos de concessão dos serviços de abastecimento de água e esgotamento sanitário têm sido expressos em afirmar que não há obrigação de compartilhamento com o titular caso haja ganho de produtividade ou de eficiência pela Concessionária cujo risco lhe foi contratualmente atribuído.[17]

Nas regulações por agência, por outro lado, "o regulador incentiva a eficiência entre revisões periódicas e busca extrair ganhos de produtividade a cada revisão". Naturalmente, a extração dos ganhos de produtividade no momento da revisão não pode significar a apropriação de 100% dessa eficiência, sob pena de desincentivar a concessionária em buscar essa eficiência nos anos seguintes ao da revisão.

Ou seja, a apropriação de ganhos de produtividade é inerente às regulações por agência, mas impróprias ao modelo de regulação por contrato, uma vez que a imposição de uma regra extracontratual sobre a apropriação de ganhos de produtividade e eficiência resultaria necessariamente no direito à recomposição do equilíbrio econômico-financeiro pela concessionária. Ou seja, apropria-se de uma eficiência para depois devolvê-la em reequilíbrio.

É por isso que, além de desnecessária, a aplicação de um fator X não previsto originalmente no contrato (feito equivocadamente ou sem o correspondente reequilíbrio), pode, no entendimento dos autores

---

[16] BRAGANÇA, Gabriel de; CAMACHO, Fernando. Uma nota sobre o repasse de ganhos de produtividade em setores de infraestrutura no brasil (fator x). *Ipea*. Disponível em: https://www.ipea.gov.br/radar/temas/infraestrutura/239-radar-n-22-uma-nota-sobre-o-repasse-de-ganhos-de-produtividade-em-setores-de-infraestrutura-no-brasil-fator-x. Acesso em: 23 jun. 2021.

[17] Nesse sentido, *vide*, por exemplo, a cláusula 31.8 do Contrato de Concessão da Prestação Regionalizada dos Serviços Públicos de Abastecimento de Água e Esgotamento Sanitário prestados nos Municípios da Região Metropolitana de Maceió: "31.8. Caso eventual ganho de produtividade e/ou eficiência esteja relacionado a responsabilidade ou risco atribuído neste CONTRATO à CONTRATADA, não haverá obrigação de compartilhamento com o CONTRATANTE".

acima mencionados, "comprometer objetivos regulatórios primordiais e gerar considerável prejuízo para a sociedade", e, no limite, "afetar a viabilidade econômica de empresas/investimentos".

Com relação ao assunto, é importante destacar que a não aplicação de um fator X nas regulações por contrato não significa, em qualquer medida, prejuízo ao interesse público. Com efeito, e conforme acima já mencionado, a eficiência do privado já foi apropriada no momento do leilão. Além disso, os contratos de concessão possuem regras voltadas a garantir a eficiência e a qualidade dos serviços prestados pela concessionária, cujo descumprimento enseja a aprovação de penalidades ou mesmo o desconto na remuneração da concessionária.

Infelizmente, a aplicação equivocada do fator X não é rara no setor de saneamento, sendo que algumas agências, sob o pretexto de dar cumprimento ao art. 38, I, Lei Federal nº 11.445/2007, chegam a apropriar 100% (cem por cento) dos ganhos de produtividade no âmbito dos processos de revisão, o que, levando-se em consideração as premissas acima mencionadas, se já é impróprio para uma regulação por agência, por muito mais razão o é em uma regulação por contrato. É nesse cenário que se entende, portanto, que o regramento do assunto pode evitar equívocos como esses no setor, e gerando, com isso, maior percepção de segurança jurídica para os investimentos.

2.4 Detalhamento de regras de governança

A despeito de as leis de criação de agências reguladoras preverem que tais entidades serão autônomas, conforme já tratado acima, a absoluta maioria delas não traz regras objetivas de como essa autonomia será assegurada. A própria Lei Federal nº 13.848/2019 também não trouxe esse detalhamento, de modo que se entende que esse vácuo normativo também poderia ser explorado pela ANA com o objetivo de buscar aumentar a segurança jurídica no setor de saneamento.

Com efeito, o atual nível de regulamentação do assunto no setor de saneamento permite que cada novo gestor eleito para assumir o cargo de chefe do Poder Executivo indique o seu próprio presidente da agência reguladora local. Em termos práticos, isso significa que, ao longo da vigência de um contrato de 35 (trinta e cinco) anos, por exemplo, é possível que o contrato seja regulado por até 8 (oito) presidentes distintos, os quais, por estarem diretamente ligados ao chefe do Poder Executivo, tendem a querer buscar mudanças drásticas de decisões tomadas pelos antigos gestores.

Esse cenário, por si só, é um desafio à estabilidade regulatória, de modo que regras de governança que assegurem a estabilidade dos dirigentes das agências reguladoras independentemente da troca do chefe do Poder Executivo são salutares para a evolução dos níveis de segurança jurídica no setor de saneamento.

Corrobora tal afirmação uma pesquisa realizada pela FGV em 2017.[18] Esse estudo coletou dados empíricos sobre os processos de nomeação e formação dos quadros de direção das 18 principais agências reguladoras voltadas aos setores de infraestrutura.[19] Entre suas principais conclusões, estão as seguintes:

(i) "a baixa previsão de impedimentos e de requisitos subjetivos para a escolha de dirigentes";

(ii) baixa variedade de *perfis* dos dirigentes, uma vez que sua "grande maioria [...] é oriunda de ente ou órgão do Estado, seja do Executivo, do Legislativo ou do Judiciário", sendo que "[a]penas 6% dos nomeados são originários da iniciativa privada";

(iii) "a expertise técnica dos dirigentes é em muitos casos questionável", uma vez que, a partir de uma análise curricular, constatou-se que "apenas 58% têm trajetória profissional conexa com a função de dirigente da Agência Reguladora"; e

(iv) as leis estabelecendo mandatos fixos com períodos distintos dos mandatos dos chefes dos poderes executivos são ineficazes, na medida em que em 50% dos casos de saída antecipada dos dirigentes ocorre em razão da troca de governo.

Com efeito, é reconhecida a efetividade de regras de governança para dificultar a interferência política nas decisões regulatórias. Nesse aspecto, as normas de referência da ANA podem ajudar a incentivar o melhor regramento sobre a forma de ocupação dos cargos de direção das agências reguladoras, de modo a ampliar o perfil dos dirigentes e assegurar que essas posições sejam ocupadas por pessoas aptas a exercer tais funções.

---

[18] O sumário executivo com as conclusões do estudo encontra-se disponível em http://bibliotecadigital.fgv.br/dspace/handle/10438/24851. Acesso em: 18 abr. 2021.

[19] Quais sejam: Anatel, Antaq, Anac, Aneel, ANP, ANTT, Arsep, Agerba, Arsae, Agenersa, Agetransp, Artesp, STM, Agepar, Agesan, Agesc, Agergs e AGR.

Para tanto, é possível vislumbrar normas gerais sobre: (i) pessoas impedidas de assumir os cargos de diretoria das agências; (ii) a necessidade de pluralidade de perfis entre os dirigentes; (iii) a qualificação mínima a ser comprovada para ocupação desses cargos; e (iv) a necessidade de os regimentos internos das agências garantirem estabilidade aos dirigentes e que os términos dos mandatos de todos os dirigentes não ocorram simultaneamente, viabilizando sua substituição gradual ao longo do tempo.

3 Conclusões

Nesse contexto, entende-se que o tema da segurança jurídica nas decisões regulatórias é central ao atual estágio de desenvolvimento do setor de saneamento. O objetivo do presente artigo foi elucidar os avanços recentes com relação ao tema e estimular a discussão de outros instrumentos necessários ao atingimento de uma maturidade desejável ao setor. Para tanto, apresentamos algumas sugestões, que, longe de serem exaustivas, têm por objetivo contribuir com tal discussão.

Informação bibliográfica deste texto, conforme a NBR 6023:2018 da Associação Brasileira de Normas Técnicas (ABNT):

SANDOVAL, Daniela; GRANDIZOLI, Thaís Rey. A evolução das agências e a segurança jurídica nas decisões regulatórias. *In*: GUIMARÃES, Fernando Vernalha (Coord.). *O novo direito do saneamento básico*: estudos sobre o novo marco legal do saneamento básico no Brasil (de acordo com a Lei nº 14.026/2020 e respectiva regulamentação). Belo Horizonte: Fórum, 2022. p. 195-208. ISBN 978-65-5518-299-6.

CONDIÇÕES DE VALIDADE DOS CONTRATOS DE PRESTAÇÃO DE SERVIÇOS PÚBLICOS DE SANEAMENTO

ANGÉLICA PETIAN

1 Introdução

O marco legal do saneamento condiciona a validade dos contratos de prestação de serviços de saneamento ao atendimento de requisitos que estão diretamente relacionados aos princípios fundamentais apresentados pelo art. 2º da Lei nº 11.445/2007.

Todo contrato de prestação de serviço público de saneamento básico – conceito que compreende os serviços de abastecimento de água potável, esgotamento sanitário, limpeza urbana e manejo de resíduos sólidos e drenagem e manejo das águas pluviais urbanas – deve satisfazer as condições prescritas pelo art. 11, além de incorporar todas as cláusulas apresentadas pelo art. 10-A, ambos da Lei do Saneamento, sob pena de invalidade.

Ao prescrever o conteúdo mínimo do contrato de prestação dos serviços de saneamento e condicionar sua validade à existência de prévio planejamento, estudos de natureza técnica e econômico-financeira e à realização de audiência e consulta públicas, a lei dispõe sobre um padrão mínimo de regulação contratual, apto a ensejar um ambiente de maior segurança jurídica.

Ressalvadas as discussões quanto a ato jurídico perfeito no tocante a contratos anteriores à vigência da Lei Federal nº 14.026/2020, a inobservância das condicionantes, inclusive as trazidas pelo novo marco legal do saneamento, leva à invalidade do contrato, dada a sua produção em desacordo com o figurino legal, e atrai elevado risco jurídico para a prestação dos serviços que, lastreada em um vínculo inválido, pode ser prematuramente interrompida, acarretando efeitos negativos tanto para as partes contratantes como para os usuários dos serviços.

2 Os contratos de prestação de serviços de saneamento e o plano da validade

Os contratos de prestação de serviços de saneamento (incluindo os que adotem o figurino do contrato de programa, até então admitido pela legislação, ou de contrato de concessão, precedido ou não de licitação) são espécies de contratos administrativos, compreendidos estes como gênero e, por isso, estão submetidos a firmes condicionantes legais.

O novo marco legal do saneamento, consubstanciado na Lei Federal nº 14.026/2020 e regulamentação complementar, limita ainda mais a liberdade contratual das partes, na medida em que apresenta um rol mínimo de assuntos que devem ser regulados contratualmente, sendo certo que em relação a alguns deles pouca ou nenhuma margem restará aos contratantes, notadamente ao se considerar o incentivo à adoção das normas de referência a serem elaboradas pela Agência Nacional de Águas e Saneamento Básico (ANA).

Há um esforço em estabelecer um padrão contratual que, a partir da premissa legal, conduzirá à universalização do saneamento, por meio da atração de investidores privados.

Nesse cenário, criado pela Lei nº 14.026/2020, alguns requisitos pré-contratuais e certas cláusulas contratuais foram impostos como condição de validade[1] dos contratos, isto é, sua presença conduz ao reconhecimento da conformidade do instrumento contratual com a lei de gerência. De forma contrária, a ausência de quaisquer dessas condicionantes leva à desconformidade do ajuste com a prescrição legal, tornando-o inválido.

Vale lembrar que a contratação dos serviços de saneamento sempre envolverá um ente público, ainda de que forma indireta, a

---

[1] Nas precisas palavras de Themistocles Cavalcanti, "a validade pressupõe a perfeita observância à norma legal, isto é, às condições intrínsecas e extrínsecas nela prescritas" (CAVALCANTI, Themistocles. *Curso de direito administrativo*. 5. ed. São Paulo: Freitas Bastos, 1958. p. 63).

depender do arranjo estabelecido para fins de regionalização e, logo, atrairá as limitações oriundas do princípio da legalidade.[2]

A legalidade, como limite positivo e negativo à atuação administrativa, condiciona a validade dos atos expedidos e contratos celebrados pela Administração à prévia regulação legal, de forma que serão inválidos os atos e contratos praticados em contradição ou desconformidade com a ordem normativa imposta.

3 Condições de validade dos contratos de prestação de serviços de saneamento

A Lei nº 11.445/2007, com a redação dada pela Lei nº 14.026/2020, apresentou em seu art. 11 as condições de validade dos contratos que tenham por objeto a prestação de serviços públicos de saneamento básico, incorporando requisitos que antecedem o instrumento contratual, além de impor a obrigatoriedade de cláusulas que versem sobre os assuntos detalhados pelo art. 10-A.

Ao disciplinar sobre as cláusulas essenciais obrigatórias, o art. 10-A amplia as condições de validade dos contratos de prestação de serviços de saneamento para além daquelas arroladas no art. 11.

A diferença entre os dois artigos não está nas consequências jurídicas, já que a inobservância de qualquer das prescrições legais levará à inconformidade do ajuste com a ordem normativa, sendo devida a sua invalidação. O traço distintivo está no foco de cada uma das previsões normativas: enquanto o art. 10-A se dedica a arrolar as cláusulas essenciais dos contratos, sem as quais o instrumento não estará completo, restando omisso em relação a assuntos obrigatórios,

---

[2] FIGUEIREDO, Lucia Valle. *Curso de direito administrativo*. 9. ed. rev., ampl. e atual. São Paulo: Malheiros, 2008. p. 42. Ao cuidar do assunto, Carlos Ayres Britto consignou: "Só queria fazer uma observação lateral. Esse lapidar conceito de Miguel Seabra Fagundes, segundo o qual administrar é aplicar a lei de ofício, talvez esteja a exigir uma atualização. O artigo 37 da Constituição, tão apropriadamente citado por V.Exa., Sr. Ministro Eros Grau, na cabeça desse artigo há uma novidade que não tem sido posta em ênfase pelos estudiosos. Esse artigo tornou o Direito maior do que a lei ao fazer da legalidade apenas um elo, o primeiro elo de uma corrente de juridicidade que ainda incorpora a publicidade, a impessoalidade, a moralidade, a eficiência. Ou seja, já não basta ao administrador aplicar a lei, é preciso que o faça publicamente, impessoalmente, eficientemente, moralmente. Vale dizer: a lei é um dos conteúdos desse continente de que trata o art. 37. Então, se tivéssemos que atualizar o conceito de Seabra Fagundes, adaptando-o à nova sistemática constitucional, diríamos o seguinte: administrar é aplicar o Direito de ofício, não só a lei" (STF. Recurso Ordinário em Mandado de Segurança nº 24.699/DF. Rel. Min. Eros Grau, j. 30.11.2004. *DJ*, 1º jul. 2005).

FERNANDO VERNALHA GUIMARÃES (COORD.)
O NOVO DIREITO DO SANEAMENTO BÁSICO: ESTUDOS SOBRE O NOVO MARCO LEGAL DO SANEAMENTO BÁSICO NO BRASIL

o art. 11 cuida de elementos que antecedem o contrato e que estão mais adstritos ao planejamento e à participação e ao controle social.

3.1 Cláusulas obrigatórias nos contratos de prestação de serviços de saneamento

Os contratos relativos à prestação dos serviços públicos de saneamento básico deverão conter as cláusulas essenciais previstas no art. 23 da Lei nº 8.987/1995 – a Lei Geral das Concessões –, cujo rol de conteúdo abarca previsões contratuais que descrevem o objeto e sua forma de execução;[3] as cláusulas econômico-financeiras;[4] as obrigações e direitos das partes;[5] as condições e órgãos competentes pela fiscalização e imposição de penalidades;[6] os casos de extinção e suas consequências[7] e o foro e modo de solução de eventuais conflitos.[8]

Vale lembrar que, se o contrato de concessão adotar o modelo das parcerias público-privadas, na modalidade patrocinada ou administrativa, o instrumento ainda deverá conter todas as cláusulas arroladas pelo art. 5º, I a XI, da Lei nº 11.079/2004.[9]

---

[3] "Art. 23. São cláusulas essenciais do contrato de concessão as relativas: I - ao objeto, à área e ao prazo da concessão; II - ao modo, forma e condições de prestação do serviço; III - aos critérios, indicadores, fórmulas e parâmetros definidores da qualidade do serviço; [...] X - aos bens reversíveis; [...] XII - às condições para prorrogação do contrato; [...]".

[4] "Art. 23. [...] IV - ao preço do serviço e aos critérios e procedimentos para o reajuste e a revisão das tarifas".

[5] "Art. 23. [...] V - aos direitos, garantias e obrigações do poder concedente e da concessionária, inclusive os relacionados às previsíveis necessidades de futura alteração e expansão do serviço e consequente modernização, aperfeiçoamento e ampliação dos equipamentos e das instalações; VI - aos direitos e deveres dos usuários para obtenção e utilização do serviço".

[6] "Art. 23. [...] VII - à forma de fiscalização das instalações, dos equipamentos, dos métodos e práticas de execução do serviço, bem como a indicação dos órgãos competentes para exercê-la; VIII - às penalidades contratuais e administrativas a que se sujeita a concessionária e sua forma de aplicação; [...] XIII - à obrigatoriedade, forma e periodicidade da prestação de contas da concessionária ao poder concedente; XIV - à exigência da publicação de demonstrações financeiras periódicas da concessionária".

[7] "Art. 23. [...] IX - aos casos de extinção da concessão; [...] XI - aos critérios para o cálculo e a forma de pagamento das indenizações devidas à concessionária, quando for o caso".

[8] "Art. 23. [...] XV - ao foro e ao modo amigável de solução das divergências contratuais. Art. 23-A. O contrato de concessão poderá prever o emprego de mecanismos privados para resolução de disputas decorrentes ou relacionadas ao contrato, inclusive a arbitragem, a ser realizada no Brasil e em língua portuguesa, nos termos da Lei no 9.307, de 23 de setembro de 1996".

[9] "I - o prazo de vigência do contrato, compatível com a amortização dos investimentos realizados, não inferior a 5 (cinco), nem superior a 35 (trinta e cinco) anos, incluindo eventual prorrogação; II - as penalidades aplicáveis à Administração Pública e ao parceiro privado em caso de inadimplemento contratual, fixadas sempre de forma proporcional à gravidade da falta cometida, e às obrigações assumidas; III - a repartição de riscos entre as

Esse é o conteúdo mínimo de um contrato de concessão de serviços públicos, mas, a depender do setor, do seu nível de maturidade e da qualidade regulatória, a disciplina contratual exige a previsão de outras condições essenciais para a execução do objeto, sob pena de, embora válido, o contrato ser insuficiente para regular a relação jurídica de longo prazo e, logo, padecer de baixa atratividade.

O saneamento é um setor com pouquíssima participação privada. O *Panorama da participação privada no saneamento 2020: tempo de avançar*, elaborado pela Associação Brasileira das Concessionárias Privadas de Serviços Públicos de Água e Esgoto – Abcon,[10] demonstra que em 2019 havia 178 (cento e setenta e oito) contratos com o segmento privado, sendo 59% concessões plenas, 30% concessões parciais, 8% parcerias público-privadas e 3% outras modalidades contratuais.

Não obstante esse número tenha crescido nos últimos anos,[11] a prestação dos serviços de saneamento ainda está concentrada nas mãos das companhias estaduais, as quais mantêm contratos de prestação de serviços, em sua maioria, sem as condições mínimas exigidas pelo art. 23 da Lei de Concessões e em um ambiente de baixo controle regulatório.

Para aperfeiçoar a regulação contratual e a partir da premissa do novo marco de criar condições para a abertura do setor ao mercado privado, impondo a formalização de contrato de concessão, precedido de licitação, quando a prestação se der por entidade que não integre a administração do titular dos serviços, a Lei nº 14.026/2020 impôs outras

---

partes, inclusive os referentes a caso fortuito, força maior, fato do príncipe e álea econômica extraordinária; IV - as formas de remuneração e de atualização dos valores contratuais; V - os mecanismos para a preservação da atualidade da prestação dos serviços; VI - os fatos que caracterizem a inadimplência pecuniária do parceiro público, os modos e o prazo de regularização e, quando houver, a forma de acionamento da garantia; VII - os critérios objetivos de avaliação do desempenho do parceiro privado; VIII - a prestação, pelo parceiro privado, de garantias de execução suficientes e compatíveis com os ônus e riscos envolvidos, observados os limites dos §§3º e 5º do art. 56 da Lei nº 8.666, de 21 de junho de 1993, e, no que se refere às concessões patrocinadas, o disposto no inciso XV do art. 18 da Lei nº 8.987, de 13 de fevereiro de 1995; IX - o compartilhamento com a Administração Pública de ganhos econômicos efetivos do parceiro privado decorrentes da redução do risco de crédito dos financiamentos utilizados pelo parceiro privado; X - a realização de vistoria dos bens reversíveis, podendo o parceiro público reter os pagamentos ao parceiro privado, no valor necessário para reparar as irregularidades eventualmente detectadas. XI - o cronograma e os marcos para o repasse ao parceiro privado das parcelas do aporte de recursos, na fase de investimentos do projeto e/ou após a disponibilização dos serviços, sempre que verificada a hipótese do §2º do art. 6º desta Lei".

[10] Disponível em: https://abconsindcon.com.br/wpcontent/uploads/2020/08/apresenta%c3%a7%c3%a3o-Panorama2020.pdf.

[11] Segundo o mesmo *Panorama da participação privada no saneamento 2020*, em 1999 eram 17 os contratos de prestação de serviços celebrados com a iniciativa privada; em 2009 esse número subiu para 72; e em 2019 alcançou a marca de 178.

cláusulas contratuais como obrigatórias, para além daquelas estipuladas pelo art. 23 da Lei Geral de Concessões.

A primeira nova obrigação está relacionada ao dever de universalização do acesso (art. 2º, inc. I), erigido a princípio fundamental, ao lado da conservação dos recursos naturais (art. 2º, inc. III) e da redução e uso racional dos recursos naturais (art. 2º, inc. XIII), entre outros estabelecidos pela Lei do Saneamento. Prescreve o inc. I do art. 10-A que todo contrato deve conter as metas de expansão dos serviços, de redução de perdas na distribuição de água tratada, de qualidade na prestação dos serviços, de eficiência e de uso racional da água, da energia e de outros recursos naturais, do reúso de efluentes sanitários e do aproveitamento de águas de chuva, em conformidade com os serviços a serem prestados.

O Decreto nº 10.588/2020 condiciona a alocação de recursos públicos federais e os financiamentos com recursos da União ou com recursos geridos ou operados por órgãos ou entidades da União ao cumprimento do índice de perda de água na distribuição, comprovado na forma a ser estabelecida em ato do ministro de Estado do Desenvolvimento Regional, corroborando o relevo das metas de universalização e qualidade no âmbito do microssistema criado pelo novo marco legal do saneamento.

Preocupado com a eficiência e sustentabilidade econômica da prestação dos serviços, o novo marco legal impõe que os contratos prevejam as possíveis fontes de receitas alternativas, complementares ou acessórias, bem como as provenientes de projetos associados, incluindo, entre outras, a alienação e o uso de efluentes sanitários para a produção de água de reúso, com possibilidade de as receitas serem compartilhadas entre o contratante e o contratado.

A prescrição está alinhada com o art. 11 da Lei Geral de Concessões, que autoriza o poder concedente a prever, em favor da concessionária, no edital de licitação, a possibilidade de outras fontes provenientes de receitas alternativas, complementares, acessórias ou de projetos associados, com ou sem exclusividade, com vistas a favorecer a modicidade das tarifas.

A ideia principal da geração de receitas alternativas é estimular a concessionária a buscar outras fontes de receita, além daquelas oriundas da prestação dos serviços objeto do contrato de serviço público, tornando a operação mais eficiente do ponto de vista econômico.

A terceira prescrição acerca das cláusulas obrigatórias nos contratos de prestação de serviços de saneamento objetiva preencher lacuna constante nos contratos de concessão e que tem ensejado intermináveis discussões judiciais, não obstante a Lei nº 8.987/1995 já traga obrigação similar em seu art. 23, inc. XI. Trata-se da necessidade de antecipar, no instrumento de contrato, a metodologia de cálculo de eventual indenização relativa aos bens reversíveis não amortizados por ocasião da extinção do contrato.[12]

A metodologia[13] pode considerar tanto o advento do termo contratual, como sua extinção prematura, decorrente da materialização de eventos que não permitam sua continuidade, e deve objetivar ampliar a segurança jurídica, de modo a prever antecipadamente os critérios para cálculo da futura indenização.

O tema ganha maior relevância quando a extinção do contrato ocorre antecipadamente, já que se pressupõe que o término do contrato antes do prazo pactuado impede a amortização completa dos bens reversíveis.

A eleição da metodologia deve considerar as peculiaridades do setor de saneamento e observar o princípio da modicidade tarifária, por isso os contratos devem eleger de antemão a metodologia para cálculo da futura indenização, antecipando a solução para o caso do problema de materializar.

Por fim, o art. 10-A preocupa-se com o tema da repartição de riscos entre as partes, incluindo os referentes a caso fortuito, força maior, fato do príncipe e álea econômica extraordinária.

A previsão de uma alocação *ex ante* dos riscos que podem acometer a execução contratual tem sido pouco utilizada nos contratos de prestação de serviços de saneamento. O novo marco legal impõe a mudança ao exigir que os riscos sejam repartidos entre contratante e contratado.

---

[12] "Além de configurar prerrogativa estatal para preservar a continuidade dos serviços públicos, a reversão, nesses contratos tradicionais de concessão, também funciona como garantia econômica das concessionárias. Isto porque, ao se prever a reversão de certos bens, também se assegura que o valor neles investido será amortizado: ou com a regular exploração do serviço no prazo contratual (e com a percepção de tarifas em valor suficiente), ou, se insuficiente, com indenização pelo concedente. A concessionária tem garantido, de uma forma ou outra, o retorno do investimento em bens reversíveis" (SUNDFELD, Carlos Ari; CÂMARA, Jacintho Arruda. Bens reversíveis nas concessões públicas: a inviabilidade de uma teoria geral. *Revista da Faculdade de Direito – UFPR*, Curitiba, v. 61, n. 2, maio/ago. 2016. p. 152).

[13] Segundo Rafael Véras de Freitas, "Para efeito de fixação da metodologia para fixação da indenização pelos bens reversíveis não amortizados, o Poder Público poderá se valer dois critérios: (ii) o contábil, que se utilizará do valor registrado na contabilidade da concessionária; ou (iii) o patrimonial (ou Valor Novo de Reposição – VNR), que se utilizará do valor de reposição do ativo; é dizer, de modo a garantir que o valor seja serviente à substituição do bem inutilizado para prestação do serviço público" (FREITAS, Rafael Véras de. A reversão nos contratos de concessão e seu regime jurídico-econômico. *Revista de Dir. Público da Economia – RDPE*, Belo Horizonte, ano 18, n. 70, p. 149-176, abr./jun. 2020. p. 162).

A maturação do tema da alocação de riscos se deu a partir da consolidação do regime concessório, em especial com a Lei das PPPs, e alcançou outras modalidades de contratação. Nesse sentido, a Lei do Regime Diferenciado de Contratações Públicas prevê expressamente a possibilidade de contemplar matriz de alocação de riscos (art. 9º, §5º). Também a Lei nº 13.303/2016 (Lei das Estatais) prescreveu a obrigatoriedade de o contrato a ser celebrado pelas empresas estatais contemplar matriz de risco quando a contratação se der sob a forma integrada ou semi-integrada. Com a edição da nova Lei Geral de Licitações e Contratos, o tema da alocação de riscos chega a todos os tipos de contratação, com a possibilidade de inserir no termo de contrato matriz que antecipe os riscos que podem se materializar durante a execução do ajuste e os aloque à parte que tem mais condições de impedir sua ocorrência ou de mitigar os seus efeitos com o menor custo.

No caso dos contratos para prestação dos serviços de saneamento, a matriz de risco passa a ser obrigatória. O objetivo é promover a alocação eficiente dos riscos de cada contrato e estabelecer a responsabilidade que caiba a cada parte contratante, bem como os mecanismos que afastem a ocorrência do sinistro e mitiguem os seus efeitos.

A principal função da matriz de alocação de riscos é definir o ponto de equilíbrio econômico-financeiro inicial do contrato e permitir seu cotejo quando da materialização de eventos supervenientes que impactem a equação econômica.

A eficiente alocação de riscos reduz a insegurança jurídica e turbina a atratividade do contrato, permitindo que os potenciais interessados precifiquem desde já os riscos que terão que assumir e adotem providências tão eficientes quanto possível para reduzir sua probabilidade de ocorrência.

3.2 Condições pré-contratuais de validade dos contratos de prestação de serviços de saneamento

O art. 11 da Lei nº 11.445/2007, atualizado pela Lei nº 14.026/2020, impôs aos contratos que tenham por objeto a prestação dos serviços públicos de saneamento condições de validade precedentes à celebração do ajuste e que estão diretamente relacionados aos temas do planejamento, sustentabilidade econômica, regulação e participação social.

A primeira condição imposta pelo novo marco é a existência de plano de saneamento básico (art. 11, inc. I) que preveja as metas e cronograma de universalização dos serviços de saneamento básico (art. 11, inc. V). Essa condição está atrelada ao compromisso de universalização do acesso à água potável e esgotamento sanitário por meio da disciplina contratual das metas progressivas e graduais de expansão dos serviços, até que se atinja o atendimento de 99% (noventa e nove por cento) da população com água potável e de 90% (noventa por cento) da população com coleta e tratamento de esgotos.

O plano de saneamento, que pode ser municipal ou regional, é um instrumento estratégico de planejamento e de gestão participativa.[14] O plano poderá ser específico para cada serviço e deverá ser revisto periodicamente, em prazo não superior a dez anos.

A Lei de Saneamento obriga que o plano de saneamento contenha o diagnóstico da situação e de seus impactos nas condições de vida da população, os objetivos e as metas de curto, médio e longo prazos para a universalização, os programas, projetos e ações necessárias para atingir os objetivos e as metas, com identificação das possíveis fontes de financiamento, as ações para atendimento de demandas emergenciais e contingenciais e os mecanismos e procedimentos para a avaliação sistemática da eficiência e eficácia das ações programadas.

Vale lembrar que o Decreto nº 7.217/2010, havia definido o prazo limite para os municípios elaborarem seus respectivos planos locais de saneamento até a data de 31.12.2014. De acordo com a Confederação Nacional dos Municípios, ao final do ano de 2013, aproximadamente 70% dos municípios ainda não haviam elaborado seus respectivos planos locais.[15]

Ciente da dificuldade encontrada especialmente pelos municípios de pequeno porte para a elaboração dos planos de saneamento, a União se compromete a prestar apoio técnico e financeiro para a elaboração ou atualização dos planos municipais ou regionais de saneamento básico, conforme prescrito pelo art. 3º, inc. IV, do Decreto nº 10.588/2020 e, ainda, a ofertar cursos de capacitação técnica destinados aos gestores públicos para a elaboração e implementação dos planos de saneamento básico, nos termos do §8º do mesmo dispositivo.

A segunda condição pré-contratual trazida pelo novo marco é a existência de estudo que comprove a viabilidade técnica e econômico--financeira da prestação dos serviços, nos termos estabelecidos no respectivo plano de saneamento básico. Essa exigência se relaciona

---

[14] Lei nº 11.445/2007 – "Art. 19 [...] §5º Será assegurada ampla divulgação das propostas dos planos de saneamento básico e dos estudos que as fundamentem, inclusive com a realização de audiências ou consultas públicas".

[15] CNM. *Planos municipais de saneamento básico*: orientações para elaboração. Brasília: CNM, 2014. p. 10.

diretamente com o planejamento da contratação e objetiva garantir sua exequibilidade técnica e sustentabilidade econômico-financeira.

O plano de saneamento, que deve prever as metas e os mecanismos para atingi-las, com indicação das possíveis fontes de financiamento, será o ponto de partida para o plano de investimentos, a partir do qual será possível quantificar o volume de recursos financeiros a ser empregado.

Uma vez projetados o valor dos investimentos e o custo de operação, ao lado da demanda e das receitas tarifárias e complementares, é possível antever o prazo necessário para que o futuro operador amortize todos os investimentos realizados e tenha certa margem de retorno, compatível com o praticado pelo mercado setorial.

O estudo de viabilidade técnica e econômico-financeira é insumo obrigatório para lançamento de um projeto que seja viável, de forma a evitar risco de fracasso no processo de implementação e na execução do contrato, além de balizar a competição entre aqueles participantes do processo licitatório que terão, todos eles, o mesmo nível de informação, a partir do qual farão suas projeções, mensurando os riscos e os possíveis ganhos de eficiência.

A terceira exigência diz respeito à regulação dos serviços. Nos termos do novo marco legal do saneamento, a validade do contrato está condicionada à existência de normas de regulação que prevejam os meios para o cumprimento das diretrizes daquela lei, incluindo a designação da entidade de regulação e de fiscalização. Não é possível, pois, celebrar um contrato de prestação de serviços de saneamento sem a indicação da entidade responsável pela regulação, que deverá ser uma entidade de natureza autárquica dotada de independência decisória e autonomia administrativa, orçamentária e financeira.

A regulação foi um dos temas de que se ocupou a Lei nº 14.026/2020, com o objetivo de estabelecer padrões e normas para a adequada prestação e universalização dos serviços, reservando à ANA a competência para editar normas de referência que têm por escopo uniformizar a regulação e ampliar a qualidade regulatória do setor.

A instituição das normas de referência pela ANA será progressiva, por meio de processo participativo, com o envolvimento de entidades de regulação e fiscalização, entidades de representações municipais, e realização de consultas e audiências públicas. A edição das normas também está sujeita à análise de impacto regulatório *ex ante*.

O art. 11 ainda impõe como requisito para a celebração dos contratos a realização prévia de audiência e de consulta públicas sobre o edital de licitação, no caso de concessão, e sobre a minuta do contrato. Essa exigência está relacionada aos princípios fundamentais da transparência e do controle social, apresentados pelo art. 2º, incs. IX e X da Lei nº 11.445/2007.

É nessa etapa, prévia à seleção do prestador de serviços, que a sociedade tem a oportunidade de fazer contribuições, levantar questionamentos, apontar eventuais falhas que poderão ser tempestivamente corrigidas, tudo no intuito de contribuir para o aperfeiçoamento da minuta do contrato.

A participação via audiência e consulta públicas é aberta a todos os interessados, sendo altamente recomendável o envolvimento dos órgãos de controle nesta etapa antecedente à celebração do contrato.

4 Considerações finais

O novo marco legal do saneamento impõe que, ressalvada a hipótese de prestação por entidade que integre a administração do titular, a eleição do prestador ocorra em um ambiente competitivo, cujo resultado será a celebração de um contrato que deve conter todas as cláusulas e condições antes apresentadas.

O objetivo da legislação é uniformizar os contratos e normas de regulação, respeitada a autonomia de cada ente, e criar condições de atração de investidores privados, sem os quais as ousadas metas prescritas não poderão ser alcançadas no prazo fixado.

Esse cenário aponta para uma multiplicidade de projetos de desestatização da prestação dos serviços de saneamento a curto e médio prazo e, consequentemente, para a ampliação da participação privada no setor, o que nos parece muito positivo. No entanto, a qualidade dos projetos e da regulação contratual exige vultoso aperfeiçoamento, como parece desejar a nova lei, sob pena de termos muitos contratos insatisfatórios.

Atento a isso a União se comprometeu, por meio do art. 3º, incs. VIII e IX, do Decreto nº 10.588/2020, a prestar apoio técnico e financeiro aos municípios para a preparação de novos contratos, incluindo auxílio na elaboração de edital, realização prévia de audiências e de consultas públicas, e apoio na licitação para concessão dos serviços.

Embora na estática das normas as condições de validade dos contratos de prestação de serviço de saneamento pareçam ser exequíveis, sua implementação no mundo real pode ganhar complexidade que demandará soluções que são melhores manejadas pelos estados e pela União, dada sua maior capacidade institucional quando cotejados com os municípios, mais um fator a corroborar a valia da solução regionalizada.

Informação bibliográfica deste texto, conforme a NBR 6023:2018 da Associação Brasileira de Normas Técnicas (ABNT):

PETIAN, Angélica. Condições de validade dos contratos de prestação de serviços públicos de saneamento. *In*: GUIMARÃES, Fernando Vernalha (Coord.). *O novo direito do saneamento básico*: estudos sobre o novo marco legal do saneamento básico no Brasil (de acordo com a Lei nº 14.026/2020 e respectiva regulamentação). Belo Horizonte: Fórum, 2022. p. 209-220. ISBN 978-65-5518-299-6.

OS TRIBUNAIS DE CONTAS E A UNIVERSALIZAÇÃO DO SANEAMENTO

GUILHERME JARDIM JURKSAITIS
RAFAEL HAMZE ISSA

1 Introdução

A Lei nº 14.026/2020 foi editada com a finalidade de criar mecanismos aptos a gerar a universalização dos serviços de saneamento básico no Brasil. A principal aposta do legislador é a de que a concorrência entre empresas estatais – dominantes no setor – e empresas privadas[1] leve à expansão de sua prestação para locais ainda hoje desprovidos de atendimento.[2]

---

[1] Os serviços de saneamento básico são considerados monopólios naturais, de modo que não é economicamente sustentável que haja dois prestadores do mesmo serviço na mesma base territorial, o que leva à verticalização do sistema (cf. SANTOS, Gesmar Rosa dos; KUWAJIMA, Julio Issao; SANTANA, Adrielli Santos de. Regulação e investimento no setor de saneamento no brasil: trajetórias, desafios e incertezas. *IPEA*, Brasília; Rio de Janeiro, 2020. Texto para Discussão 2587. p. 10-11). Assim, falamos em concorrência entre prestadores públicos e privados no sentido de competição para a seleção do prestador em determinado local (*competição pelo mercado*).

[2] Conforme consta da exposição de motivos do PL nº 4.162/2019, que originou a Lei nº 14.026/2020: "5. Além disso, há um déficit de 40,8 e 103,2 milhões de brasileiros sem acesso às infraestruturas de abastecimento de água e esgotamento sanitário, respectivamente. A situação é ainda pior quando se analisa a o atendimento de esgotamento sanitário. Segundo dados do SNIS (2017) 52,5% dos brasileiros são servidos por rede coletora ou fossa séptica. Além disso, a existência da rede coletora de esgoto, por exemplo, não garante que o esgoto seja corretamente tratado antes de sua disposição, afetando a qualidade do corpo hídrico que o recebe. [...] 7. Em relação aos prestadores de serviço, o SNIS (2017) mostra o seguinte quadro: 68,9% são Empresas Estaduais de Economia Mista; 17,4% são

Ao mesmo tempo, a lei estipula a data de 31.12.2033 para que o Brasil alcance a meta de 99% de sua população abastecida com água potável e 90% atendida por serviços de coleta e de tratamento de esgoto.

A Lei nº 14.026/2020 foi promulgada em contexto de forte atuação dos órgãos de controle externo na dinâmica administrativa, em especial os tribunais de contas.

Então, é importante refletir sobre qual seria o papel dos tribunais de contas em face da nova lei. Quais os desafios que o novo marco legal impõe à atuação de tais órgãos de controle? Como os tribunais de contas podem contribuir para que se alcance o mais importante objetivo da Lei nº 14.026/2020, que é o de universalizar os serviços?

Para responder a estas questões, o presente trabalho está dividido em três partes, além desta introdução e das conclusões. Na primeira, abordaremos brevemente a universalização do saneamento e dois aspectos destacados pelo legislador (a concorrência entre prestadores públicos e privados e a fixação de prazo para atingimento da meta acima indicada, que é arrojada). Na segunda, trataremos da maneira pela qual os tribunais de contas podem agir na implementação da nova legislação, com especial atenção para a função de monitoramento e fiscalização das licitações e dos contratos de concessão. Na terceira, analisaremos o Painel do Saneamento do TCE-SP, uma importante iniciativa do Tribunal de Contas do Estado de São Paulo, voltada à transparência e ao controle social do cumprimento dos objetivos estabelecidos. Por fim, apontaremos algumas conclusões.

---

da Administração Pública direta; 9,3% são Autarquias; 2,9% são empresas privadas; 1,4% são empresas públicas e 0,1 são Organizações Sociais. Breve análise desses dados projeto para a necessita de investimentos de pelo menos R$22 bilhões por ano para alcançar a universalização do acesso a esses serviços. E numa conjuntura de grave crise fiscal com restrição de investimentos públicos, ao Governo Federal só resta constituir sólidas parcerias com a iniciativa privada, com apoio imprescindível dos Estados e Municípios e com o interesse único de levar conforto, qualidade de vida e saúde aos brasileiros desassistidos. 8. Trata-se de um setor altamente monopolizado, onde as empresas estaduais possuem forte predomínio e a iniciativa privada está presente em apenas 6% dos municípios, apesar de representar mais de 20% dos investimentos realizados no setor. O setor de saneamento básico no país acumula índices preocupantes de cobertura, comprometendo a saúde da população, principalmente daquela menos assistida pelas políticas públicas, e necessita de respostas ousadas e factíveis" (Disponível em: https://www.camara.leg.br/proposicoesWeb/prop_mostrarintegra?codteor=1787462&filename=PL+4162/2019. Acesso em: 26 ago. 2020).

2 A Nova Lei do Saneamento e a busca pela universalização

A Nova Lei do Saneamento foi editada com a finalidade de trazer reformas estruturantes no setor,[3] consideradas essenciais para a universalização de tal serviço – que inclui fornecimento de água, além da coleta e do tratamento do esgoto. Neste ponto, a Lei nº 14.026/2020 possui dois aspectos de especial importância para este texto.

O primeiro trata da competição entre agentes públicos e privados pela prestação dos serviços de saneamento em determinada localidade (competição *pelo* mercado), com a impossibilidade de celebração de contrato de programa,[4] instrumento esse que acabou por perpetuar a prevalência de companhias *estaduais* de saneamento básico (CESBs) em tal setor.

No regime anterior, da Lei nº 11.445/2007, havia três formas de prestação dos serviços de saneamento básico: (i) por entidade integrante do ente titular do serviço, tais como as autarquias municipais de saneamento; (ii) por contrato de programa celebrado entre CESB e os municípios para a gestão integrada do serviço; e (iii) por contrato celebrado com empresas públicas ou privadas, precedidos de procedimento licitatório.

Na prática, no entanto, a existência de hipótese de dispensa de licitação para a celebração de contrato de programa[5] serviu de convite para que municípios deixassem de licitar para celebrar esses

---

[3] Para uma análise geral da evolução do setor de saneamento básico no Brasil, desde o Planasa até a edição da Lei nº 14.026/2020, cf. TRINDADE, Karla Bertocco; ISSA, Rafael Hamze. Primeiras impressões a respeito dos impactos da Lei nº 14.026/20 nas atividades das empresas estaduais de saneamento: a questão da concorrência com as empresas privadas. *In*: GUIMARÃES, Bernardo Strobel; VASCONCELOS, Andréa Costa de; HOHMANN, Ana Carolina (Coord.). *Novo marco legal do saneamento*. Belo Horizonte: Fórum, 2021. p. 25-38.

[4] Lei nº 11.445/2007, com a redação dada pela Lei nº 14.026/2020: "Art. 10. A prestação dos serviços públicos de saneamento básico por entidade que não integre a administração do titular depende da celebração de contrato de concessão, mediante prévia licitação, nos termos do art. 175 da Constituição Federal, vedada a sua disciplina mediante contrato de programa, convênio, termo de parceria ou outros instrumentos de natureza precária". Por sua vez, o art. 13 da Lei nº 11.107/2005, que trata dos consórcios públicos, também foi alterado pela Lei nº 14.026/2020, para vedar a celebração de novos contratos de programa. Confira-se: "Art. 13. [...] §8º Os contratos de prestação de serviços públicos de saneamento básico deverão observar o art. 175 da Constituição Federal, vedada a formalização de novos contratos de programa para esse fim".

[5] Lei nº 8.666/93: "Art. 24. É dispensável a licitação: [...] XXVI - na celebração de contrato de programa com ente da Federação ou com entidade de sua administração indireta, para a prestação de serviços públicos de forma associada nos termos do autorizado em contrato de consórcio público ou em convênio de cooperação".

contratos com empresas estaduais de saneamento. Por esta via, limitou-se significativamente o ingresso de empresas privadas no setor,[6] o que parece explicar, ao menos em parte, o significativo déficit na prestação dos serviços.

Com a edição da Lei nº 14.026/2020, a Lei nº 11.445/2007 foi alterada para prever apenas duas formas de prestação dos serviços de saneamento básico: (i) a direta, por entidade que integre a Administração do ente titular do serviço; e (ii) a indireta, mediante contrato de concessão, precedido de licitação.[7]

Dentro deste cenário, é esperado um maior número de licitações para concessão de serviços de saneamento básico, em relação ao regime anterior, com a concorrência entre agentes públicos e privados pela prestação em determinado âmbito territorial, inclusive com CESBs participando de licitações fora de seus territórios originais.[8] É por meio da concorrência *pelo* mercado que o legislador pretende contribuir para universalizar o saneamento.

O segundo aspecto trazido pela nova lei trata da fixação de meta para a universalização. Neste passo, como se disse anteriormente, é fixada a data de 31.12.2033 para que o Brasil alcance 99% da população atendida por serviços de distribuição de água potável e 90% por serviços de coleta e tratamento de esgotos.[9]

Neste ponto, a Lei nº 14.026/2020 não apenas estipulou a meta a ser atingida, como determinou que ela esteja prevista nos respectivos contratos de concessão, sendo a preservação deste objetivo de univer-salização condição indispensável para a manutenção dos contratos

---

[6] Segundo dados do Sistema Nacional de Informações de Saneamento (SNIS) e da Associação Brasileira das Concessionárias Privadas de Serviços Públicos de Água e Esgoto (ABCON), as empresas estatais correspondem a 72% do setor, ao passo que as empresas privadas compõem apenas 5,2% dos prestadores (Disponível em: https://www.abconsindcon.com.br/sobre/. Acesso em: 14 set. 2020).

[7] Conforme o art. 10 da Lei nº 11.445/2007, acima transcrito.

[8] Exemplo disso foi a participação da Sabesp na concorrência para a prestação regionalizada de saneamento no estado de Alagoas (cf. HIRATA, Thaís. Sabesp confirma participação em concorrência de saneamento em Alagoas. *Valor Econômico*, 25 set. 2020. Disponível em: https://valor.globo.com/empresas/noticia/2020/09/25/sabesp-confirma-participao-em-concorrncia-de-saneamento-em-alagoas.ghtml. Acesso em: 25 maio 2021).

[9] Lei nº 11.445/2007, com a redação dada pela Lei nº 14.026/2020: "Art. 11-B. Os contratos de prestação dos serviços públicos de saneamento básico deverão definir metas de universalização que garantam o atendimento de 99% (noventa e nove por cento) da população com água potável e de 90% (noventa por cento) da população com coleta e tratamento de esgotos até 31 de dezembro de 2033, assim como metas quantitativas de não intermitência do abastecimento, de redução de perdas e de melhoria dos processos de tratamento".

vigentes na data de entrada em vigor da nova lei.[10] Igualmente, o dever de universalização é regra obrigatória a ser observada também nos contratos a serem assinados a partir da entrada em vigor da nova lei. Verifica-se, portanto, um nítido compromisso com a meta de universalização, que foi definido pela própria lei, o que aporta um aspecto finalístico bastante claro ao planejamento dessas concessões, com impacto na atuação dos tribunais de contas.

Em síntese, é pela fixação de meta e pelo investimento privado que a Lei nº 14.026/2020 pretende universalizar os serviços de saneamento básico.

3 A importância dos tribunais de contas na Nova Lei de Saneamento

Os aspectos acima mencionados da nova lei nos remetem a duas funções dos tribunais de contas e às formas como eles podem contribuir para a universalização dos serviços de saneamento básico: o controle dos editais de licitação e contratos administrativos, e o monitoramento de sua universalização, por meio de auditorias e fiscalizações operacionais.

3.1 Os tribunais de contas no controle das licitações para a concessão de saneamento básico

A primeira função é a de controle dos editais de licitação e dos contratos administrativos, que tradicionalmente é exercida pelos tribunais de contas, mas que pode passar por alterações no novo cenário do saneamento básico, especialmente diante de dois aspectos.

---

[10] Lei nº 11.445/2007, com a redação dada pela Lei nº 14.026/2020: "Art. 10-B. Os contratos em vigor, incluídos aditivos e renovações, autorizados nos termos desta Lei, bem como aqueles provenientes de licitação para prestação ou concessão dos serviços públicos de saneamento básico, estarão condicionados à comprovação da capacidade econômico-financeira da contratada, por recursos próprios ou por contratação de dívida, com vistas a viabilizar a universalização dos serviços na área licitada até 31 de dezembro de 2033, nos termos do §2º do art. 11-B desta Lei. Parágrafo único. A metodologia para comprovação da capacidade econômico-financeira da contratada será regulamentada por decreto do Poder Executivo no prazo de 90 (noventa) dias. Art. 11-B [...] §2º Contratos firmados por meio de procedimentos licitatórios que possuam metas diversas daquelas previstas no caput deste artigo, inclusive contratos que tratem, individualmente, de água ou de esgoto, permanecerão inalterados nos moldes licitados, e o titular do serviço deverá buscar alternativas para atingir as metas definidas no caput deste artigo, incluídas as seguintes: I - prestação direta da parcela remanescente; II - licitação complementar para atingimento da totalidade da meta; e III - aditamento de contratos já licitados, incluindo eventual reequilíbrio econômico-financeiro, desde que em comum acordo com a contratada".

Em primeiro plano, ao impossibilitar a celebração de contratos de programa, o novo regramento da prestação dos serviços de saneamento tende a gerar um maior número de licitações para a concessão de tal utilidade, se comparado ao regime anterior.

Neste aspecto, a maior quantidade de licitações pode ocasionar mais litigiosidade, considerado o histórico do setor,[11] o que aponta para uma tendência de se trazer os órgãos de controle externo para o centro dos debates a respeito dos aspectos de regularidade dos editais e contratos de saneamento básico.

Há que se notar, ainda, que a concessão de tais serviços representa objeto complexo, que deve levar em consideração aspectos financeiros, técnicos, ambientais e de implementação de políticas públicas, com a finalidade de gerar benefícios à coletividade por meio da execução contratual.[12]

O desafio posto à Administração Pública concedente é o de encontrar o ponto de equilíbrio entre: (i) a universalização de acordo com a meta legalmente fixada, que deverá ser observada na estruturação e na execução dos contratos; (ii) a atratividade dos prestadores privados, cujo investimento é essencial para o alcance da meta; (iii) a sustentabilidade econômica dos serviços prestados;[13] e (iv) a essencialidade do saneamento para as condições de salubridade da população.[14]

---

[11] Segundo levantamento realizado pela ABCON, 46% dos 107 editais de licitação para a concessão de saneamento publicados entre 2015 e 2019 foram suspensos, administrativa ou judicialmente, por questões jurídicas envolvidas nos certames ou nos futuros contratos (HIRATA, Thaís. Judicialização é entrave para a saneamento. *Valor Econômico*. Disponível em: https://valor.globo.com/empresas/noticia/2020/08/04/judicializacao-e-entrave-para-saneamento.ghtml. Acesso em: 14 set. 2020).

[12] A respeito do aspecto multidisciplinar e dos desafios envolvidos na estruturação de projetos de infraestrutura, dos quais fazem parte os de saneamento básico, cf. PINTO JÚNIOR, Mario Engler. Estruturação de projetos de infraestrutura. *In*: TAFUR, Diego Jacome Valois; JURKSAITIS, Guilherme Jardim; ISSA, Rafael Hamze. *Experiências práticas em concessões e PPPs*: estudos em homenagem aos 25 anos da Lei de Concessões. São Paulo: Quartier Latin, 2021. v. I. p. 37-42.

[13] A sustentabilidade econômica é determinante para o setor, conforme o art. 29 da Lei nº 11.445/2007, com a redação dada pela Lei nº 14.026/2020: "Art. 29. Os serviços públicos de saneamento básico terão a sustentabilidade econômico-financeira assegurada por meio de remuneração pela cobrança dos serviços, e, quando necessário, por outras formas adicionais, como subsídios ou subvenções, vedada a cobrança em duplicidade de custos administrativos ou gerenciais a serem pagos pelo usuário, nos seguintes serviços: I - de abastecimento de água e esgotamento sanitário, na forma de taxas, tarifas e outros preços públicos, que poderão ser estabelecidos para cada um dos serviços ou para ambos, conjuntamente; II - de limpeza urbana e manejo de resíduos sólidos, na forma de taxas, tarifas e outros preços públicos, conforme o regime de prestação do serviço ou das suas atividades; e III - de drenagem e manejo de águas pluviais urbanas, na forma de tributos, inclusive taxas, ou tarifas e outros preços públicos, em conformidade com o regime de prestação do serviço ou das suas atividades".

Some-se a isso a própria evolução dos modelos licitatórios e contratuais dos contratos de concessão e parcerias público-privadas, decorrente de sua plasticidade,[15] estimulada pela legislação aberta e com regras minimalistas.[16] Nas concessões, comparativamente a vínculos corriqueiros – regidos pela Lei nº 8.666/93 ou por sua sucessora, a Lei nº 14.133/2021 –, verifica-se margem mais abrangente de discricionariedade aos gestores para a estipulação das disposições dos editais de licitação, que melhor se amoldem aos objetivos do projeto licitado e do mercado no qual se insere o objeto licitado.

A ausência de modelo único para a contratação de concessão em saneamento básico parece propícia para gerar questionamentos administrativos, judiciais e perante os tribunais de contas a respeito das novas licitações. Por isso, parece crível supor que haverá aumento de discussões a respeito das exigências de qualificação nos editais de concessão de saneamento, da análise do plano de negócios da licitante, em vista da meta de universalização e das peculiaridades locais da prestação do serviço, entre outros elementos.

Exemplo deste debate pode ser verificado em instigante artigo de Renata Dantas, Rodrigo Pinto de Campos e Vera Monteiro, a respeito da exigência de atestados nas licitações de concessão de saneamento.[17] Os autores partem da recente experiência paulista de concessão de rodovias, em que se passou a exigir, na atestação técnica, a comprovação de gestão ou administração de ativos de infraestrutura, ao invés das tradicionais exigências de atestados de obras e operação específica de rodovia. Apontam, ainda, que este movimento deve ser estendido para

---

[14]   Sobre os desafios envolvidos na estruturação dos projetos de saneamento na nova lei, cf. VITA, Pedro Henrique Braz de; RIBAS, Murilo Taborda. Planejando concessões de saneamento: boas práticas na estruturação de projetos. *In*: GUIMARÃES, Bernardo Strobel; VASCONCELOS, Andréa Costa de; HOHMANN, Ana Carolina (Coord.). *Novo marco legal do saneamento*. Belo Horizonte: Fórum, 2021. p. 189-206.

[15]   A respeito da plasticidade dos contratos de concessão, cf. SILVA, Marco Aurélio de Barcelos; PEREIRA, Flávio Henrique Unes. As parcerias público-privadas e a plástica nos contratos de concessão no Brasil. *In*: JUSTEN FILHO, Marçal; SCHWIND, Rafael Wallbach. *Parcerias público-privadas*: reflexões sobre os 10 anos da Lei 11.079/2004. São Paulo: Revista dos Tribunais, 2015. p. 99-112.

[16]   Para uma distinção entre modelos minimalista e maximalista de legislação de licitação, cf. ROSILHO, André. *Licitação no Brasil*. São Paulo: Malheiros-sbdp, 2013. p. 104 e seguintes.

[17]   DANTAS, Renata; CAMPOS, Rodrigo Pinto de; MONTEIRO, Vera. Atestação nas licitações de concessão de saneamento. *In*: GUIMARÃES, Bernardo Strobel; VASCONCELOS, Andréa Costa de; HOHMANN, Ana Carolina (Coord.). *Novo marco legal do saneamento*. Belo Horizonte: Fórum, 2021. p. 67-79.

as concessões de saneamento básico, como meio de levar a evolução tecnológica necessária para a universalização do serviço.[18] [19]

Segundo eles, a adoção deste novo modelo de exigências de atestação não é unânime, conforme afirmam a partir de duas experiências recentes do setor de saneamento.

A primeira é a licitação de concessão comum promovida pela Companhia de Saneamento de Alagoas (Casal) – Concorrência Pública nº 9/2020 –,[20] na qual foi exigida dos licitantes a apresentação de um atestado de capacidade financeira de captação de montante de R$900 milhões, e de outro de natureza técnica, "integralmente operacional (atinente à comprovação de operação de sistemas de abastecimento de

---

[18] DANTAS, Renata; CAMPOS, Rodrigo Pinto de; MONTEIRO, Vera. Atestação nas licitações de concessão de saneamento. *In*: GUIMARÃES, Bernardo Strobel; VASCONCELOS, Andréa Costa de; HOHMANN, Ana Carolina (Coord.). *Novo marco legal do saneamento*. Belo Horizonte: Fórum, 2021. p. 70-73.

[19] A respeito das razões pelas quais a tradicional exigência de atestação de obra ou operação de empreendimento específico ao licitado não deve ser adotada nas concessões feitas sob o novo marco do saneamento, afirmam Renata Dantas, Rodrigo Pinto de Campos e Vera Monteiro: "Ao obrigar, sob o manto dos requisitos de qualificação técnica, os licitantes de uma concessão, os licitantes de uma concessão a apresentarem atestados de realização de obras (geralmente de grande volume e complexidade sob o ponto de vista da engenharia) ou de atividades meramente operacionais, o Poder Público termina – às vezes de forma involuntária, em outras propositalmente – por circunscrever os potenciais futuros concessionários a um grupo pequeno, que mais se assemelha a um clã fechado, no âmbito do qual se perpetua um revezamento de vitórias nos leilões, tolhendo quase de forma absoluta a possibilidade de sucesso de um novo entrante. O problema é que esta característica, muito própria do regime jurídico das licitações públicas brasileiras desde a edição da Lei nº 8.666, de 199, tornou-se jurídica, negocial e tecnicamente obsoleta. A realidade da terceira década do século XXI não comporta mais vedações desta natureza. Os bens jurídicos que se pretendia tutelar por meio de restrições como estas não estão mais ameaçados por licitantes não detentores de atestação prévia, mas sim por potenciais concessionários que, valendo-se desta vantagem competitiva intrínseca, se sagram vencedores de concorrências apresentando projetos muitas vezes de pior qualidade. Assim, em um mundo onde, apesar de eventos sem precedentes em escala planetária, como a pandemia de covid-19, abundam recursos para a execução de projetos sofisticados de concessão – oriundos, por exemplo, de fundos de investimentos nacionais e internacionais, de empresas estrangeiras sem atuação no Brasil ou de grupos brasileiros de porte médio cuja união pode lhes conferir musculatura para alçar voos mais elevados –, não faz o menor sentido que a estruturação das concessões de saneamento básico, com a qualidade almejada pela Lei nº 14.026, de 2020, não contemple a flexibilização dos requisitos de atestação tradicionalmente empregados em licitação" (DANTAS, Renata; CAMPOS, Rodrigo Pinto de; MONTEIRO, Vera. Atestação nas licitações de concessão de saneamento. *In*: GUIMARÃES, Bernardo Strobel; VASCONCELOS, Andréa Costa de; HOHMANN, Ana Carolina (Coord.). *Novo marco legal do saneamento*. Belo Horizonte: Fórum, 2021. p. 70-71).

[20] A vencedora da licitação foi a empresa BRK Ambiental (Disponível em: https://economia. estadao.com.br/noticias/geral,com-outorga-de-r-2-bilhoes-alagoas-da-pontape-nos-leiloes-apos-marco-do-saneamento,70003459141. Acesso em: 22 maio 2021).

água e/ou esgotamento sanitário para atendimento a uma população de, no mínimo, 500.000 habitantes)",[21] sem a exigência de atestado de obra. A outra experiência é a da Concorrência Pública nº 1/2020, da Empresa de Saneamento do Mato Grosso do Sul (Sanesul),[22] voltada para a concessão administrativa dos serviços de saneamento básico de esgotamento sanitário. Neste caso, além dos atestados de cunho financeiro e operacional, os autores esclarecem que o edital buscou:

> restringir a participação no certame àqueles que demonstrassem experiência pretérita em itens como "construção e operação de coletor tronco e/ou rede coletora de esgoto de, no mínimo, 380.000 metros" e "construção e operação de estação de tratamento de esgoto com capacidade mínima de tratamento de 190 l/s". Ademais, trouxe os tradicionais requisitos de qualificação técnico-profissional correspondentes a tais atividades, exigindo que os licitantes juntassem à sua documentação de habilitação atestados devidamente acervados no órgão profissional de engenharia competente, aptos a comprovar trabalhos anteriores de seus responsáveis técnicos em objetos como "operação e manutenção de sistema de esgotamento sanitário composta de coleta, transporte, bombeamento e tratamento", "construção e operação de coletor tronco e/ou rede coletora de esgoto" e "construção e operação de tratamento de esgoto".[23]

O que essa variedade de exigências possíveis sinaliza é para a possibilidade de que editais de licitação para concessão de saneamento básico sejam submetidos ao exame de sua regularidade perante os tribunais de contas. Este exame pode ser feito *antes* do encerramento da fase de licitação, em sede de controle preventivo, e também *após* a assinatura do contrato, para verificação da regularidade de sua execução e das etapas que antecedem a sua assinatura.

Em relação ao exame preventivo de editais de licitação para concessão de saneamento básico, os tribunais de contas poderão desempenhar papel decisivo para o sucesso do novo regramento. A

---

[21] DANTAS, Renata; CAMPOS, Rodrigo Pinto de; MONTEIRO, Vera. Atestação nas licitações de concessão de saneamento. *In*: GUIMARÃES, Bernardo Strobel; VASCONCELOS, Andréa Costa de; HOHMANN, Ana Carolina (Coord.). *Novo marco legal do saneamento*. Belo Horizonte: Fórum, 2021. p. 73.

[22] Certame vencido pela AEGEA Saneamento e Participações S.A. (Disponível em: https://www.sanesul.ms.gov.br/Licitacao/DetalhesLicitacao/1657. Acesso em: 22 maio 2021).

[23] DANTAS, Renata; CAMPOS, Rodrigo Pinto de; MONTEIRO, Vera. Atestação nas licitações de concessão de saneamento. *In*: GUIMARÃES, Bernardo Strobel; VASCONCELOS, Andréa Costa de; HOHMANN, Ana Carolina (Coord.). *Novo marco legal do saneamento*. Belo Horizonte: Fórum, 2021. p. 73.

depender da postura que venham a adotar – mais ou menos interventiva para fins de paralisação cautelar dessas licitações, por exemplo –, esses órgãos de controle externo poderão acelerar ou retardar o cumprimento das metas do novo marco legal. E conforme forem sendo julgados os respectivos contratos e sua execução, poderão refinar a interpretação a ser dada aos comandos da legislação, conferindo assim a necessária segurança jurídica e estabilidade que esses ajustes demandam.

Nesse sentido, espera-se que a atuação dos tribunais de contas mantenha em vista o objetivo de universalização, consagrado pelo novo modelo, que privilegia a competição entre as empresas e procura acabar com o monopólio estatal no setor. Para tanto, e sobretudo neste momento inicial de aplicação da novel legislação, parece prudente privilegiar a celebração de novos contratos e o atendimento das etapas necessárias ao atingimento da universalização, no lugar de um controle formalístico e dissociado dos resultados pretendidos.

3.2 O Painel do Saneamento do TCE-SP: os tribunais de contas engajados no monitoramento do saneamento básico e do cumprimento da meta de universalização

Outra função que pode ser desempenhada pelos tribunais de contas na universalização do saneamento é a de monitorar constantemente as ações administrativas e o cumprimento dos contratos de concessão destinados a tal finalidade.

Nesta vertente, a atuação do órgão de controle tem por finalidade acompanhar o desenvolvimento da prestação do serviço de saneamento, seja concedido, seja prestado diretamente pelo ente competente, com vistas a aferir como a gestão do serviço está sendo realizada, tendo por base a meta de universalização, bem como as diretrizes contratuais.

Esta função está integrada à auditoria ou fiscalização operacional,[24] que é o instrumento utilizado pelos tribunais de contas para "produzir informações acerca do funcionamento da Administração Pública,

---

[24] Constituição Federal: "Art. 71. O controle externo, a cargo do Congresso Nacional, será exercido com o auxílio do Tribunal de Contas da União, ao qual compete: [...] IV - realizar, por iniciativa própria, da Câmara dos Deputados, do Senado Federal, de Comissão técnica ou de inquérito, inspeções e auditorias de natureza contábil, financeira, orçamentária, operacional e patrimonial, nas unidades administrativas dos Poderes Legislativo, Executivo e Judiciário, e demais entidades [...]".

promovendo sua transparência e criando subsídios para o aprimoramento de suas práticas e políticas".[25] [26]

No entanto, a depender do nível de transparência desse monitoramento, ele pode possuir autonomia em relação à auditoria operacional, na medida em que fornece dados para o controle social e para o controle exercido por outros órgãos (internos e externos) para a aferição do cumprimento das metas de universalização. É dizer, independentemente das recomendações provenientes das auditorias realizadas pelos tribunais de contas, o seu resultado serve de imediato como um significativo instrumento para a elaboração de políticas públicas e para a identificação de pontos "cinzentos", não identificáveis inicialmente.

Exemplo deste aspecto pode ser notado no Painel do Saneamento do TCE-SP, criado pelo Tribunal de Contas do Estado de São Paulo,[27] e que tem por finalidade fornecer o panorama da prestação deste serviço nos 644 municípios jurisdicionados ao TCE-SP.[28] Esta plataforma realiza a consolidação de diversas bases de dados relacionadas ao tema em questão, algumas mantidas pela própria Corte de Contas, e outras provenientes de veículos oficiais externos ao TCE-SP: Índice de Efetividade da Gestão Municipal – IEG-M (TCE-SP); Audesp (TCE-SP); indicadores de internações e óbitos do SUS; dados gerais e e de drenagem do Sistema Nacional de Informações sobre Saneamento – SNIS.

Com essa ferramenta, é possível observar que, de um total de 644 municípios jurisdicionados ao TCE-SP, 143 não possuem plano de saneamento; 133 não possuem plano de gestão integrada de resíduos sólidos; e 196 não realizam coleta seletiva de resíduos sólidos. Além disso, os dados demonstram que, no ano de 2019, 95,05% da população correspondente era atendida por abastecimento de água; 87,97% por coleta sanitária; 96,82% por coleta e disposição final de resíduos sólidos; e que 84,73% dos municípios fiscalizados pela Corte possuíam sistema exclusivo de drenagem urbana.

---

[25] ROSILHO, André. *Tribunal de Contas da União* – Competências, jurisdição e instrumentos de controle. São Paulo: Quartier Latin, 2019. p. 316.

[26] Escaparia dos limites deste ensaio tratar das auditorias e fiscalizações operacionais. Para tanto, remetemos a leitora, além da obra de André Rosilho, para o artigo de TRISTÃO, Conrado. Tribunais de Contas e controle operacional da Administração. *In*: SUNDFELD, Carlos Ari; ROSILHO, André (Org.). *Tribunal de Contas da União no direito e na realidade*. São Paulo: Almedina, 2020. p. 99-111.

[27] O Painel do Saneamento do TCE-SP pode ser acessado por intermédio do endereço: https://painel.tce.sp.gov.br/pentaho/api/repos/%3Apublic%3ASaneamento%3Asaneamento.wcdf/generatedContent?userid=anony&password=zero. Acesso em: 22 maio 2021.

[28] Dos 645 municípios do estado de São Paulo, apenas a capital não é submetida à jurisdição do TCE-SP, mas sim ao Tribunal de Contas do Município.

Outros dados deixam ainda mais claros os impactos sociais da ausência da prestação dessas utilidades para a coletividade e a urgência do assunto no Brasil. Em 2019, por exemplo, trinta e quatro escolas municipais no estado de São Paulo não possuíam água potável, onze não eram atendidas por serviços de abastecimento de água e impressionantes cento e sete não eram dotadas de coleta de esgoto. A partir desse cenário, pode-se perceber que a ausência desses serviços está a comprometer o futuro dessas crianças e de nossa sociedade, haja vista as sabidas consequências sanitárias e de saúde pública advindas desse alarmante cenário. É verdade que esses números podem se revelar de pouca monta a depender da quantidade total de escolas e de alunos assistidos. Contudo, para aqueles que efetivamente estão a sofrer em suas escolas pela ausência de água potável, ou mesmo de *qualquer água*, pouco importa o universo *total* a ser considerado.

Ainda nos impactos sociais, o Painel do Saneamento do TCE-SP demonstra que, no ano de 2019, em 557 municípios, houve ao menos um registro de internação relacionada a doenças ligadas à falta de saneamento básico adequado, perfazendo um total de 11.070 internações, ao custo estimado de R$4,8 milhões para os cofres públicos. A precariedade na prestação desses serviços fez com que 129 municípios paulistas registrassem óbitos, num total de 201 vidas interrompidas.

O Painel do Saneamento do TCE-SP também monitora e informa a existência ou não do plano de saneamento, previsto no art. 11 da Lei nº 11.445/2007. Dos 644 municípios que respondem ao TCE-SP, 143 sequer possuíam esse documento em 2019. Entre aqueles que detinham o plano, pouco mais da metade havia cumprido tempestivamente as metas contempladas (52,4%). Enquanto isso, 19,4% atingiram apenas *parcialmente* os objetivos pretendidos; e 10,6% não cumpriram as metas. E apenas 17,6% dos municípios executaram integralmente seus planos dentro do prazo fixado.

Esses dados, aqui apresentados de modo apenas exemplificativo, apesar de se referirem ao ano de 2019, *antes*, portanto, da entrada em vigor da Lei nº 14.026/2020, evidenciam desafios e chamam a atenção para importância de se universalizar os serviços de saneamento básico, cujo impacto social é de grande relevância. Nessa linha, vale destacar, mais uma vez, que os dados levantados pelo TCE-SP servem de parâmetro inicial para o desenho das políticas públicas necessárias para a universalização do saneamento e aumento da qualidade de vida da população, fomentando o controle social de tais serviços essenciais.

4 Conclusão

O novo marco legal do saneamento possui meta arrojada de universalização, cujo cumprimento inevitavelmente depende da participação ativa de investimentos privados. A aposta do legislador e da comunidade em geral é grande para que a reforma levada a efeito pela Lei nº 14.026/2020 concretize o que as anteriores não fizeram. Nessa linha, a atuação dos tribunais de contas será fundamental para, de um lado, garantir que as licitações se constituam em *instrumento* eficiente para impulsionar a participação privada na prestação do serviço de saneamento, resultando em contratos estáveis e que assegurem o necessário fluxo de investimentos necessários à universalização e expansão do serviço; de outro lado, a atuação fiscalizadora e de acompanhamento da gestão e da execução dos contratos de concessão de saneamento será fundamental para que as previsões legais e contratuais não se tornem, mais uma vez, promessas não cumpridas.

Os instrumentos estão postos e os agentes do setor se mostram otimistas com as mudanças realizadas. Os próximos meses e anos demonstrarão como os tribunais de contas participarão deste novo momento do saneamento nacional.

Referências

DANTAS, Renata; CAMPOS, Rodrigo Pinto de; MONTEIRO, Vera. Atestação nas licitações de concessão de saneamento. *In*: GUIMARÃES, Bernardo Strobel; VASCONCELOS, Andréa Costa de; HOHMANN, Ana Carolina (Coord.). *Novo marco legal do saneamento*. Belo Horizonte: Fórum, 2021.

FAVARO, Cristian. BRK paga R$2 bilhões por concessão de saneamento em Alagoas. *O Estado de São Paulo*. Disponível em: https://economia.estadao.com.br/noticias/geral,com-outorga-de-r-2-bilhoes-alagoas-da-pontape-nos-leiloes-apos-marco-do-saneamento,70003459141. Acesso em: 1º maio 2021.

HIRATA, Thaís. Judicialização é entrave para a saneamento. *Valor Econômico*. Disponível em: https://valor.globo.com/empresas/noticia/2020/08/04/judicializacao-e-entrave-para-saneamento.ghtml. Acesso em: 14 set. 2020.

PINTO JÚNIOR, Mario Engler. Estruturação de projetos de infraestrutura. *In*: TAFUR, Diego Jacome Valois; JURKSAITIS, Guilherme Jardim; ISSA, Rafael Hamze. *Experiências práticas em concessões e PPPs*: estudos em homenagem aos 25 anos da Lei de Concessões. São Paulo: Quartier Latin, 2021. v. I.

POLLITT, Cristopher *et al*. *Desempenho ou legalidade?* Auditoria operacional e de gestão pública em cinco países. Belo Horizonte: Fórum, 2009.

ROSILHO, André. *Licitação no Brasil*. São Paulo: Malheiros-sbdp, 2013.

ROSILHO, André. *Tribunal de Contas da União* – Competências, jurisdição e instrumentos de controle. São Paulo: Quartier Latin, 2019.

SANTOS, Gesmar Rosa dos; KUWAJIMA, Julio Issao; SANTANA, Adrielli Santos de. Regulação e investimento no setor de saneamento no brasil: trajetórias, desafios e incertezas. *IPEA*, Brasília; Rio de Janeiro, 2020. Texto para Discussão 2587.

SILVA, Marco Aurélio de Barcelos; PEREIRA, Flávio Henrique Unes. As parcerias público-privadas e a plástica nos contratos de concessão no Brasil. *In*: JUSTEN FILHO, Marçal; SCHWIND, Rafael Wallbach. *Parcerias público-privadas*: reflexões sobre os 10 anos da Lei 11.079/2004. São Paulo: Revista dos Tribunais, 2015.

TRINDADE, Karla Bertocco; ISSA, Rafael Hamze. Primeiras impressões a respeito dos impactos da Lei nº 14.026/20 nas atividades das empresas estaduais de saneamento: a questão da concorrência com as empresas privadas. *In*: GUIMARÃES, Bernardo Strobel; VASCONCELOS, Andréa Costa de; HOHMANN, Ana Carolina (Coord.). *Novo marco legal do saneamento*. Belo Horizonte: Fórum, 2021.

TRISTÃO, Conrado. Tribunais de Contas e controle operacional da Administração. *In*: SUNDFELD, Carlos Ari; ROSILHO, André (Org.). *Tribunal de Contas da União no direito e na realidade*. São Paulo: Almedina, 2020.

VITA, Pedro Henrique Braz de; RIBAS, Murilo Taborda. Planejando concessões de saneamento: boas práticas na estruturação de projetos. *In*: GUIMARÃES, Bernardo Strobel; VASCONCELOS, Andréa Costa de; HOHMANN, Ana Carolina (Coord.). *Novo marco legal do saneamento*. Belo Horizonte: Fórum, 2021.

Informação bibliográfica deste texto, conforme a NBR 6023:2018 da Associação Brasileira de Normas Técnicas (ABNT):

JURKSAITIS, Guilherme Jardim; ISSA, Rafael Hamze. Os tribunais de contas e a universalização do saneamento. *In*: GUIMARÃES, Fernando Vernalha (Coord.). *O novo direito do saneamento básico*: estudos sobre o novo marco legal do saneamento básico no Brasil (de acordo com a Lei nº 14.026/2020 e respectiva regulamentação). Belo Horizonte: Fórum, 2022. p. 221-234. ISBN 978-65-5518-299-6.

PARTE IV

ESTUDOS DE CASOS

A PRIVATIZAÇÃO DE EMPRESAS ESTATAIS DE SANEAMENTO: BREVE ESTUDO DO "CASO CORSAN"

GUSTAVO KAERCHER LOUREIRO
EGON BOCKMANN MOREIRA

Introdução

O objeto deste estudo é o breve exame de determinadas questões jurídicas suscitadas pelo Novo Marco do Saneamento Básico – NMSB, relativas à privatização das companhias estaduais detentoras de contratos de programa com municípios, para a prestação dos serviços públicos de saneamento básico de água e esgotamento sanitário. Tais questões giram em torno de vários temas: arranjos contratuais que estão disponíveis para o acionista da companhia no processo de transferência de controle para a iniciativa privada; papel dos municípios, titulares do serviço, na privatização; relação desta operação societária com a exigência de licitação para a prestação de serviços públicos.

Nossa análise será conduzida com particular atenção ao processo em curso que envolve a Companhia Riograndense de Saneamento – Corsan. O estudo está assim organizado: a *Parte I* apresenta o contexto geral em que a privatização da Corsan se desenrola. A *Parte II* faz apanhado de suas principais características noticiadas. A *Parte III* investiga as competências dos municípios em face da privatização, enquanto que a *Parte IV* verifica se, com as medidas tomadas para a transferência do controle da companhia estadual, atende-se à exigência jurídica fundamental de seleção competitiva do prestador de serviços públicos. Ao final são recapituladas as principais conclusões.

Parte I – O pano de fundo da privatização: novo marco do saneamento básico

É bem conhecida a situação absolutamente insatisfatória da oferta de serviços públicos de saneamento no Brasil. Menos notória, mas não menos verdadeira, é a constatação de que essa situação indesejável se desenrola em ambiente institucional e empresarial de absoluta predominância das companhias estatais (estaduais) como prestadora desses serviços – posição que ocupam em base a complexos arranjos jurídicos que culminam com os chamados *contratos de programa*.[1]

Diante de semelhante quadro, o novo marco do saneamento básico determinou profundas mudanças na organização setorial.

I.1 A universalização como princípio do NMSB e as metas do art. 11-B

A primeira providência imposta pelo NMSB é a exigência de universalização dos serviços de saneamento básico, sobretudo de água e esgotamento sanitário, como verdadeiro princípio (mandamento de otimização) setorial. Em realidade, o novo marco elegeu-o como o mais importante entre tantos,[2] a ser realizado "no maior grau possível", de tal sorte que a universalização se torna a principal métrica ou o parâmetro para avaliar o mérito de quaisquer ações, públicas e privadas, no saneamento – inclusive a privatização de companhias estatais.

O que se justifica em vista do fato de que o NMSB visa a assegurar *direitos fundamentais dos usuários* de serviços de água e saneamento, em *regime de igualdade*, em *termos nacionais*, como medida de atendimento a temas básicos da cidadania. A positivação geral e abstrata do princípio

---

[1] Para um apanhado geral dessas situações, tanto a empírica quanto a institucional, v. https://ceri.fgv.br/sites/default/files/publicacoes/2020-07/cartilha-reforma-saneamento_digital_28.07.2020.pdf.

[2] Por certo o princípio da universalização haverá de ser confrontado com outras exigências do ordenamento jurídico, como a segurança jurídica, a estabilidade das relações e a preservação da autonomia federativa. Mas não há dúvida de que a universalização é o mandamento a ser realizado "na maior extensão possível" – para aqui nos valermos da consagrada expressão de Robert Alexy quanto à aplicabilidade dos princípios (ALEXY, Robert. *Teoria dos direitos fundamentais*. 1. ed. 2. tir. Tradução de Virgílio Afonso da Silva. São Paulo: Malheiros, 2009).

de universalização está nos arts. 2º, I, e 3º, III, da Lei nº 11.445/2007 (com as alterações do NMSB).

Note-se, porém, que ao longo do NMSB, encontram-se várias prescrições parciais e tópicas que concretizam o princípio. Entre essas, assume importância ímpar o art. 11-B da citada lei. O dispositivo, que possui estrutura de *regra* e feição de *diretriz*, apresenta comando de aplicação geral, bastante preciso e ambicioso em seu núcleo: atingir 99% de cobertura para os serviços de abastecimento de água potável e 90% de coleta e tratamento de esgotos, até 2033. Essa é a finalidade normativa de tais serviços, como eles *devem ser* prestados. Com lastro nessas determinações normativas, a fim de atingir o escopo positivado em lei, as competências dos poderes públicos *devem ser* exercitadas.

Visto juridicamente, o art. 11-B tipifica um *fato do príncipe* (da União, sob o manto do art. 21, XX da Constituição) que, dirigindo-se aos atuais titulares do serviço (municípios, em sua maior parte), exige que tomem providências – inclusive atuação direta –[3] para atingir o estado de coisas tido como desejável. "Por *fato do príncipe*" – leciona Diogo de Figueiredo Moreira Neto – "entende-se qualquer medida de *ordem geral que parta do Estado*, sem que vise especificamente à relação contratual, mas que produz reflexos sobre um contrato administrativo, *dificultando ou impedindo a sua execução*".[4]

No caso, a dificuldade pode ser de gestão ou econômico-financeira – a exigir a adoção das soluções positivadas na Constituição e na legislação setorial que lhe dá aplicabilidade.

Caso a solução para universalizar seja por meio do contrato (literalmente, a preferida da Lei nº 11.445/2007), então esses negócios (sejam eles de concessão sejam de programa) deverão ser *ajustados* para acolher as novas metas.[5] Esta é uma modificação *necessária*, decorrente do comando legal expresso para os contratos em curso, e independe

---

[3] Art. 11-B, §2º, I: "A *fattispecie* do dispositivo é a dos contratos licitados, mas a providência colhe também os contratos de programa cujos prestadores não puderem fazer face às novas obrigações legais".

[4] MOREIRA NETO, Diogo de Figueiredo. *Curso de direito administrativo*. 16. ed. Rio de Janeiro: Forense, 2014. p. 189. Essa compreensão é universal, como se constata em: CAETANO, Marcello. *Manual de direito administrativo*. 10. ed. 9. reimpr. Coimbra: Almedina, 2007. t. I. p. 618-623; JUSTEN FILHO, Marçal. *Curso de direito administrativo*. 13. ed. São Paulo: RT, [s.d.]. p. 458-451; CARVALHO FILHO, José dos Santos. *Manual de direito administrativo*. 33. ed. São Paulo: Atlas, 2019. p. 219-222.

[5] E o prestador deverá comprovar aptidão econômico-financeira para cumpri-las, cf. art. 10-B. V. LOUREIRO, Gustavo Kaercher. *Apontamentos sobre o art. 10-B da Lei 11.445/2007 e seu Regulamento*. Disponível em: https://ceri.fgv.br/publicacoes/apontamentos-sobre-o-art-10-b-da-lei-114452007-e-seu-regulamento.

de – embora possa estar coordenada com – operações de privatização de empresas que (também) envolvam alterações nos seus contratos (v. a seguir, Parte II).

Com ou sem privatização, a modificação dos contratos para que atendam ao art. 11-B deve estar concluída em 31.3.2022 por expressa determinação legal[6] (no caso de contratos de programa, é necessário ter presente que o processo de incorporação das metas *não poderá ter por efeito a prorrogação de seus prazos*).[7]

I.2 Manutenção do protagonismo dos municípios

Eis aí outra característica basilar do NMSB. Esse tópico receberá tratamento mais cuidadoso na Parte III. De momento, vale salientar que, muito embora o município não seja, sempre, o titular único dos serviços de saneamento e que, em o sendo, deverá conviver com competências constitucionais dos demais entes da Federação, suas atribuições são múltiplas e muito relevantes.

O NMSB não desprezou a dimensão municipal da prestação dos serviços – que se manifesta principalmente no caso de comprovado interesse local, hipótese em que a titularidade do serviço é singular;[8] mas também em outras modalidades de prestação dos serviços, como a gestão associada,[9] a prestação regionalizada por unidades regionais e os blocos de referência.[10] Não devido ao acaso, também no âmbito das privatizações os municípios têm papel a desempenhar (papéis diferentes, conforme as circunstâncias, como veremos).

---

[6] Cf. §1º do art. 11-B da Lei nº 11.445/2007.

[7] O NMSB tem como escopo, primário e expresso, a extinção dos contratos de programa. O tema já foi já enfrentando pelos signatários. V. MOREIRA, Egon Bockmann. *O novo marco legal do saneamento e a impossibilidade de prorrogação de contratos de programa.* Disponível em: https://www.zenite.blog.br/o-novo-marco-legal-do-saneamento-e-a-impossibilidade-de-prorrogacao-de-contratos-de-programa/; e LOUREIRO, Gustavo Kaercher. *Observações sobre a prorrogação dos contratos de programa sob o marco do saneamento.* Disponível em: https://ceri.fgv.br/publicacoes/observacoes-sobre-prorrogacao-de-contratos-de-programa-sob-o-marco-do-saneamento.

[8] Art. 3º, XV c/c art. 8º, I da Lei nº 11.445/2007.

[9] Art. 3º, II c/c art. 8º, §1º da Lei nº 11.445/2007.

[10] Art. 3º, VI, "c" da Lei nº 11.445/2007.

I.3 A reconfiguração das competências estaduais e o não favorecimento do contrato de programa como modelo futuro

I.3.1 A reconfiguração das competências estaduais

Outro elemento notável do NMSB é a reorganização que operou nas competências e tarefas dos estados da Federação. Antes era-lhes atribuída, como principal missão, a constituição e manutenção de companhias estaduais para a prestação dos serviços de saneamento (sobretudo por meio de contratos de programa). Essa era a lógica ancestral do Plano Nacional de Saneamento – Planasa, instituído na década de 1970.

Atualmente, essa função empreendedora é expressamente *desencorajada* pela legislação, que estimula a direção oposta, de *desestatização* de suas empresas (v. Parte II, adiante). Em compensação, o NMSB deu aos estados a incumbência de viabilizar econômica e financeiramente a prestação (indireta, concedida) dos serviços de saneamento, por meio da constituição de mecanismos de *prestação regionalizada* (notadamente, a criação de regiões metropolitanas, aglomerações urbanas e microrregiões;[11] e a criação de unidades regionais).[12]

Por força desse reposicionamento, o estado-membro passa de empresário a formulador de políticas públicas de prestação regionalizada – sempre com vistas à universalização dos serviços.[13] Em vista do NMSB, torna-se garantidor das prestações, por intermédio da definição de metas de universalização a serem obrigatoriamente cumpridas pelos concessionários. Afinal, como consignou José Joaquim Gomes Canotilho, o exercício de serviços públicos por pessoas privadas implica "tão somente a escolha de uma forma outra de prossecução das tarefas públicas. O Estado permanece 'responsável', mas a tarefa pode ser prosseguida e executada com mais efectividade, eficiência e economicidade se se adoptarem os novos padrões de organização".[14]

---

[11] Art. 3º, VI, "a" da Lei nº 11.445/2007.

[12] Art. 3º, VI, "b" da Lei nº 11.445/2007.

[13] Sobre o tema da regionalização, sob o enfoque dos Estados, v. LOUREIRO, Gustavo Kaercher. Prestação regionalizada dos serviços de saneamento: o estado federado como ponto focal das políticas setoriais. *CERI-FGV*. Disponível em: https://www.academia.edu/45439988/Presta%C3%A7%C3%A3o_Regionalizada_de_Servi%C3%A7os_de_Saneamento_o_Estado_Federado_como_Ponto_Focal_das_Pol%C3%ADticas_Setoriais.

[14] "O direito constitucional passa: o direito administrativo passa também" (AA.VV. *Estudos em Homenagem ao Professor Dr. Rogério Soares*. Coimbra: Coimbra Editora, 2001, p. 717). O atual estado de garantia "foi chamado a assumir uma nova *posição de garante da realização de*

A privatização de suas companhias é tida, exatamente, como um instrumento – dos mais importantes – dessa mudança.

De modo consequente, o NMSB também desencorajou (em verdade, *proibiu*) novos usos da figura que dava base jurídica à atuação estadual, o contrato de programa. Esse novo modo de contratualizar a prestação dos serviços é um de seus pilares mais importantes.

I.3.2 Contratos de programa: vedados para o futuro, mas preservados como mecanismos de transição

Contratos de programa são figuras jurídicas complexas, em torno das quais vicejam controvérsias e dificuldades. Para nossos propósitos, basta dizer que materializam esforços de cooperação federativa para gestão associada de serviços públicos. Constituem-se no ponto de chegada de um conjunto de atos jurídicos prévios[15] e são celebrados entre dois sujeitos de esferas estatais distintas (normalmente, município, como titular-delegante, do serviço e empresa estadual, como delegada-prestadora). Têm por objeto a delegação da prestação de serviços públicos de titularidade do contratante.

Muito embora sejam instrumentos de concertação federativa lastreados no art. 241 da Constituição, os contratos de programa, dado seu objeto, não deixam de ter características similares às concessões de serviço público, ancoradas no art. 175 da Constituição. Não por outra razão, o art. 13, §1º, I da Lei nº 11.107/2005, determina que devem eles "atender à legislação de concessões e permissões de serviços públicos". Em realidade, concessões e contratos de programa podem ser considerados espécies distintas de um mesmo gênero, o de *negócios jurídico-administrativos de delegação*. Diferenciam-se em alguns pontos[16]

---

dois objectivos ou interesses fundamentais: por um lado, o *correcto funcionamento dos sectores e serviços privatizados* [...], e, por outro, a *realização dos direitos dos cidadãos*, designadamente dos direitos a beneficiar, em condições acessíveis, de *serviços de interesse geral*" (GONÇALVES, Pedro Costa. Direito administrativo da regulação. *In*: GONÇALVES, Pedro Costa. *Regulação, electricidade e telecomunicações*: estudos de direito administrativo da regulação. Coimbra: Coimbra Editora, 2008. p. 11).

15 Que envolvem consórcios ou convênios, atos legislativos e outros, *ex vi* Lei nº 11.107/2005.

16 O contrato de programa somente pode ser celebrado com prestador ligado a alguma esfera estatal, enquanto que a concessão admite como prestadores de serviços públicos tanto sujeitos privados como empresas estatais; o contrato de programa dispensa a licitação enquanto que a concessão a exige; o lastro constitucional do primeiro é o art. 241, enquanto que o do segundo é o art. 175; o diploma de regência dos primeiros é a Lei nº 11.107/2005, enquanto que os segundos seguem a Lei nº 8.987/1995 etc.

e se aproximam em outros. O grau dessa aproximação vai depender da conformação concreta que os negócios tomarem.

Em todo o caso, é exatamente esse parentesco que explicará e justificará a possibilidade de mudança de um tipo para outro de delegação, em processos de privatização de companhias estaduais (art. 14 da Lei nº 14.026/2020, examinado a seguir na Parte II).

Características jurídicas à parte, o NMSB realizou uma legítima opção de política pública em favor do modelo concessional. Os contratos de programa não mais poderão ser utilizados nas futuras contratações[17] e (salvo uma possível exceção ligada, exatamente, à privatização que encontraremos depois) não mais poderão ser prorrogados.[18] Por outro lado, e em homenagem à segurança jurídica, aqueles *regulares* (válidos)[19] e *em vigor* permanecerão em execução pelo prazo remanescente que tiverem.[20]

A permanência desses mecanismos de cooperação federativa não significa, porém, *incolumidade*. Ao menos uma alteração é certa e necessária, inclusive com prazo para estar realizada: aquela já referida, atinente à incorporação das metas de atendimento dos serviços de água e

---

[17] Art. 10 da Lei nº 11.445/2007 e art. 13, §8º da Lei nº 11.107/2005. Por oportuno, sublinhe-se que o art. 175 da Constituição não se ocupa dos contratos de programa. Prevê apenas as figuras da concessão e permissão como instrumentos para delegação da prestação de serviços públicos. Além disso, exige como condição fundamental da delegação da prestação dos serviços públicos a licitação, coisa que os contratos de programa dispensam. Ou seja, nada há no §8º do art. 13 da Lei nº 11.107/2005 que remotamente odore a agravo ao art. 175. Muito antes, pelo contrário, a norma elimina uma forma muito usada de *evitar* a aplicação do art. 175: justamente o contrato de programa – verdadeiro *by-pass* institucional, celebrado pela prática. Destarte, o que a União fez, no exercício de sua competência constitucional privativa, foi legitimamente – à vista da situação deplorável da oferta de saneamento básico e de sua avaliação do que possa, nessas circunstâncias, atender ao interesse público – escolher uma entre as duas possíveis formas de delegar a prestação de serviços públicos, aquela da concessão precedida de licitação. Essa é típica *diretriz setorial* (art. 21, XX da Constituição). Sobre o art. 175 da Constituição, v. MOREIRA, Egon Bockmann. Os serviços públicos brasileiros e sua lógica jurídico-econômica: reflexões a partir do art. 175 da Constituição. *Revista de Direito Público da Economia – RDPE*, Belo Horizonte, v. 68, p. 9-43, out./dez. 2019.

[18] A toda evidência, haverá dezenas de casos que exigirão aplicação conforme – desde que ela não se preste a prorrogar, por si só e enquanto tal, o próprio contrato de programa. Por exemplo, pode-se cogitar de exceção feita a casos em que os contratos de programa sirvam de base a contratos de concessão com prazo maior: aqui, não se prorrogará o contrato de programa em si mesmo, mas se garantirá a segurança jurídica do prazo original do contrato de concessão.

[19] Merece ser examinada a distinção entre contratos *inválidos* e contratos *irregulares* (art. 3º, IX), pois pode ter impactos no universo dos contratos que podem/devem ser levados em consideração e ainda no modo de qualificar as consequências do não atendimento à exigência de comprovação de capacidade de que fala o art. 10-B da Lei nº 11.445/2007.

[20] Art. 10, §3º da Lei nº 11.445/2007 e art. 17 da Lei nº 14.026/2020.

esgoto previstas pelo art. 11-B. Outras mudanças – como as instrumentais à privatização e que encontraremos depois – não são imprescindíveis.

A título de fechamento desta subseção, vale reparar que a situação das companhias estaduais, diante da postura adotada pelo NMSB relativamente aos contratos de programa, é delicada. O mecanismo que justificava a atuação delas e que se constitui em seu principal "ativo" está, literalmente, com os dias contados. E isso significa que, à medida em que o tempo passa, pode aumentar o risco de perda de valor da empresa estatal. Semelhante circunstância, aliada às pesadas exigências econômico-financeiras que vieram com as metas de universalização, pode justificar movimentos de privatização – que são tão mais atrativos quanto mais próximos do momento presente forem feitos.

Esse é o contexto em que a privatização da Corsan se desenrola.

Parte II – A privatização de empresas estatais no NMSB

II.1 A privatização, em geral

Até a conclusão deste estudo, o estado do Rio Grande do Sul ainda não havia anunciado todos os detalhes do que acontecerá com a Corsan.[21] Sabe-se, no entanto, que pretende alienar a maioria das ações que lhe dá o controle da companhia, em processo de negociação em bolsa, na forma de um IPO.[22] Aparentemente, não está prevista a substituição dos contratos de programa por contratos de concessão (como facultariam as normas setoriais, cf. adiante) e também não se tem notícias de que serão introduzidas modificações substanciais nesses ajustes. Conquanto poucas, essas informações já permitem algumas reflexões.[23]

---

[21] Não se ingressará no debate – infértil e antes político do que jurídico – do conceito de privatização. O termo será aqui manejado nos termos da Lei nº 9.491/1997: como gênero, que acolhe as *privatizações materiais* ou *substanciais* (quando o bem ou serviço é integralmente transferido – como se dá com a venda de bancos ou empresas estatais que atuam no setor privado) e as *privatizações formais* ou *contratuais* (quando a prestação do serviço é transferida, por prazo certo e por meio de contratos, a pessoas privadas – como se dá no caso das concessões de serviço público). Cf. OTERO, Paulo. *Privatizações, reprivatizações e transferências de participações sociais no interior do sector público*. Coimbra: Coimbra Ed., 1999.

[22] Não se sabe se por venda de seus títulos ou por diluição de sua posição em processo de abertura de capital; de igual modo, não há informação sobre a possibilidade de retenção de alguns poderes, para o Estado, sobre a condução da estatal (por meio de acordos de acionistas ou ações de classe especial – *golden share*).

[23] Estamos no âmbito da "desestatização" por perda de controle acionário. À hipótese são aplicáveis, entre outros, o art. 2º, §1º da Lei nº 9.491/1997, numa das modalidades previstas no art. 4º da mesma lei e, no plano setorial, encontramo-nos no campo de abrangência do

Sob uma perspectiva ampla, a alienação de controle é medida comum na vida das sociedades privadas, manifestação da esfera de autodeterminação do sujeito controlador. Por certo que se acha submetida a regramento, mas este tem sobretudo por escopo o resguardo de valores formais e ligados à segurança jurídica e confiança (veracidade das informações sobre a empresa, transparência etc.) e não menoscaba a liberdade do titular das ações.

A situação se altera quando se ingressa no campo das empresas que prestam serviços públicos e/ou são de titularidade pública.

No plano dos serviços públicos concedidos, há dispositivos específicos sobre o tema. Para além da Lei nº 9.491/1997 (Programa Nacional de Desestatização – PND), cuida-se do art. 27 da Lei nº 8.987/1995, o qual, em razão da situação jurídica da empresa cujo controle se pretende alienar (delegada de serviços públicos), introduz adicionais cautelas e faz particulares exigências.

Examinaremos em profundidade o art. 27 na Parte III, mas desde já convém esclarecer algo curial que o próprio *caput* do dispositivo deixa patente: não se confundem *transferência de concessão* e *transferência de controle societário da concessionária*. A primeira é típica *cessão de contratos* e, como tal, tem estrutura subjetiva triangular (cedente/atual concessionário; cedido/titular do serviço; cessionário/novo concessionário); a segunda envolve uma relação interna no polo do contratante (que, porém, interessa ao poder concedente). A alienação de controle não faz nascer ou surgir na relação jurídica concessionária um novo sujeito nem envolve a cessão das posições contratuais da empresa-alvo. O que se passa no mundo jurídico é a alteração da pessoa que detém o controle acionário do concessionário – que segue sendo o mesmo e que segue, em princípio, com os contratos que tem.

Embora, *para o art. 27, em decorrência de precisão legal expressa*, os dois eventos recebam a mesma disciplina jurídica, é grave equívoco conceitual e normativo pretender tomar um pelo outro. Quando se ultrapassa o art. 27, nem tudo o que se aplica à cessão vale para a alienação de controle – e vice-versa. Essa distinção é importante e voltaremos a ela.

Dando um passo ulterior e adentrando agora no âmbito da transferência de controle de empresas prestadoras de serviços públicos que têm *natureza estatal*, temos de considerar o art. 7º da Lei estadual

---

art. 14 da Lei nº 14.026/2020. Ampliar em: MOREIRA, Egon Bockmann. *Direito das concessões de serviço público*. São Paulo: Malheiros, 2010. p. 19-24.

n⁰ 10.607/1995, que institui o Programa de Reforma do Estado no Rio Grande do Sul. Para manter a coerência argumentativa, porém, o texto da lei gaúcha será examinado juntamente com o art. 27 da Lei nº 8.987/1995. Antes disso é necessário tomar contato com algumas peculiaridades da privatização no setor de saneamento.

II.2 A privatização de empresas estaduais de saneamento

Dada a insatisfatória situação socioeconômica mencionada na Introdução deste estudo, parece natural encontrar estímulos à privatização, especificamente no setor de saneamento. Eles, de fato, existem – e são necessários.

Na esfera federal, a União condicionou sua ajuda econômico-financeira à adesão, pelo interessado, a um itinerário que culmina na "licitação para concessão dos serviços ou para alienação do controle acionário da estatal prestadora, com a substituição de todos os contratos vigentes" (art. 13, VI da Lei nº 14.026/2020). Para ir até aí há uma série de passos, entre os quais está o de ajustes nos contratos de programa vigentes "com vistas à transição para o novo modelo de prestação" (inc. V do art. 13).

De modo esquemático, e atendo-se apenas ao que do extenso art. 13 importa, teríamos o seguinte, *para fins de obtenção de auxílio federal*: 1) os contratos de programa regulares e vigentes, além de terem, necessariamente, que sofrer alteração para incorporação das metas previstas no art. 11-B, deveriam passar também por alterações cujo objetivo não seria imediatamente a universalização, mas a promoção da "transição para o novo modelo".[24] Entre essas alterações parece estar a uniformização dos prazos dos diferentes contratos de programa, com eventuais reduções e prorrogações.[25] Essa "modernização" dos contratos de programa parece ter sido pensada para ter vida curta, pois, na sequência, nova e mais radical providência deveria ser tomada, qual seja, 2) a migração para o regime de concessões, promovida mediante

---

[24] Certamente, nada impede que as mudanças ocorram *uno acto*. Antes, é recomendável. Mas isso dependerá das peculiaridades de cada caso concreto.

[25] O §1º do art. 13, ao se referir à providência do inc. V, fala em "substituição de contratos com prazos distintos". Mas é melhor entender que não se estão substituindo contratos (de programa), mas uniformizando seus prazos. A hipótese de substituição é outra, e vem na sequência. Em todo o caso, essa providência de mudança de prazos foi amplamente adotada no setor elétrico, em base às normas da Lei nº 9.074/1995, entre outras (e chancelada pelo STF, como veremos na Parte IV).

alienação de controle das companhias estaduais acompanhada da necessária substituição dos contratos de programa (presumivelmente já alterados para o período anterior, de transição), por contratos de concessão; ou promovida diretamente pela licitação do contrato de concessão.[26] Sem entrar em categorizações dogmáticas, no passo 1 haveria a reconfiguração do mesmo contrato; no passo 2 aconteceria a celebração de um novo pacto, que entraria no lugar do anterior.

Já a exposição deste mecanismo de estímulo federal às privatizações demonstra a complexidade que as cerca, decorrente da arquitetura federativa e do grande universo dos contratos de programa existentes, distintos entre si. Uma companhia estadual possui um portfólio enorme e heterogêneo desses negócios, discrepantes em prazos, condições de prestação do serviço, regulação, política tarifária etc. Dada essa situação, é esperável encontrar na lei providências facilitadoras, uniformizadores e mesmo uma maior paciência com o prosseguimento dos contratos de programa (*para este fim*). Tudo para viabilizar a privatização – pensada, como se disse, para ser instrumento de passagem do "antigo" para o "novo" marco do saneamento. Esta é a *política pública* estampada na legislação vigente, que visa à universalização dos serviços e à harmonização dos modelos contratuais, sempre em benefício último daqueles que merecem receber serviços de qualidade em setor tão sensível à saúde pública.

Mecanismos de estímulo à parte, o dispositivo que disciplina *ex cathedra* a privatização é o art. 14 da Lei nº 14.026/2020. Ele é semelhante, em certos pontos, ao art. 13 que acabamos de ver, mas regula o tema independentemente da existência de auxílio federal:

> Art. 14. Em caso de alienação de controle acionário de empresa pública ou sociedade de economia mista prestadora de serviços públicos de saneamento básico, os contratos de programa ou de concessão em execução poderão ser substituídos por novos contratos de concessão, observando-se, quando aplicável, o Programa Estadual de Desestatização.
> §1º Caso o controlador da empresa pública ou da sociedade de economia mista não manifeste a necessidade de alteração de prazo, de objeto ou de demais cláusulas do contrato no momento da alienação, ressalvado o disposto no §1º do art. 11-B da Lei nº 11.445, de 5 de janeiro de 2007, fica dispensada anuência prévia da alienação pelos entes públicos que formalizaram o contrato de programa.

---

[26] Exigências semelhantes faz o art. 3º do Decreto nº 10.588/2020 que regulamenta o art. 13 da Lei nº 14.026/2020.

§2º Caso o controlador da empresa pública ou da sociedade de economia mista proponha alteração de prazo, de objeto ou de demais cláusulas do contrato de que trata este artigo antes de sua alienação, deverá ser apresentada proposta de substituição dos contratos existentes aos entes públicos que formalizaram o contrato de programa.

§3º Os entes públicos que formalizaram o contrato de programa dos serviços terão o prazo de 180 (cento e oitenta) dias, contado do recebimento da comunicação da proposta de que trata o §2º deste artigo, para manifestarem sua decisão.

§4º A decisão referida no §3º deste artigo deverá ser tomada pelo ente público que formalizou o contrato de programa com as empresas públicas e sociedades de economia mista.

§5º A ausência de manifestação dos entes públicos que formalizaram o contrato de programa no prazo estabelecido no §3º deste artigo configurará anuência à proposta de que trata o §2º deste artigo.

Interessa esclarecer dois temas disciplinados no texto: a situação dos contratos de prestação de serviços públicos de saneamento da companhia privatizanda e o papel dos municípios na privatização. São assuntos distintos, ainda que relacionados, pois o papel dos municípios varia conforme o arranjo contratual adotado no processo de transferência de controle. O primeiro enfrentaremos na sequência. O segundo está reservado para a Parte III.

II.3 A situação dos contratos de programa em caso de privatização; hipóteses de sua alteração e/ou de substituição por concessões

Como referido, o *caput* do art. 14 tem como suposto de fato a "alienação de controle acionário de empresa pública ou sociedade de economia mista". Em relação a ela, o artigo atribui uma faculdade ao controlador alienante (Poder Público estadual), de substituir os contratos de programa por concessões (sublinhe-se que se trata de *faculdade*). A parte inaugural do art. 14 contempla, portanto, a possibilidade de mudança no gênero dos contratos de delegação de prestação de serviços públicos: da espécie *programa* para a espécie *concessão*.

Numa leitura *prima facie*, e com franco espírito de ampliar as possibilidades de arranjos contratuais à disposição do Estado, a conjugação da *fattispecie* do *caput* do art. 14 com as demais previsões de seus parágrafos permitiria articular o seguinte quadro, em que se combinam *mudança de tipo de contrato* e *mudança de cláusulas de um mesmo contrato*: A) manutenção do tipo contratual (contrato de programa) sem alteração de conteúdo;[27] B) troca de tipo contratual, de programa para concessão, sem mudança de objeto, prazo ou outra cláusula relevante;[28] C) troca de tipo contratual, de programa para concessão, com mudança de objeto, prazo etc. Aparentemente, os parágrafos da norma permitem ainda a *manutenção* do tipo de contrato (programa) com alteração de seu objeto, prazo etc., de modo que teríamos ainda a hipótese D).[29]

Antes de problematizar essas alternativas, reitere-se que as figuras A, B, C e D configuram *opções à disposição do Estado* – que devem preservar eventuais situações jurídicas constituídas em base às situações anteriores sob alteração –[30] e não mudanças mandatórias de contratos para fins de atendimento às exigências do novo marco do saneamento.[31] No caso em exame, quaisquer que sejam essas mudanças necessárias (a do art. 11-B é uma delas, mas pode haver outras),[32] pode o Estado entender conveniente realizá-las *uno acto*, de uma só vez, juntamente com mudanças facultativas; mas poderá optar por *não fazer isso*, deixando à "nova" Corsan a tarefa de adequar seus contratos junto aos municípios, depois da licitação. Mesmo a mudança para acomodar as novas metas poderá ser postergada, *se a realização da licitação* deixar tempo hábil para tanto (lembre-se de que o prazo para incorporação das metas é 30.3.2022). É possível que a estratégia de "deixar para depois" as mudanças necessárias seja desinteressante, arriscada ou mesmo desastrosa, mas é juridicamente admissível (com as respectivas consequências de responsabilização pela omissão).

Feita essa anotação, podemos prosseguir indagando se, efetivamente, todas aquelas alternativas aventadas numa interpretação

---

[27] Salvo para a incorporação das metas do art. 11-B.

[28] A letra B é problemática, mas será considerada, a bem da completude das possibilidades lógicas.

[29] Esta possibilidade é sugerida pelo §2º do art. 14, ao falar em proposta de alteração "de prazo, de objeto ou de demais cláusulas do contrato de que trata este artigo", isto é, do próprio contrato de programa.

[30] Estamos a pensar, sobretudo, na situação de contratantes privados – subconcessões, PPPs etc. – que tomam por âncora os contratos de programa originais.

[31] A reforçar o entendimento de que os contratos de programa estão sujeitos a dois diferentes tipos de alterações, algumas mandatórias (art. 11-B da Lei nº 11.445/2007, por exemplo), outras facultativas (art. 14 da Lei nº 14.026/2020), o §1º do art. 14, não faz depender o primeiro tipo de alterações de manifestação ou anuência dos titulares do serviço. Certo: rigorosamente, os municípios terão, sim, participação decisiva na incorporação das novas metas aos contratos em curso, mas o que o §1º desejou vincar com a expressão "ressalvado o disposto no §1º do art. 11-B" é que o "de acordo" dos municípios é exigido para mudanças que não são imprescindíveis e que são fruto do juízo de conveniência e oportunidade do controlador da companhia prestadora do serviço.

[32] Seria tal a mudança para adequação do conteúdo dos contratos em curso aos comandos do art. 10-A da Lei nº 11.445/2007?

prima facie especialmente permissiva estão realmente disponíveis para a privatização. Nossa resposta é afirmativa, mas deve superar obstáculos. Visto em sua generalidade, o leque de possibilidades trazido pelo art. 14 da Lei nº 14.026/2020 está em linha com nosso direito positivo. Desde 1995, leis nacionais e federais procuram (re)organizar de modo afeito às peculiaridades de cada setor o portfólio de contratos de companhias estatais detentoras de delegações para prestação de serviços públicos obtidas pelos mais diversos modos – normalmente sem prévia licitação e mesmo sem a formalização do contrato, com prazos indeterminados, em caráter precário etc. As "providências de arrumação" previstas são várias: além da extinção de situações flagrantemente contrárias ao direito, preveem também a troca de tipos contratuais,[33] a substituição de contratos de mesmo tipo, prorrogações dos contratos existentes,[34] uniformização de prazos[35] e cláusulas de contratos diferentes, unificação de contratos[36] e uso de procedimentos competitivos ("licitações") que não incidem diretamente sobre os contratos de delegação (muitas vezes não obtidos originariamente por licitação).

Tais alternativas são necessárias, em vista da multiplicidade de modelos existentes em território nacional. Mais: esses arranjos buscam tornar mais atrativa a privatização e têm sido não apenas praticados como aceitos pela jurisprudência dos tribunais, em particular, do STF (v. adiante, Parte IV). São nitidamente acolhidos pela Constituição brasileira, postos em prática por meio da legislação ordinária e prestigiados pela interpretação da Corte constitucional. Em suma, de há muito são válidos e eficazes no sistema normativo nacional.

---

[33] O art. 28, §1º da Lei nº 9.074/1995 permite que "[e]m caso de privatização de empresa detentora de concessão ou autorização de geração de energia elétrica, é igualmente facultado ao poder concedente alterar o regime de exploração, no todo ou em parte, para produção independente, inclusive, quanto às condições de extinção da concessão ou autorização e de encampação das instalações, bem como da indenização porventura devida".

[34] Art. 27, *caput* da Lei nº 9.074/1995.

[35] Art. 27, §1º da Lei nº 9.074/1995.

[36] Art. 4º-B da Lei nº 9.074/1995.

Parte III – O papel dos municípios na privatização da Corsan

III.1 Quem faz o que no setor de saneamento?

Sob a perspectiva constitucional, todos os entes da Federação possuem competências concorrentes e semelhantes no saneamento.[37] O art. 23, inc. IX, da Constituição diz ser "competência comum da União, dos Estados, do Distrito Federal e dos Municípios [...]; promover [...] a melhoria das condições [...] de saneamento básico". Na verdade, mais do que competência específica, temos aqui um objetivo amplo e genérico ("promover a melhoria"), do qual se seguem, *para todos os três entes da Federação*, deveres, tarefas e poderes.

Sempre no plano constitucional, o único sujeito que possui competência específica e explícita em face do saneamento básico é a União: compete-lhe, privativamente, "instituir diretrizes para o desenvolvimento urbano, inclusive habitação, saneamento básico e transportes urbanos" (art. 21, XX). As leis nºs 11.445/2007 e 14.026/2020 nascem daqui.

Ao contrário do que geralmente se afirma, a Constituição não determinou – como fez com outros setores, para outros entes Federativos[38] – que a titularidade dos serviços de saneamento seja, sempre e unicamente, municipal.[39] Isso simplesmente não existe no texto constitucional, que fez coisa diversa: atribuiu aos municípios a titularidade dos serviços públicos de *interesse local* (e incluiu expressamente aí o transporte urbano, mas não o saneamento). De consequência, a conclusão de que é o município o responsável por certo serviço de saneamento depende (i) de se definir o que se entende pelo conceito genérico "interesse local" e (ii) da verificação de que determinado serviço de saneamento efetivamente se enquadra no conceito.

---

[37] O texto da seção faz alusão ao artigo de DUTRA, Joisa; LOUREIRO, Gustavo Kaercher; MOREIRA, Egon Bockmann. *Competência e governança no setor de saneamento*: quem faz o quê? Disponível em: https://ceri.fgv.br/publicacoes/competencia-e-governanca-no-setor-de-saneamento-quem-faz-o-que-texto-para-discussao.

[38] Por exemplo: titularidade federal expressa dos serviços e instalações de energia elétrica (Constituição, art. 21, XII, "b"); titularidade federal expressa das atividades de pesquisa, produção e transporte por dutos de petróleo e gás natural (Constituição, art. 177, incs. I-IV), mas titularidade estadual expressa da distribuição local de gás canalizado (Constituição, art. 25, §2º).

[39] Para aprofundamentos, v. COSTA, Eduardo Cunha da; LOUREIRO, Gustavo Kaercher. *O problema da titularidade dos serviços públicos de saneamento básico e os interesses federativos intermediários*. Disponível em: https://fgv.academia.edu/GustavoKaercherLoureiro.

Casos haverá em que o serviço assumirá uma dimensão de "interesse comum" e, de consequência, a titularidade passará a ser condominial, em conjunto com o Estado. Esta é a opinião manifestada pelo STF na ADI nº 1.842 – em que foi examinado o art. 25, §3º da CF – e acolhida no art. 8º, II da Lei nº 11.445/2007: em regiões metropolitanas, aglomerações urbanas e microrregiões, a titularidade não é municipal, mas condominial estado-municípios.

Por outro lado, é certo que, em boa parte das vezes, será a comuna competente para exercer a titularidade e, no caso sob exame, essa é a regra. O que decorre daí, em geral e para o processo de privatização?

III.2 A titularidade do serviço no saneamento – Aspectos gerais

Em sentido amplo, para o direito público "titularidade" significa a imputação de certa competência a determinado sujeito estatal. No sentido mais restrito que adotaremos, o termo significa a imputação de espécie muito peculiar de competência: a atribuição, ao sujeito, da responsabilidade/dever de planejar, fiscalizar, disciplinar e executar (direta ou indiretamente) um serviço público ou atividade reservada.[40]

Quando se fala em competência – legislativa ou administrativa –, está-se a tratar da atribuição normativa para exteriorizar a vontade estatal. As pessoas jurídicas de direito público têm a sua atuação confinada aos estritos limites da legalidade. Somente podem agir se e quando a Constituição e a lei assim determinarem. Como de há muito firmou Carlos Maximiliano, "competência não se presume".[41] Logo, não se pode dar crédito a competências tidas como "naturais" ou "intuitivas", devido ao fato de que elas simplesmente não existem.

Nosso direito positivo infraconstitucional, geral e setorial, minudencia as atribuições do titular em vários dispositivos, alguns mais sistemáticos e completos,[42] outros mais tópicos.[43] Em todo caso, é muito importante ter presente que, no setor de saneamento, a titularidade – de quem quer que seja – tem que conviver com importantes e amplas competências de outros sujeitos, notadamente aquelas que

---

[40] Sobre o conceito de atividade reservada, v. LOUREIRO, Gustavo Kaercher. *Instituições de direito da energia elétrica*. São Paulo: Quartier Latin, 2021. v. I.

[41] MAXIMILIANO, Carlos. *Hermenêutica e aplicação do direito*. 9. ed. Rio de Janeiro: Forense, 1984. p. 285.

[42] Art. 29 da Lei nº 8.987/1995 e art. 9º da Lei nº 11.445/2007.

[43] Exemplos: arts. 35, §2º; 42, §5º; 45, §6º da Lei nº 11.445/2007.

derivam dos mandamentos constitucionais antes mencionados. Como dissemos em outra sede, "à diferença da maioria dos demais setores de atividades reservadas, o titular dos serviços de saneamento básico não é um 'monarca absoluto' que reina inconteste sobre seu serviço público".[44] Essa feição limitada da titularidade é uma peculiaridade do saneamento básico e decorre de seu arranjo federativo originário de raiz constitucional – isto é, não apenas derivado, decorrente de cooperação. Não é de se esperar, por exemplo, que tudo o que possa ser dito sobre a titularidade da União nos serviços de energia elétrica possa ser reproduzido para a titularidade municipal nos serviços de saneamento. Não são necessariamente as mesmas as competências desses dois titulares nem é necessariamente a mesma a profundidade dessas competências.

Nada obstante isso, segue sendo fundamental a participação dos municípios, em vários momentos do desenvolvimento das atividades de saneamento básico, inclusive em certos (e específicos) aspectos da privatização da companhia estadual delegada de seus serviços (cf. adiante). Essa participação é, porém, regulada por normas jurídicas específicas, e não fruto da inexistente "inata, genérica e abstrata aptidão" dos municípios a dar a "última palavra" sobre tudo o que envolva saneamento básico. A Constituição não lhes outorga essa competência.

III.3 As competências do município especificamente no âmbito da privatização das companhias estaduais

Sob este tópico, encontra-se a maior parte dos desafios jurídicos arguidos quanto à privatização da Corsan. Quais seriam eles? Em tese, os municípios gaúchos deveriam ser previamente ouvidos sobre a privatização, qualquer que tenha sido o modelo adotado e qualquer que tenha sido o arranjo contratual escolhido. Caso isso não viesse a ocorrer, teriam eles a faculdade de acionar cláusulas de extinção dos contratos de programa (Cl. 30, causas d e h), com o que a Corsan restaria uma companhia desprovida de valor e submetida a consequências patrimoniais nefastas, dado o método de indenização de ativos previstos em contrato (Cl. 33, n. 5). Estas consequências, inclusive, teriam o efeito de levar à responsabilização dos atores públicos que tomaram decisões

---

[44] DUTRA, Joisa; LOUREIRO, Gustavo Kaercher; MOREIRA, Egon Bockmann. *Competência e governança no setor de saneamento*: quem faz o quê? p. 4. Disponível em: https://ceri.fgv.br/publicacoes/competencia-e-governanca-no-setor-de-saneamento-quem-faz-o-que-texto-para-discussao.

equivocadas. Além disso, seria necessária lei municipal para viabilizar a inclusão das metas do art. 11-B nos contratos da Corsan. Muitos os enigmas a serem desvendados a seguir.

III.3.1 O objeto da manifestação dos municípios

Premissa fundamental para resolver os problemas relativos ao papel dos municípios na privatização da Corsan é ter bem clara a *fattispecie* do art. 14 da Lei nº 14.026/2020 e determinar nitidamente qual é o *objeto* sobre o qual incide a manifestação dos municípios.

Pois bem. A hipótese de fato que o art. 14 regula – em face da qual se determina o papel dos municípios para o que aqui interessa – é a da *"alienação de controle acionário de empresa pública ou sociedade de economia mista"* – e não, por exemplo, a cessão de contratos de delegação (concessões ou programa). Já o objeto da manifestação municipal nesse contexto de alienação recai sobre as *propostas estaduais de arranjos contratuais* da empresa privatizanda – e não sobre a privatização em geral (em verdade, o objeto, para cada município, é a proposta específica para o seu contrato). Para dizer de modo conciso: *em caso de alienação de controle acionário da companhia estadual detentora de contratos de programa, o município deverá se pronunciar acerca de eventual proposta de alteração do contrato em que figura como titular, feita pelo estado.* Guarde-se bem isso.

Estabelecida a *fattispecie* em que tem cabimento a manifestação municipal e o objeto sobre o qual ela incide, a questão passa a ser: ela é sempre necessária? A resposta já está implícita no que se afirmou acima, mas vale explicitar.

III.3.2 A prévia comunicação aos municípios: hipóteses

Constatada a inexistente concepção ampla e "inata" da competência municipal decorrente da titularidade (cf. acima), e lançado o problema no campo do direito positivo, a maior parte dos argumentos em favor de uma geral necessidade de consulta aos municípios na privatização da Corsan gira em torno do art. 27 da Lei nº 8.987/1995 e art. 7º da Lei estadual nº 10.607/1995. De fato, a dicção dos dois textos é abrangente:

> Art. 27. A transferência de concessão ou do controle societário da concessionária sem prévia anuência do poder concedente implicará a caducidade da concessão.
>
> §1º Para fins de obtenção da anuência de que trata o caput deste artigo, o pretendente deverá:

I - atender às exigências de capacidade técnica, idoneidade financeira e regularidade jurídica e fiscal necessárias à assunção do serviço; e
II - comprometer-se a cumprir todas as cláusulas do contrato em vigor. (Lei nº 8.987/1995)
Art. 7º A desestatização de sociedades que prestam serviços públicos, efetivada mediante uma das modalidades previstas no artigo 4º, pressupõe a prévia anuência do poder concedente, nos termos do artigo 27, da Lei nº 8.987, de 13 de fevereiro de 1995. (Lei estadual nº 10.607/1995)

A bem guardar, estamos diante de uma mesma exigência (prévia anuência do titular dos serviços delegados) para hipóteses distintas e com efeitos distintos. No art. 27, trata-se de "transferência de concessão" ou de "transferência do controle societário da concessionária" (seja ela pessoa privada seja empresa estatal). No art. 7º, diante de um delegado estatal, fala-se de anuência prévia do titular, de modo genérico e amplo, para a "desestatização". Quanto aos efeitos da falta de anuência prévia, no primeiro caso, o sujeito perde o contrato,[45] por caducidade (prevista no art. 38 da Lei nº 8.987/1995, adiante). No segundo caso, não há indicação. A construção do dispositivo sugere como consequência a invalidade da operação (seria um "pressuposto de validade").

Não são, porém, esses dispositivos os únicos que interessam à privatização da Corsan. Aliás, sequer são os mais diretamente concernentes. O art. 14 da Lei nº 14.026/2020, analisado antes para outros propósitos, deve ser novamente chamado à baila. Ele tem hipótese de fato mais restrita do que a das normas citadas acima (alienação "de controle societário *vs.* transferência de concessão" ou "de controle societário *vs.* desestatização") e é norma setorial – própria dos serviços de saneamento básico – a ser observada em caso específico, qual seja, a transferência de controle de empresa estatal prestadora desses serviços.

É, pois, norma triplamente especializadora. Além disso, a providência que determina – manifestação e anuência prévia dos titulares – tem objeto bem preciso: a proposta de arranjo contratual feita no bojo da transferência de controle (e não genericamente a operação societária de transferência ou a "desestatização" da empresa).

Por conta dessas características todas, *entende-se que os dois dispositivos mencionados acima têm sua aplicação modulada e limitada pelas regras específicas do art. 14 da Lei nº 14.026/2020 (especialmente os seus §§1º,*

---

[45] Seria de se indagar se, no caso de transferência de controle acionário, ela se realiza e o sujeito perde o contrato; no caso de transferência da própria concessão, temos que não se realiza (e o sujeito perde o contrato). Mas esses problemas de exegese não precisam nos ocupar.

2°, 3°, 4° e 5°). O art. 14 da Lei nº 14.026/2020, *vis-à-vis* o art. 27 da Lei nº 8.987/1995, é norma de mesma hierarquia, posterior e especial. E, em relação ao art. 7º da Lei estadual nº 10.607/1995, é norma posterior, editada de modo complementar ao exercício de competência da União para estabelecer diretrizes de saneamento (art. 21, XX da Constituição).[46] Diante disso, os arts. 27 da Lei nº 8.987/1995 e 7º da Lei nº 10.607/1995 cedem espaço ao art. 14 todas as vezes que estiverem presentes suas condições de aplicação. Mas atenção: eles não são revogados, sequer para o setor de saneamento, eis que seguem valendo fora da área específica delimitada pelo art. 14 da Lei nº 14.026/2020 (seguem eficazes, por exemplo, em caso de cessão de contratos).

Aceitando-se essa coordenação entre normas, em quais circunstâncias seria, então, juridicamente necessária a anuência dos municípios? À toda a evidência, a resposta não está no âmbito das modalidades de privatização – o município não se pronuncia sobre as vias escolhidas para a transferência de controle em si, conforme vimos – mas no âmbito dos arranjos contratuais escolhidos pelo estado.

Dentro do universo composto pelas hipóteses A, B, C e D, explicadas mais acima, certamente, não há que se falar em prévia anuência *ex vi* do art. 14 quando o estado decidir não promover qualquer mudança nos contratos. Essa solução, aliás, é expressa (§1º do art. 14) e se justifica por boa razão jurídica diante do que já dissemos. Assim, para o caso A, resta resolvida a questão. Também resolvida por previsão legal expressa, mas agora no sentido oposto, é pretensão de alterar "prazo, de objeto ou de demais cláusulas do contrato, no momento da alienação" (§2º do art. 14).[47] Supondo-se que se esteja a tratar de alteração dos contratos em curso, para melhor moldá-los à licitação, necessitam de anuência prévia os arranjos que configurarem tipos do caso D, acima.

O que dizer de B e C? Faz-se necessária a anuência quando o Estado pretende alterar o tipo contratual (de programa para concessão), mudando concomitantemente alguma característica de prazo, objeto etc. (caso B), ou não (caso C)? Nestes casos, quando a modificação contratual for substancial (e não apenas formal), parece *prima facie* ser necessária

---

[46] Ou seja, quanto à norma estadual, não há propriamente relação de hierarquia, mas de âmbito de competência.

[47] Se a pretensão for de alterar *depois* a anuência não se exige, mas tampouco se dispensará intensa participação municipal, cf. adiante.

a anuência, eis que a tipologia, o modo de prestação, as obrigações etc. podem, em tese, ser alteradas.[48]

Resumindo: dada a prevalência do art. 14 da Lei nº 14.026/2020 para disciplinar a transferência de controle de empresas estatais prestadoras de serviços públicos de saneamento, os municípios deverão ser chamados a se pronunciar sobre os arranjos contratuais predispostos pelo Estado – mas não sobre o processo societário em si – sempre que esse arranjo importar mudança de cláusula essencial do contrato de programa e alteração do tipo contratual. Apenas a título de complemento, lembre-se de que essas mudanças que estamos a analisar são *opcionais* e não envolvem, *de per se*, eventuais alterações obrigatórias desses contratos. Tais adaptações poderão estar no bojo da proposta estadual, mas não necessariamente.

Estabelecidas as circunstâncias diante das quais se exige a manifestação municipal, vai-se ao exame dos efeitos de sua ausência.

III.3.3 Efeitos da não observância da exigência de consulta aos municípios

O que ocorre se o estado não fizer o que lhe determina o art. 14 da Lei nº 14.026/2020? Quais são os efeitos de sua omissão?

Em primeiro lugar, é de se deixar claro que os municípios não se manifestam, em abstrato e genericamente, sobre a possibilidade (muito menos conveniência) da privatização em si (perda de controle acionário da companhia estadual). Eles podem se manifestar, motivadamente, sobre *propostas do estado de alterar a situação contratual da companhia* (de tipo contratual ou de conteúdo), *no que lhe diz especificamente respeito*. E se esse é seu objeto, forçoso é concluir também que a manifestação tem efeito jurídico imediato no cenário contratual futuro (idealizado pelo estado para a privatização), *mas não nos contratos em curso*: se os municípios não forem consultados ou, se consultados, não anuírem, a modelagem contratual proposta pelo estado não terá condições de ir adiante, *nesse aspecto específico*.

E o que esse não "ir adiante" significa juridicamente? A anuência/concordância é requisito de validade ou de eficácia da privatização tal

---

[48] Manifestação que não é meramente opinativa e despida de fundamentação, mas deve obediência não só aos motivos de fato e de direito que se prestarão a configurar a razão de decidir, mas também e especialmente às consequências práticas da decisão (nos termos do art. 20 da LINDB, cf. JUSTEN FILHO, Marçal. Art. 20 da LINDB – Dever de transparência, concretude e proporcionalidade nas decisões públicas. *RDA*, p. 13-41. Edição Especial. Disponível em: http://bibliotecadigital.fgv.br/ojs/index.php/rda/article/view/77648).

como inicialmente idealizada pelo Estado? Inclinamo-nos a dizer que é condição de eficácia e que (i) a sua falta produz problemas *apenas relativamente à esfera daquele particular município interessado*; (ii) nessa dimensão ("atômica"), o efeito principal é o de manter o contrato de programa tal como se encontra originalmente, sem a alteração pretendida. Ou seja, o negócio não se extingue porque esse não é o plano em que opera o art. 14 da Lei nº 14.026/2020, norma de regência de nosso problema.

Por fim, uma nota óbvia, mas importante nesse contexto juridicamente complexo e marcado por interesses políticos: eventual negativa de município ante a proposta estadual está, sim, dentro do raio da discricionariedade administrativa e dos juízos de oportunidade e conveniência, mas há de ser devidamente justificada a partir da exigência setorial fundamental, o princípio de universalização (Parte I) e de preocupações com o *serviço adequado*. Não é legítima a imposição de obstáculos baseados em cálculos políticos ou de perseguição de interesses públicos secundários, como a cata de recursos econômicos. Aliás, essa é a razão de existir das normas dos arts. 20 e 21 da LINDB: obrigar o gestor a examinar as alternativas disponíveis, demonstrar justificadamente a sua escolha e as respectivas consequências práticas, responsabilizando-se pelas próprias escolhas diante do leque de opções.

III.3.4 Novas metas e lei municipal

A exigência de incorporação das novas metas trazidas pelo art. 11-B da Lei nº 11.445/2007 não demandaria uma manifestação do titular, o município? E mais, não demandaria uma *lei* deste ente da Federação, de modo que também por aqui a privatização da Corsan estaria na dependência da ação da comuna?

A adaptação é necessária e se o Estado optar por privatizar a Corsan já com ela incluída, os municípios necessariamente terão que dar a palavra final. A questão é que o controlador da companhia estadual pode decidir levar adiante a troca de controle *sem esta medida*. A adaptação de que fala o art. 11-B (para o qual será, inclusive, necessária comprovação de capacidade econômico-financeira da delegada)[49] é mandatória, tem prazo fatal para ocorrer e deve contar com a ativa presença do município, titular do serviço. Pode-se discutir se essa presença há de se manifestar

---

[49] V. o já citado LOUREIRO, Gustavo Kaercher. *Apontamentos sobre o art. 10-B da Lei 11.445/2007 e seu Regulamento*. Disponível em: https://ceri.fgv.br/publicacoes/apontamentos-sobre-o-art-10-b-da-lei-114452007-e-seu-regulamento.

por meio de lei, mas o ponto principal não está aqui, mas nisso: o art. 14 não cuida da mudança contratual do art. 11-B, mas apenas das modificações que são alternativas à disposição do Estado para melhor configurar a privatização de sua empresa. Nesse sentido, como já tantas vezes dito, o controlador da companhia estadual poderá, ou não, mudar seus contratos – itens B, C e D, acima – e, se decidir mudá-los, poderá, ou não, aproveitar a ocasião para resolver de vez o art. 11-B. Mas isso não é necessário: até 30.3.2022 não há obrigação de contemplar o art. 11-B. A mudança de metas independe de privatizações e pode muito bem ser atendida *após* sua efetivação.[50]

Parte IV – Privatização e licitação

Deixe-se clara esta premissa: de há muito o direito brasileiro, legislação e jurisprudência, admitem que contratos de delegação, originalmente celebrados sem licitação em razão do caráter estatal do delegado, sejam passados à esfera privada por variados meios que não contemplam a licitação específica *pelo contrato*, incluindo-se aqui, sobretudo, procedimentos de negociação de ações. Muitas vezes, essa é a única via possível e será trilhada desde que se garantam os valores de fundo manifestados na exigência geral de licitação: *isonomia* e *situação vantajosa* (*in casu*, a *situação vantajosa* é função dos requisitos de universalização e de "serviço adequado"). Está-se, com isso, atendendo ao mandamento de seleção competitiva do prestador de serviços públicos, prevista no art. 2º, XV da Lei nº 11.445/2007.

Já dissemos antes que o direito brasileiro conhece e pratica, de há muito, vários modos de transferir serviços, propriedade e empresas da esfera estatal para aquela privada. Os arts. 27-30 da Lei nº 9.074/1995, por exemplo, deram suporte, nos anos 1990, a uma série de privatizações de companhias estaduais de energia, titulares de contratos de delegação de serviços públicos federais de energia elétrica que não tinham sido obtidos por licitações.[51]

De sua parte, o STF não viu nenhuma "burla" à exigência de licitação seja no fato de tais contratos não terem sido originalmente licitados, seja porque o negócio jurídico de desestatização incidia diretamente

---

[50] Essa alternativa comporta reflexões sobre sua complexidade e sobre a atratividade da transferência de controle, mas, *juridicamente*, não é problemática.

[51] Vale dizer, *en passant*, que essas privatizações envolveram os mais diferentes arranjos contratuais: prorrogação de delegações existentes, substituição de tipos contratuais etc., cf. acima.

sobre a sociedade (venda de ações e transferência de controle) e não sobre o contrato de delegação. Em ADI apresentada contra o art. 27 da Lei nº 9.074/1995,[52] o STF entendeu, basicamente, que (i) a exigência do art. 175 da Constituição é genérica ("licitação") e pode ser satisfeita de vários modos, a serem definidos na legislação ordinária;[53] (ii) desde que se garanta o princípio da isonomia e a seleção da proposta mais vantajosa para a Administração. Alguns trechos são esclarecedores:

> Atente-se para outro objetivo visado pela norma constitucional, que outro não é senão, em certame no qual guardada absoluta equidistância, venha-se, em face à participação igualitária de terceiros, chegar-se à concessão ou permissão, afastando-se, destarte, tratamento diferenciado e passível de contrariar interesses públicos.[54]
> O problema citado, examinado e enfrentado pela Lei 9.074, especificamente pelo art. 27 e seus incisos, diz respeito à privatização de pessoa jurídica sob controle direto ou indireto da União, que presta serviço público cujo valor de mercado da empresa tenha como elemento integrante os próprios serviços públicos prestados. A solução dada pela lei foi exatamente uma licitação, de acordo com a linha do art. 175 da Constituição, que envolva, simultaneamente, o controle da empresa e a outorga ou prorrogação da concessão. [...]. A exigência constitucional é a licitação para a outorga do serviço público. Cabe ao legislador ordinário a fixação das modalidades da licitação. Em face das circunstâncias específicas do caso, ele o fez de acordo com o art. 27 da Lei 9.074, exatamente dentro dos parâmetros constitucionais – ou seja, a licitação – estabelecendo-se uma das suas modalidades: concorrência ou leilão.[55]

---

[52] A razão aventada para a inconstitucionalidade foi assim descrita no relatório do voto do Min. Carlos Velloso: "a.) inconstitucionalidade do art. 27 e seus incisos I e II da Lei 9.074/95, em face do art. 175, *caput* da Constituição Federal, mormente porque, pelos dispositivos impugnados, o leilão de ações ou quotas implica a transferência, via delegação, pelo Poder Público, da concessão ou permissão de serviço público à empresa privada, sem a devida observância constitucional da exigência de licitação prévia para a transferência da concessão" (fls. 134). O texto atacado é o seguinte: "Art. 27. Nos casos em que os serviços públicos, prestados por pessoas jurídicas sob controle direto ou indireto da União, para promover a privatização simultaneamente com a outorga de nova concessão ou com a prorrogação das concessões existentes a União, exceto quanto aos serviços públicos de telecomunicações, poderá: I - utilizar, no procedimento licitatório, a modalidade de leilão, observada a necessidade da venda de quantidades mínimas de quotas ou ações que garantam a transferência do controle societário; II - fixar, previamente, o valor das quotas ou ações de sua propriedade a serem alienadas, e proceder a licitação na modalidade de concorrência".

[53] À época, a Lei nº 8.666/1993, art. 22.

[54] Manifestação do Min. Marco Aurélio, por ocasião da apreciação do pedido liminar (negado), reproduzida no voto do Min. Velloso, fls. 142.

[55] Voto do Min. Jobim, fls. 143.

O art. 14 da Lei nº 14.026/2020 não faz outra coisa senão o que foi chancelado pelo Supremo Tribunal Federal, de modo que burla não há. Em todo o caso, o exame aprofundado e definitivo desse ponto, para além da consideração geral de admissibilidade do uso de procedimentos do mercado de ações para realizar privatizações de empresas prestadoras de serviços públicos requer uma clarificação que ainda não veio, acerca do efetivo procedimento a ser adotado pelo estado do Rio Grande do Sul na privatização da Corsan. Ele deve ser analisado à luz das específicas modalidades permitidas na legislação que rege o tema (em particular, a Lei nº 9.491/1997).[56]

Conclusões

O "caso Corsan" é revelador do amplo espectro de desafios que o setor de saneamento enfrentará, depois de décadas de centralização estatal (já enraizada em vários estados e municípios). A nova legislação, sobretudo em decorrência da Lei nº 14.026/2020, dá tons de uniformidade nacional às soluções para o cumprimento das metas de universalização. Conforme examinado, tal como posta e nos limites acima analisados, a privatização da Corsan é acolhida pela Constituição brasileira e pelas leis que regem o setor de água e saneamento, notadamente a Lei nº 8.987/1995, a Lei nº 14.445/2007 e a Lei nº 14.026/2020. Mais: a privatização da Corsan afigura-se como medida necessária ao cumprimento do mandamento de otimização relativo à universalização dos serviços de saneamento. Precisa ser acompanhada de perto, eis que poderá servir de exemplo para as demais companhias estaduais.

Informação bibliográfica deste texto, conforme a NBR 6023:2018 da Associação Brasileira de Normas Técnicas (ABNT):

LOUREIRO, Gustavo Kaercher; MOREIRA, Egon Bockmann. A privatização de empresas estatais de saneamento: breve estudo do "caso Corsan". *In*: GUIMARÃES, Fernando Vernalha (Coord.). *O novo direito do saneamento básico*: estudos sobre o novo marco legal do saneamento básico no Brasil (de acordo com a Lei nº 14.026/2020 e respectiva regulamentação). Belo Horizonte: Fórum, 2022. p. 237-261. ISBN 978-65-5518-299-6.

---

[56] Nesse contexto, há que se ter em conta também a recente ADI nº 5.624, ajuizada contra dispositivos da Lei nº 13.303/2016.

ASPECTOS REGULATÓRIOS DO "LEILÃO DA CEDAE"

RAFAEL VÉRAS DE FREITAS
FREDERICO TUROLLA

Introdução

É lugar-comum o entendimento segundo o qual o Brasil ocupa posições retardatárias e constrangedoras em comparação com outros países no desenvolvimento da infraestrutura que integra a cadeia do ciclo da prestação de serviços de saneamento. E tal diagnóstico, certamente, perpassa a avaliação da qualidade regulação que incidiu no setor, desde a edição no Planasa, em 1971. Em 2007, foi promulgada a Lei nº 11.445, para tentar endereçar tais problemáticas. De fato, foi um normativo lastreado em bons princípios, como: (i) defesa de maior tecnicidade e objetividade das decisões; (ii) estabelecimento de padrões para a adequada prestação de serviços; (iii) possibilidade de regulação tarifária por incentivos; (iv) instituição de um plano nacional de saneamento básico (Plansab); e (v) exigência de que o titular do serviço defina uma entidade responsável por sua regulação e fiscalização e que também se responsabilize pelo seu planejamento, por meio do Plano Municipal de Saneamento Básico – PMSB.

A despeito do marco regulatório de 2007, o setor de saneamento não avançou. O modelo de exploração pública, por intermédio das Companhias Estaduais de Saneamento – CESBs, continuou a produzir externalidades negativas.[1] E isso se deu, entre outros fatores, pela: (i) estrutura de subsídios cruzados[2] utilizada atualmente, na qual não há transparência no direcionamento dos recursos nem avaliação ou evidências de que os usuários mais carentes estão recebendo benefícios; (ii) falta de previsibilidade do modelo de regulação discricionária atualmente utilizado; e (iii) ausência de transparência e padronização dos contratos de prestação do serviço de saneamento básico.

Diante desse cenário, o setor predicava da instituição de uma adequada governança regulatória, que colocasse em prática um sistema de incentivos vocacionado à implementação de uma necessária política tarifária de universalização, partindo-se de uma estrutura de subsídios cruzados (internos e entre usuários).[3] Para tanto, a Organização para a Cooperação e Desenvolvimento – OCDE[4] já se posicionou no sentido de que uma adequada regulação, no setor de saneamento, deveria ser orientada pela: (i) redução da concorrência de competências regulatórias entre entidades administrativas; (ii) consideração dos lindes das fronteiras hidrológicas e administrativas de prestação dos serviços de saneamento; (iii) instituição de uma regulação tarifária, que possibilite que tal serviço seja financiado por entidades locais e subnacionais.

---

[1] BORGES, Alice Gonzalez. Concessões de serviço público de abastecimento de água aos Municípios. *Revista de Direito Administrativo*, Rio de Janeiro, v. 212, p. 95-107, abr./jun. 1998. No mesmo sentido, Diogo Coutinho, para quem "Com relação às externalidades negativas, pode-se dizer que, em países com rede pública de saúde como o Brasil, a falta de redes de saneamento – e, em especial, de estações de tratamento de esgoto – gera custos elevados e em muitos casos incomensuráveis. Como se sabe, a água poluída é fonte de diversas doenças, como cólera, disenteria, febre tifoide, gastroenterite, diarreia infantil, leptospirose e esquistossomose. Por causa delas, os cofres públicos são constantemente onerados para arcar com tratamentos que seriam evitados se houvesse universalização do acesso ao saneamento" (COUTINHO, Diogo R. Saneamento básico: aumentos tarifários para investimentos na melhoria e expansão do serviço. *RDA – Revista de Direito Administrativo*, Rio de Janeiro, v. 264, p. 293339, set/dez. 2013. Parecer).

[2] Como bem advertem Andréa Costa de Vasconcelos e Fernando S. Marcato: "A ideia do subsídio cruzado é ajudar os usuários de localidades que não estariam em condições de pagar pelos serviços às tarifas efetivas da empresa prestadora dos serviços. Com isso, cobra-se uma tarifa média mais baixa em uma localidade cujos usuários não têm condições de suportar a tarifa integral e aumentasse a tarifa média em outras localidades, nas quais as tarifas cobradas podem gerar um excedente de receita capaz de cobrir o que foi oferecido no subsídio cruzado" (VASCONCELOS, Andréa Costa de; MARCATO, Fernando S. Serviços públicos de água e esgotamento sanitário: o subsídio direto como mecanismo de universalização. *Revista de Direito Público da Economia – RDPE*, Belo Horizonte, ano 13, n. 52, p. 27-44, out./dez. 2015).

[3] CAMATTA, Adriana Freitas Antunes. *Saneamento básico no Brasil*: desafios na universalização de seu acesso frente aos impasses econômicos e sociais que limitam a oferta dos serviços essenciais. [s.l.]: [s.n.], [s.d.].

[4] OCDE. Meeting the water reform challenge. *OECD Studies on Water*, Paris, 2012.

Encampando tais diretrizes, foi editada a Lei nº 14.026/2020 (Novo Marco Regulatório do Saneamento), que veio a endereçar uma nova sistemática, regulatória e institucional, para o setor de saneamento, operando mudanças significativas na Lei nº 11.445/2007. Cuida-se de uma sistemática que tem os seguintes pilares principais: (i) a obrigação regulatória de universalização dos serviços de água e esgoto até 31.12.2033; (ii) conferir uma coerência regulatória setorial, por intermédio das normas de referência, a serem editadas pela Agência Nacional de Águas e Saneamento Básico – ANA; (iii) instituir a abertura do mercado à competição (*competition for the market*),[5] por intermédio da introdução de uma regulação contratual mais eficiente; e (iv) engendrar uma indução regulatória à prestação regionalizada, com o desiderato de, por meio da obtenção de economias de escala e de escopo, atender à obrigação de universalização.[6]

Acontece que, antes mesmo antes da edição do Novo Marco Regulatório, foi editada a Lei Complementar estadual nº 184/2018, que instituiu a Região Metropolitana do Rio de Janeiro, composta pelos municípios do Rio de Janeiro, Belford Roxo, Cachoeiras de Macacu, Duque de Caxias, Guapimirim, Itaboraí, Itaguaí, Japeri, Magé, Maricá, Mesquita, Nilópolis, Niterói, Nova Iguaçu, Paracambi, Petrópolis, Queimados, Rio Bonito, São Gonçalo, São João de Meriti, Seropédica e Tanguá. Cuida-se de investida do estado do Rio de Janeiro, que resultou na celebração de convênios de delegação, com as referidas municipalidades e, por conseguinte, na licitação da concessão dos

---

[5] CAMACHO, Fernando Tavares; RODRIGUES, Bruno da Costa Lucas. Regulação econômica de infraestrutura: como escolher o modelo mais adequado? *Revista do BNDES*, n. 41, jun. 2014.

[6] As diretrizes trazidas pelo novo marco legal do saneamento estão alinhadas com os Objetivos de Desenvolvimento Sustentável das Nações Unidas e com as recentes recomendações feitas pelo Banco Mundial para o setor. Nesse quadrante, o Objetivo 6 de Desenvolvimento Sustentável é garantir disponibilidade e manejo sustentável de água e saneamento para todos, destacando-se: alcançar o acesso universal e equitativo à água potável e segura para todos, até 2030 (Objetivo 6.1) e alcançar o acesso a saneamento e higiene adequados e equitativos para todos, até 2030 (Objetivo 6.2). Em relação às recomendações do Banco Mundial para água e saneamento, é válido destacar que a instituição recomendou PPPs como mecanismo para ajudar governos a reduzir o subfinanciamento e a ineficiência do saneamento. Ademais, recomenda a agregação de vários municípios em uma única estrutura de prestação, visando realizar economias de escala e atrair investimentos (WORLD BANK. *Water & Sanitation PPPs*. Disponível em: https://ppp.worldbank.org/public-private-partnership/sector/water-sanitation/FR. Acesso em: 10 maio 2021; e WORLD BANK. *Utility restructuring corporatization decentralization performance contracts*. Disponível em: https://ppp.worldbank.org/public-private-partnership/agreements/utility-restructuring-corporatization-decentralization. Acesso em: 10 maio 2021).

serviços de água e esgoto de 4 blocos de municípios (Concorrência Internacional nº 1/2020), que foi realizada na Brasil, Bolsa, Balcão – B3. Eis o objeto do presente ensaio. Fazer apontamentos sobre alguns aspectos regulatórios sobre tal procedimento licitatório. Para tanto, o artigo seguirá o seguinte itinerário. Em primeiro lugar, abordaremos a teoria econômica da regulação do setor de saneamento. Em prosseguimento, faremos comentários pontuais sobre a modelagem licitada, especialmente a propósito dos benefícios da licitação, da lógica do endereçamento das obrigações de investimento e do seu regime de equilíbrio econômico-financeiro. A ideia do presente ensaio é comprovar a hipótese segundo a qual a Concorrência Internacional nº 1/2020 (Licitação da Cedae), para além de estar em consonância com o racional trazido pela Lei nº 14.026/2020 (novo marco regulatório do saneamento), poderá trazer grandes avanços para o setor.

1 Da regulação econômica do saneamento básico

A teoria econômica convencional aponta o setor de saneamento como um típico monopólio natural. É dizer, na prestação de tais serviços, só poderá haver um prestador, uma vez que os custos iniciais são elevados (*sunk costs*) e os custos, para sua utilização, por cada novo usuário, são baixos (custos incrementais). Assim, para que a atividade se torne economicamente viável, deve-se retirá-la da esfera da concorrência para a obtenção de *economias de escala* e de eventuais *economias de escopo*, sobrepostas às *economias de densidade*, sob pena de a competição por usuários impossibilitar a amortização dos investimentos afundados.

A prestação, em cada mercado relevante, sob uma estrutura de mercado monopolista, por sua vez, enseja diversas questões, notadamente, nos livros-texto, a ineficiência alocativa decorrente da precificação com lucros sobrenormais pelo detentor do monopólio, ensejando algum controle público das variáveis econômicas – genericamente, a regulação, que também tem como objetivo controlar aspectos técnicos que, sob assimetrias informacionais marcantes, pode ser indevidamente manipulada pelo monopolista.

Entretanto, há questões adicionais de economia política que se verificam na prática em operações de saneamento como a brasileira. A principal delas é que o "regulador", confundido com o papel de titular ou poder concedente quando detém o monopólio em sua própria *utility* estatal, está sob outro tipo de falha de mercado, uma assimetria de informação no processo político-eleitoral, que o leva a escolher entre, de um lado, a preservação da situação financeira da sua empresa controlada ou departamento/autarquia, e o sistema de ônus e bônus eleitorais da manipulação dessa tarifa. Em regra, a tarifação pende para a obtenção de bônus eleitorais pelos incumbentes, em detrimento da sustentabilidade da prestação. Ocasionalmente, e por razões diversas, algum administrador incumbente de ente subnacional busca reverter o quadro, com um choque tarifário.

Em quase todos os casos, entretanto, essa dinâmica vem dissociada dos bons princípios de criação de incentivos aos objetivos regulatórios mais nobres que a literatura aponta: a modicidade tarifária; a promoção da universalização e fomento à cobertura dos contingentes populacionais não conectados; a própria eficiência na prestação, de forma mais fina que as grandes economias de escala, escopo e densidade já ensejadas pela operação monopolista; a preservação dos aspectos de qualidade e de atendimento que se encontram ocultos à percepção direta do usuário pela presença de assimetrias informacionais; e eventualmente alguns objetivos adicionais, politicamente contratados, de ASG (ambiente, sustentabilidade e governança).

Muitos dos avanços recentes dos serviços de saneamento no Brasil vêm confiando em duas grandes linhas de solução, documentadas na literatura. Uma linha, particularmente voltada a operações que não tenham sido previamente submetidas ao teste do mercado, notadamente às companhias estatais e serviços autônomos, diz respeito à definição de uma entidade reguladora independente, exercendo uma função regulatória para o controle dos aspectos técnicos sujeitos às assimetrias informacionais, e com capacidade para a definição de tarifas, baseadas em incentivos ou menos frequentemente em recuperação de custos, no horizonte de ciclos tarifários com duração predefinida. Trata-se do ambiente da *regulação discricionária*, que exige entidades reguladoras com forte capacidade técnica (e não capturadas) devido ao hermetismo e à crescente sofisticação dos modelos empregados.

Em resumo, o setor busca por encontrar um equilíbrio entre uma regulação discricionária (*discretionary regulation*) e a regulação por contrato (*regulation by contract*). A primeira tem por desiderato estabelecer uma estrutura de custos para o agente regulado, a ser remunerada por determinada taxa de rentabilidade. Utilizando-se de tal metodologia, estabelece-se uma remuneração pelos investimentos realizados e/ou previstos (*Capex Capital Expenditure* – Capex) e pelos custos operacionais incorridos e/ou previstos (*Operational Expenditure* – Opex). Trata-se de uma modalidade de regulação que tem por objetivo primeiro impedir que

O agente monopolista cobre preços supracompetitivos, por intermédio da simulação de um mercado competitivo (*competition in the market*).

Para tanto, o regulador poderá se valer de duas metodologias. Poderá se valer da regulação por taxa de retorno (*rate of return*), metodologia por meio da qual se garante ao agente regulado a manutenção da Taxa Interna de Retorno – TIR do projeto[7] em face dos custos por ele despendidos. Embora se trate de modelo, habitualmente, utilizado em projetos de saneamento, a sua desvantagem consiste nos incentivos gerados para o superdimensionamento da base de ativos, considerando a garantia de uma rentabilidade fixa (efeito *Averch-Johnson*)[8] para o concessionário. E, da regulação, por preço-teto (*price cap*), metodologia por intermédio da qual, ao se fixar um preço máximo, pretende-se criar incentivos para que o concessionário aumente a sua rentabilidade, pela gestão eficiente de seus custos. Em ambas as modalidades, porém, as premissas econômicas do contrato são atualizadas periodicamente (em sede de revisão tarifária).[9]

A regulação por contrato (*regulation by contract*), por sua vez, tem lugar pelo estabelecimento, *ex ante*, após a realização do leilão, dos custos que serão incorridos pela firma. Em resumo, essa modalidade de regulação contratual estabelece, desde a modelagem inicial, uma varação do preço obtido no âmbito do procedimento licitatório: (i) pelo reajuste anual; (ii) pelo estabelecimento de uma adequada matriz de riscos contratuais; (iii) pelo estabelecimento de níveis qualitativos de serviços; (iv) pela previsão de obrigações de investimentos, entre outros arranjos contratuais.[10] Por meio dessa modalidade, estabelece-se que a formação do "preço" se dará pela exploração do monopólio natural, diante da competição pelo mercado (*competition for the market*).[11]

Dito em outras palavras, preservado o caráter de monopólio do mercado relevante da prestação dos serviços de saneamento em si, estabelece-se um ambiente competitivo no mercado antecedente de concessões de operação. De fato, na linha proposta por Harold

---

[7] JOSKOW, Paul Lewis. The determination of the allowed rate of return in formal regulatory hearings. *Bell Journal of Economics*, n. 3, p. 632-644, 1972.

[8] BROWN, A.; STERN, J.; TENENBAUM, B. *Handbook for evaluating infrastructure regulatory systems*. [s.l.]: World Bank, 2006.

[9] AVERCH, Harvey; JOHNSON, Leland. Behavior of the firm under regulatory Constraint. *American Economic Review*, v. 5, n. 52, p. 1052-1070, 1962.

[10] GOMEZ-IBANEZ, Jose. *Regulating infrastructure*: monopoly, contracts and discretion. Cambridge, MA: Harvard University Press, 2003.

[11] CAMACHO, Fernando Tavares; RODRIGUES, Bruno da Costa Lucas. Regulação econômica de infraestrutura: como escolher o modelo mais adequado? *Revista do BNDES*, n. 41, jun. 2014.

Demsetz,[12] a competição *ex ante* (*competition for the market*)[13] emula a competição em mercado, captando uma parte relevante das eficiências potenciais. Tendo em vista a ênfase dada a esse tipo de competição antecedente, a preservação do pacto contratual assume papel central nesse tipo de solução. Embora quase tudo seja contratualizado, a observação dos aspectos técnicos e a operacionalização dos reequilíbrios contratuais pode contar com uma entidade reguladora independente cujos poderes, no caso, são mais limitados, reduzindo, sensivelmente, o risco regulatório envolvido. Trata-se, aqui, da operação privada sob regulação contratual.

Dessa forma, o quadro atual dos serviços de saneamento pode ser representado, sob o ponto de vista das grandes linhas dos sistemas de incentivo vigentes, em duas grandes linhas: a regulação por ERI (entidade reguladora independente) e a regulação por contrato. A tabela a seguir desenvolve um pouco mais a situação fática no Brasil, pois não se pode dizer que ambas existem de forma plena: há situações intermediárias, que devem ser consideradas.

(continua)

	Sequer existe	Tecnicamente fraco ou pouco claro	Existe mas não é respeitado
ERI	• Autarquias e departamentos sem regulador • Agência reguladora inexistente • Agência reguladora legalmente constituída, mas não operacional	• Organização técnica insuficiente, por exemplo, por não ter escala para regular ou não contar com recursos adequados • Práticas arbitrárias ou não transparentes • Contratos sem suporte à boa regulação (de programa ou concessão antigos)	• Agência local, propensa à captura por agentes políticos ou pelo regulado • Agência sem legitimidade para *enforcement* de suas determinações • Sobreposição de decisões com órgãos de

---

[12] DEMSETZ, Harold. Why regulate utilities. *Journal of Law and Economics*, v. 11, n. 1, p. 55-65, 1968.

[13] CAMACHO, Fernando Tavares; RODRIGUES, Bruno da Costa Lucas. Regulação econômica de infraestrutura: como escolher o modelo mais adequado? *Revista do BNDES*, n. 41, jun. 2014.

(conclusão)

	Sequer existe	Tecnicamente fraco ou pouco claro	Existe mas não é respeitado
CONTRATO	• Autarquias e departamentos sem contrato • Relações precárias, sem contrato, com operadores públicos ou privados	• Contratos privados sob normatização idiossincrática difícil/dispendiosa em ser assimilada por operadores privados que têm múltiplos reguladores (falta de padronização contratual)	controle ou determinações judiciais • Poder Concedente não conta com controle adequado ou com apoio de entidade reguladora • Sobreposição de decisões com órgãos de controle ou determinações judiciais

    Nesse quadrante, a Lei nº 14.026/2020 tem por desiderato estabelecer uma regulação mais eficiente sobre as instituições centrais: o contrato de concessão, que enredará a disciplina da relação público-privada e a entidade reguladora independente. E, mais que isso, pretende-se endereçar um nexo causal entre as dimensões institucionais, a regulação, a competição e a universalização, que pode ser evidenciada pela seguinte ilustração:

    É nesse contexto que deve ser interpretado o Leilão da Cedae. Trata-se de uma iniciativa que converte o ambiente de regulação discricionária da estatal em um ambiente mais moderno de regulação contratual, minimizando o elevado custo imposto aos usuários fluminenses pelo risco regulatório antes prevalecente. Afinal de contas, de acordo com literatura econômica, os contratos de concessão ilustram um problema de agência (*principal-agent problem*), considerando a miríade de atores que participam da arquitetura concessória, na qual o poder concedente ocupa a figura do *principal* enquanto o concessionário, a figura do *agent*.

Nesse quadrante, o regime concessório – ainda interpretado sob a lente da vetusta e em vias de *publicatio* – deve ser reinterpretado à luz dos seguintes problemas econômicos: (i) problema da teoria da agência (*agency theory*); (ii) problema de risco moral (*moral hazard*); (iii) problema de assimetria de informação (*asymmetric information*); (iv) problema de captura de interesses (*pork barrel*); (v) problema de ambiente institucional (*institutional environment*); (vi) problema de custos de transação (*transaction costs*); (vii) problema de contratos incompletos (*incomplete contracts*); e, para o aqui importa, (viii) problema de incerteza (*uncertainty*).[14] Claro está que a solução envolve custos de transação indesejáveis, particularmente ao manter na relação contratual a empresa estatal, em posição de intermediária, conciliando a solução ótima com a preservação de interesses estabelecidos. Assim, alguns elementos podem ser observados nesse processo.

2 Das eficiências do "Leilão da Cedae": *competition for the market*

Em primeiro lugar, o próprio leilão para a exploração dos serviços públicos de abastecimento de água e esgotamento sanitário, nos municípios licitados em blocos, já é um exemplo saliente de avanço regulatório. É que a regulação de entrada, em contratos de concessão, tem por objetivo extrair, *ex ante, eficiência* de um mercado que será explorado de forma monopólica. Mais que isso, é nesse quadrante que se insere o contrato de concessão, na qualidade de um instrumento de regulação, com o objetivo de minorar os efeitos da exploração monopólica e da assimetria de informações entre os diversos agentes que integram a relação concessionária. Serve, pois, como um móvel para a *revelação das informações das partes*, de modo que elas possam maximizar seus próprios interesses, sem descurar dos interesses públicos enredados na exploração do ativo.

Cuida-se de uma arquitetura regulatória endógena, que tem por objetivo minorar os efeitos do *risco moral* (*moral hazard*), da *seleção adversa* e do efeito *hold up*. O *risco moral* tem lugar quando o concessionário passa a adotar uma conduta oportunista, após a celebração do contrato

---

[14] CRUZ, Carlos Oliveira; SARMENTO, Joaquim Miranda. *Manual de parcerias público-privadas e concessões*. Belo Horizonte: Fórum, 2019. p. 55.

(*ex post*). Nesse sentido, Marcos Nóbrega[15] leciona que "tal fenômeno ocorreria, por exemplo, nas hipóteses [...] de uma empresa começar a executar um contrato e ir baixando a qualidade do insumo utilizado, com o fito de reduzir os seus custos". A *seleção adversa*, porém, tem lugar em momento anterior, em razão da assimetria de informações *ex ante*, que pode importar na contratação de firmas ineficientes.[16] E o efeito *hold up* se aplica, segundo Patrícia Sampaio e Thiago Araújo,[17] "especialmente a contratos de longa duração e que requeiram investimentos em ativos específicos por uma das partes contratantes, gerando uma situação de dependência econômica de um dos agentes com a relação contratual". São variáveis que devem orientar o desenho regulatório desses instrumentos contratuais.

De fato, como asseveram Karl-Gustaf Lofgren, Torsten Persson e Jorgen Weibull,[18] "os agentes econômicos informados em tais mercados podem ter incentivos para tomar medidas observáveis e dispendiosas para sinalizar, de forma crível, as suas informações privadas aos agentes não informados, de modo a melhorar os seus resultados no mercado". Em prosseguimento, os autores concluem que "esses modelos têm sido utilizados para explicar a emergência de muitas instituições sociais que combatem os efeitos negativos das assimetrias de informação".[19] Daí a necessidade de tais instrumentos contratuais endereçarem uma arquitetura regulatória, por meio dos seguintes instrumentos: a *regulação de entrada e saída*; uma *regulação tarifária* e uma *regulação de monitoramento*.

---

[15] NÓBREGA, Marcos. Análise econômica do direito administrativo. *In*: TIMM, Luciano Benetti. *Direito e economia no Brasil*. São Paulo: Atlas, 2012. p. 404-416.

[16] Nesse sentido, Lauren Auronen: "Akerlof argumenta que esta assimetria de informação incentiva o vendedor a vender produtos de qualidade inferior à média do mercado. A qualidade média dos bens no mercado irá então diminuir, tal como a dimensão do mercado. [...] Akerlof observa uma semelhança entre este modelo, em que os maus carros expulsam os bons carros, e a lei de Gresham, mas observa que no modelo dos carros esta situação se deve à informação assimétrica. O processo relativo aos piores exemplares (automóveis) começaram a dominar o mercado é designado por seleção adversa" (AURONEN, Lauri. *Asymmetric information*: theory and applications. Disponível em: https://pdfs.semanticscholar.org/cdc1/10d48cfa54659f3a09620d51240f09cf1acc.pdf?_ga=2.253811336.1459188436.1591190186-239455523.1591190186. Acesso em: 3 jun. 2020.).

[17] V. SAMPAIO, Patrícia; ARAÚJO, Thiago. Previsibilidade ou resiliência? Notas sobre a repartição de riscos em contratos administrativos. *Revista de Direito da Procuradoria-Geral*, Rio de Janeiro, p. 311-333, 2014. Edição Especial: Administração Pública, risco e segurança jurídica.

[18] LOFGREN, Karl-Gustaf; PERSSON, Torsten; WEIBULL; Jorgen W. Markets with asymmetric information: the contributions of George Akerlof, Michael Spence and Joseph Stiglitz. *The Scandinavian Journal of Economics*, v. 104, n. 2, p. 195-211, jun. 2002.

[19] LOFGREN, Karl-Gustaf; PERSSON, Torsten; WEIBULL; Jorgen W. Markets with asymmetric information: the contributions of George Akerlof, Michael Spence and Joseph Stiglitz. *The Scandinavian Journal of Economics*, v. 104, n. 2, p. 195-211, jun. 2002.

Para tanto, uma das primeiras formas de regulação incidente sobre tais mercados é a realização de um leilão (*franchise bidding*), por intermédio do qual se pretende, num ambiente de pressão competitiva, estabelecer um regime de competição pelo mercado. É dizer, por intermédio dos leilões, no âmbito da instauração de uma competição *ex ante*, sugere-se que serão praticados os melhores preços *ex post*,[20] dentro de padrões técnicos e de atendimento socialmente estipulados *ex ante*. A regulação de entrada, ao definir áreas, também poderá colaborar para reduzir a prática de subsídios cruzados quando firmas multiprodutos pretendam privilegiar as atividades mais rentáveis (*cream skimming*) em determinados segmentos, aproveitando-se da condição de monopolista em outros.

Outra utilidade desse instrumento é o estabelecimento de um regime de transição entre um ambiente monopolista e um ambiente competitivo, no caso no mercado de concessões. Nessas hipóteses, a regulação de acesso terá por objetivo reduzir as vantagens competitivas que o monopolista consolidado tem no setor, seja pela detença da propriedade das redes, seja pelo acesso aos consumidores cativos (*bottleneck*). Tal se dá por intermédio do controle estrutural das firmas (*unbundling*) ou da variável "preço" na interconexão. Nesse sentido, cite-se, por exemplo, o que se passou no setor de telecomunicações, no qual, quando de sua abertura nos idos da década de noventa, foram criados regimes concorrenciais assimétricos entre as denominadas "empresas espelho", que detinham todos os ativos do Sistema Telebrás, e os novos entrantes.

Para além de se abrir o mercado à competição (superando-se o modelo de exploração pública via Companhia Estadual de Saneamento – CESB), o leilão foi desenhado, por intermédio de uma lógica de incentivos que tende a propiciar economias de escala, de escopo e a própria sustentabilidade econômica do ativo, nos termos do que determina o art. 2º, XIV, da Lei nº 11.445/2007, com a redação dada pela Lei nº 14.026/2020 (novo marco regulatório do saneamento). É dizer, a licitação por blocos, lastreada, a partir da instituição da Região Metropolitana do Rio de Janeiro, unidade regional instituída pela Lei Complementar Estadual nº 184/2018, ao dar cumprimento ao disposto no art. 3º, IV, da Lei nº 11.445/2007 (com redação dada pela Lei nº 14.026/2020), tende a criar um sistema de subsídios cruzados

---

[20] PHILLIPS JR., C. F. *The regulation of public utilities*: theory and practice. Arlington, VA: Public Utilities Report Inc., 1993; DEMSETZ, Harold. Why regulate utilities. *Journal of Law and Economics*, v. 11, n. 1, p. 55-65, 1968.

mais transparente, bem como a induzir à exploração mais eficiente de serviços de interesse comum (art. 8º, I, da Lei nº 14.026/2020).

3 Da compatibilização da modelagem licitada com a prestação regionalizada de que trata a Lei nº 14.026/2020

A modelagem licitada instituiu uma governança regulatória para endereçar os interesses do município (titular do serviço, nos termos da ADI nº 1.842). Essa nova sistemática de regionalização tem por racional extinguir, gradativamente, o modelo de exploração, por intermédio do qual a empresa estatal estadual (CESBs) presta os serviços de saneamento básico, disciplinados, por meio de contratos de programa – os quais são celebrados, sem licitação, com lastro no art. 24, XXVI, da revogada Lei nº 8.666/1993. Tal modelo produziu ineficiências econômicas típicas de uma exploração monolítica, entre as quais: (i) a acomodação gerencial e degradação dos serviços prestados; (ii) a redução dos níveis ou negligência nos investimentos em pesquisa; e (iii) a busca de renda supracompetitiva.[21]

Para dar conta de tais externalidades, a Lei nº 14.026/2020 (novo marco regulatório do saneamento) alterou o art. 2º, inc. XIV, da Lei nº 11.445/2007, para o efeito de incluir como um dos seus principais objetivos promover a *"prestação regionalizada dos serviços, com vistas à geração de ganhos de escala e à garantia da universalização e da viabilidade técnica e econômico-financeira dos serviços"* (grifos nossos). Nesse quadrante, o novo marco regulatório, para além de abrir o mercado à competição, pretende fomentar a obtenção de economias de escala e de economias de escopo, como uma forma de endereçar a sustentabilidade econômico-financeira da prestação do serviço de saneamento de distintas municipalidades.

A economia de escala é aquela que terá lugar quando, já tendo o operador privado incorrido em um alto custo fixo para o desenvolvimento da atividade (*v.g.*, construção de infraestruturas e instalações operacionais necessárias ao abastecimento de água potável), não tem significativos custos marginais (variáveis) em virtude do aumento da quantidade de usuários. A economia de escopo, por sua vez, terá lugar, quando o operador econômico conseguir se valer da mesma infraestrutura para desempenhar mais de uma atividade (*v.g.*, infraestruturas

---

[21] STIGLITZ, Joseph; WALSH, Carl. *Introdução à microeconomia*. Rio de Janeiro: Campus, 2003. p. 223.

e instalações operacionais necessárias à coleta, ao transporte e ao tratamento dos esgotos sanitários e para drenagem das chuvas). Em tais hipóteses, haverá a diluição do custo fixo investido na construção da infraestrutura, justamente pela otimização do uso da rede pela exploração de outras atividades.

A prestação regionalizada também pretende desincentivar o *cream skimming*, por intermédio da aglutinação de municípios que possam ser autossustentáveis com municípios que não teriam viabilidade econômica de exploração autônoma. Tal regionalização se justifica, ainda, na medida em que a urbanização e a conurbação importam numa interdependência entre os municípios no setor de saneamento básico. É dizer, aqueles mais adensados geram mais resultados financeiros, financiando os municípios menos adensados e circunvizinhos.

Daí a previsão normativa segundo a qual a regionalização dos serviços de saneamento se configura como uma "modalidade de prestação integrada de um ou mais componentes dos serviços públicos de saneamento básico em determinada região cujo território abranja mais de um Município" (art. 3º, VI, da Lei nº 11.445/2007, com redação dada pela Lei nº 14.026/2020).[22]

A partir do novel diploma, ao menos quatro formas de prestação regionalizada dos serviços de saneamento se apresentam economicamente possíveis. A primeira é a instituição de região metropolitana, microrregião e aglomeração urbana, unidades instituídas pelos estados, mediante lei complementar, nos termos do disposto no §3º do art. 25 da CRFB, composta de agrupamento de municípios limítrofes e instituída nos termos da Lei nº 13.089, de 12.1.2015 (Estatuto da Metrópole). A segunda é a unidade regional de saneamento básico instituída, pelos estados, mediante lei ordinária, a ser constituída pelo agrupamento de municípios não necessariamente limítrofes. A terceira é o bloco de referência, que será constituído, por intermédio do agrupamento de

---

[22] Para Egon Bockmann Moreira *et al*.: "Neste primeiro momento, pode-se falar em parâmetros de compatibilização entre as competências gerais (União e Estados) e as específicas (Municípios), regidas pelo princípio da subsidiariedade federativo. De igual modo, tais competências específicas dos Municípios não podem inviabilizar as competências gerais (União e Estados). Está-se diante de tensões entre o local e o nacional (diretrizes) e entre o local e o interesse comum de regiões metropolitanas. Ocorre que a tais competências são conferidos níveis de densidade normativa específica pelo legislador, pelos regulamentos e pelos contratos. Essa compatibilização de competências constitucionais revela-se no mundo dos fatos: a Constituição vive ao ser aplicada" (MOREIRA, Egon Bockmann; GOMES, Gabriel Jamur; CAGGIANO, Heloísa Conrado. O novo marco legal do saneamento básico (Os pontos mais importantes da Medida Provisória nº 844/2018). *Revista de Direito Público da Economia – RDPE*, ano 16, n. 63, p. 89-116, jul./set. 2018).

municípios não necessariamente limítrofes, estabelecido pela União e criado por meio de gestão associada voluntária dos titulares. A quarta é a celebração dos consórcios públicos de que trata a Lei nº 11.107/2005 (a ser formado apenas por municípios).

Já seguindo tal diretriz, a modelagem endereçou uma licitação em blocos e, para além disso, instituiu os *contratos de gerenciamento e dos conselhos de titulares*, instrumentos que têm por objetivo, respectivamente, complementarmente ao convênio de cooperação, disciplinar a transferência da organização e do gerenciamento da prestação regionalizada dos serviços de abastecimento de água e esgotamento sanitário, bem como propiciar a interlocução entre os titulares do serviço municipal.

4 Das eficiências econômicas do critério de julgamento do "maior valor da outorga" e dos "gatilhos de investimentos"

Na modelagem, previu-se a cobrança de uma outorga fixa, composta pelo pagamento realizado, pela concessionária, ao Poder Concedente, como condição à exploração da concessão, cujos valores serão compartilhados pelo estado com os municípios e o fundo de desenvolvimento da região metropolitana. E uma outorga variável, que corresponde a um pagamento mensal realizado pela concessionária aos municípios e ao fundo de desenvolvimento da região metropolitana, correspondente a um percentual da receita tarifária oriunda dos pagamentos das tarifas pelos usuários localizados em seus territórios.

Malgrado o critério de julgamento do "menor valor da tarifa" atinja propósitos políticos imediatos, no curto prazo, tal critério poderá militar em desfavor do princípio da modicidade tarifária e da sustentabilidade econômica dos projetos. De fato, a realidade tem dado conta de que tal critério de julgamento pode ensejar uma *seleção adversa* do concessionário.[23] É que o concessionário, utilizando-se de uma informação de que o poder concedente não dispõe, poderá ter incentivos para apresentar um valor no leilão que sabe, *ex ante*, que poderá se apresentar como inexequível durante a execução do contrato. Dito em outros termos, pretende-se deslocar a diferença da renda obtida no leilão (ágio) para fase de execução do contrato – o que, a depender do fluxo de receitas do projeto, poderá importar na sua inexequibilidade.

---

[23] AKERLOF, G. The market for "lemons": quality uncertainty and the market mechanism. *Quarterly Journal of Economics*, v. 84, p. 488-500, 1970.

A análise dessas questões valeria artigo específico. Pode-se dizer, entretanto, que há argumentos que apontam que, em razão do adiantamento de vultosos recursos pelo concessionário (próprios ou de terceiros) a fim de se fazer frente ao pagamento de uma outorga *ufront*, cria-se o incentivo para que tais valores sejam amortizados, durante a execução do contrato, para o que se predica de uma adequada execução de seu objeto; com isso, evita-se a prática de comportamentos oportunistas (*rent-seeking*).

Para além disso, nos casos da fixação de outorgas variáveis, tal critério de julgamento poderá propiciar a geração de uma reserva financeira serviente a financiar o pagamento de reequilíbrios contratuais e de eventuais indenizações pela extinção prematura da avença (por caducidade, anulação, encampação, relicitação ou rescisão).

Uma das vantagens dessa modelagem é a de se conferir maior previsibilidade aos financiadores do projeto, que, para além da garantia dos direitos emergentes da concessão (sob forma de *project finance*), poderão se louvar do valor depositado na referida conta para reaver recursos financeiros aportados na concessão. Outra vantagem é a de, ao se conferir liquidez ao projeto, buscar o endereçamento de riscos cambiais (que podem advir da mudança do perfil dos financiamentos), bem como mitigar os riscos da demanda do concessionário, máxime em cenários de incerteza como o atual.

O projeto adotou, ainda, a sistemática de "gatilhos de investimentos". De acordo com tal previsão, toda vez que determinado parâmetro de demanda for atingido, um gatilho será acionado, determinando que o parceiro privado invista de acordo com os critérios preestabelecidos.[24] Cuida-se de importante previsão que tem por desiderato fomentar que a remuneração do concessionário (receita) seja compatível com os objetivos de interesse público enredados por intermédio de pactos concessórios e com os custos gerados pelo projeto (como os relacionados às obrigações de investimentos, ao pagamento de financiamentos e ao cumprimento de obrigações regulatórias).

---

[24] Cuida-se de sistema de incentivos, que já teve a sua validade reconhecida pelo Tribunal de Contas da União – TCU, nos seguintes termos: "Ante o exposto, cabe determinar à ANTT que faça constar expressamente no Contrato de Concessão decorrente do Edital 001/2011-BR-101/ES/BA a obrigação de o concessionário realizar a infraestrutura (exceto o pavimento) das terceiras faixas do subtrecho homogêneo D juntamente com sua duplicação, sendo a execução da pavimentação do referido subtrecho condicionada ao atingimento do gatilho definido na Tabela 3.2 do Anexo 2 da minuta de contrato (PER), conforme registrado em seu Plano de Negócios e confirmado em resposta à diligência promovida pela Comissão de Outorga" (BRASIL. Tribunal de Contas da União. *Acórdão nº 2.573/2012* – Plenário. 26.9.2012).

5 Do equilíbrio econômico-financeiro da modelagem

Por fim, é de destacar a sistemática de equilíbrio econômico-financeiro da modelagem licitada, que traz importantes avanços para a regulação contratual setorial. A primeira diz com a inclusão de deflatores tarifários atrelados ao desempenho contratual da concessionária, previsão que produzirá ainda mais incentivos para o atendimento das obrigações de desempenho e de investimentos. Trata-se de regulação de monitoramento, por meio da qual é estabelecido um sistema de fiscalização do cumprimento das obrigações de desempenho e das obrigações de investimentos pelos concessionários. É de se registrar, porém, que "a abordagem clássica da Teoria da Regulação indica uma diferenciação entre análise de desempenho e fiscalização, visto que é necessário diferenciar supervisão e monitoramento do contrato de concessão". É que "o papel do monitoramento do desempenho é certificar o nível de serviço e a supervisão pode reduzir pressões competitivas durante a operação da concessão".[25] Mas fato é que se trata de uma forma de criar incentivos para que o concessionário possa melhor executar o contrato de concessão.

Para além disso, a modelagem considera os efeitos do evento desequilibrante, no âmbito da prestação regionalizada, o que propiciará o reequilíbrio mais amplo desses contratos, considerando, ainda, o sistema de subsídios cruzados transparentes que será implementado.

Dignos de nota, ainda, são a simplificação do procedimento de reajuste, que reforça a sua natureza jurídica de ato administrativo vinculado, e, ainda, a configuração de revisão extraordinária como um instrumento de reequilíbrio emergencial, deixando, para a revisão ordinária, os desequilíbrios de menor porte, intrínsecos à incompletude dos pactos concessórios. São expedientes que sugerem uma redução de custos de transação. Como é de conhecimento convencional, de acordo com Ronald Coase,[26] os custos de transação são todos os custos embutidos nas relações econômicas, os quais podem ter lugar no âmbito

---

[25] SANTOS, E. M.; ARAGÃO, J. J. G.; CAMARA, M. T.; COSTA, E. J. S. C.; ALDIGUERI, D. R.; YAMASHITA, Y. Análise de desempenho em contratos de concessão rodoviária. *In*: CONGRESSO DE PESQUISA E ENSINO EM TRANSPORTES, XIX, 2005, Recife. *Panorama Nacional da Pesquisa em Transportes 2005*. Rio de Janeiro: Anpet, 2005. v. I. p. 120-131.

[26] COASE, R. H. The nature of the firm. *Economica*, New Series, v. 4, n. 16, p. 386-405, nov. 1937.

da negociação (no procedimento de barganha), na sua remuneração (a título de contraprestação) e na prevenção de condutas oportunistas.[27] Para Oliver Williamson,[28] autor que posteriormente desenvolveu a teoria de Coase, os "custos de transação" nos negócios jurídicos têm lugar porque os agentes econômicos não adquirem bens, tão somente, por conta dos custos de produção, mas porque a todos eles estão agregados os custos de negociação, que são aqueles necessários à formação e à manutenção dos ajustes. Ainda de acordo com o referido autor, estes custos podem se materializar, *ex ante*, na fase pré-contratual; ou, *ex post*, posteriormente à sua celebração. Na fase pré-contratual, os custos de transação podem ser exemplificados: (i) pela redação do contrato; (ii) pelas negociações para obtenção de melhores condições e obrigações contratuais; e (iii) pelo estabelecimento de garantias para se mitigar os riscos da ocorrência de fatos supervenientes. Já os custos na fase pós--contratual, por sua vez, terão lugar, por exemplo: (i) na fiscalização do contrato; (ii) na manutenção das condições originalmente acordadas; e (iii) na sua renegociação pela ocorrência de fatos supervenientes.[29] Daí se poder afirmar a modelagem licitada poderá reduzir os custos *ex post*, na medida em que um dos grandes elementos que destroem os modelos discricionários é o risco regulatório subjacente aos eventos tarifários, tanto de reajuste quanto de revisão, que são, sistematicamente, procrastinados no universo setorial brasileiro.

---

[27] Sobre tema, aprofundar também em: NORTH, Douglas C. *Custos de transação, investimentos e desempenho econômico*. Ensaios & Artigos. Tradução de Elizabete Hart. Rio de Janeiro: Instituto Liberal, 1992. Portanto, os custos de transação ocorrem quando as transações entre agentes econômicos "são difíceis de precificar e que correspondem principalmente às incertezas existentes quanto às possibilidades de comportamento oportunista e não atendimento de padrões pré-acordados impelem à firma decidir se a produção de determinado bem deve ou não ser internalizada ou contratada à outra [firma]". Caso sejam elevados, a firma escolherá por internalizar a produção. Mas, "se as incertezas quanto ao atendimento das exigências da firma contratante forem pequenas e por isso gerarem custos de transação baixos, então a firma preferirá contratar a produção" (RAUEN, André Tortato. *Custos de transação e governança*: novas tipologias de relações interfirmas. Disponível em: http://www.espacoacademico.com.br/069/69rauen.htm).

[28] WILLIAMSON, Oliver. *Economics of organization*: the transaction cost approach. [s.l.]: [s.n.], 1981. p. 552.

[29] De acordo com Robert Cooter: "The basic idea of the (Coase) theorem is that the structure of the law which assigns property rights and the liability does not matter so long as transaction costs are nil; bargaining will result in an efficient outcome no matter who bears the burden of liability. The conclusion may be drawn that the structure of law should be chosen so that transaction costs are minimized, because this will conserve resources used up by the bargaining process and also promote efficient outcomes in the bargaining itself" (COOTER, Robert. The cost of Coase. *Journal of Legal Studies*, v. XI, 1982. Disponível em: http://works.bepress.com/robert_cooter/97).

A modelagem ainda prevê que o reequilíbrio será veiculado por meio da metodologia do fluxo de caixa marginal. Em breves palavras, o critério do fluxo de caixa marginal é aquele por meio do qual o equilíbrio econômico-financeiro é aferido tendo-se em conta o momento econômico em que se exige dos concessionários a realização de novos investimentos. Mais especificamente, ele tem lugar na medida em que, como os novos investimentos podem ser realizados muitos anos depois do início da vigência do contrato, é possível que tenha havido substanciais mudanças no contexto macroeconômico do projeto, o que justifica a observância dos custos atuais, e não dos pretéritos.

Assim, para fazer frente às novas obrigações (ainda não provisionadas no fluxo de despesas do concessionário), o regulador se valerá de uma taxa de mercado prefixada pelo instrumento contratual e do dimensionamento de custos operacionais e investimentos atuais para reequilibrar o racional econômico do contrato de concessão. Trata-se de metodologia que não se utiliza das informações apresentadas, pelo concessionário, em seu plano de negócios (sobretudo os constantes nas suas planilhas de custos e de investimentos), para o efeito de recomposição do contrato de concessão.

E isso se deu porque se constatou que os planos de negócios apresentados por ocasião da licitação não davam conta da cambialidade dos contratos de concessão, tampouco se prestavam a retratar, fielmente, os custos despendidos para a prestação do serviço. Primeiro, porque há uma assimetria de informações entre poder concedente e concessionário em razão da *expertise* que este detém na atuação em determinado mercado. Segundo, porque o contrato de concessão, por se tratar de pacto de prazo diferido, pode experimentar uma variação nos custos de seus insumos (provocados por alterações nos valores de mercado ou mesmo por evoluções tecnológicas), os quais podem não corresponder às informações previstas no plano de negócios do concessionário.

Em resumo, a modelagem licitada, seguindo as melhoras práticas sugeridas pelo World Bank,[30] endereça uma regulação contratual com os seguintes aspectos: (i) requisitos de desempenho, por intermédio dos quais são aferidas a qualidade requerida e quantidade de bens e serviços prestados; (ii) mecanismos de pagamento, por meio do qual será definida a remuneração do concessionário, por meio de cobranças de utilização, pagamentos governamentais baseados em utilização ou

---

[30] WORLD BANK. International Bank for Reconstruction and Development. *Public-private partnerships*: reference guide version 3. Disponível em: https://openknowledge.worldbank. org/handle/10986/29052.

disponibilidade da infraestrutura, ou uma combinação, bem como pela possibilidade de inclusão de bônus e penalidades; (iii) procedimentos de resolução de controvérsias, por meio do qual serão definidos mecanismos institucionais de resolução de controvérsias contratuais, especificando os papéis do regulador, dos tribunais e dos peritos; (iv) um regime de rescisão do contrato que veicule o termo e as prescrições de devolução do ativo; e (v) mecanismos de ajuste, a partir dos quais serão estabelecidas ferramentas contratuais para lidar com mudanças, como revisões extraordinárias de tarifas, ou alteração dos requisitos de serviço.

Conclusões

Em suma, temos para nós que, mais do que o retorno financeiro, o Leilão da Cedae se configura como um importante avanço no trespasse de uma regulação com forte carga discricionária (notadamente no âmbito da regulação por "custos", que lastreava a exploração pelas CESBs) para uma regulação contratual. Mais que isso, a modelagem engendrada põe freios em importantes elementos de externalidades negativas produzidas pela exploração monopólica; reduz a assimetria de informações entre partes (regulador, concessionário e usuários); direciona o setor para o atendimento da tão alvitrada (e atrasada) universalização.

Para além disso, consolida a abertura de um mercado nacional em que a força da competição produzirá incentivos, *ex ante*, em vez de confiar em modelos regulatórios, extremamente sofisticados, que admitem doses de subjetividade cujo custo econômico, em termos de custo de capital, vem se revelando proibitivo em relação ao objetivo da universalização dos serviços em várias partes do país.

Referências

AKERLOF, G. The market for "lemons": quality uncertainty and the market mechanism. *Quarterly Journal of Economics*, v. 84, p. 488-500, 1970.

AURONEN, Lauri. *Asymmetric information*: theory and applications. Disponível em: https://pdfs.semanticscholar.org/cdc1/10d48cfa54659f3a09620d51240f09cf1acc.pdf?_ga=2.253811336.1459188436.1591190186-239455523.1591190186. Acesso em: 3 jun. 2020.

AVERCH, Harvey; JOHNSON, Leland. Behavior of the firm under regulatory Constraint. *American Economic Review*, v. 5, n. 52, p. 1052-1070, 1962.

BROWN, A.; STERN, J.; TENENBAUM, B. *Handbook for evaluating infrastructure regulatory systems*. [s.l.]: World Bank, 2006.

CAMACHO, Fernando Tavares; RODRIGUES, Bruno da Costa Lucas. Regulação econômica de infraestrutura: como escolher o modelo mais adequado? *Revista do BNDES*, n. 41, jun. 2014.

CAMATTA, Adriana Freitas Antunes. *Saneamento básico no Brasil*: desafios na universalização de seu acesso frente aos impasses econômicos e sociais que limitam a oferta dos serviços essenciais. [s.l.]: [s.n.], [s.d.].

COASE, R. H. The nature of the firm. *Economica*, New Series, v. 4, n. 16, p. 386-405, nov. 1937.

COOTER, Robert. The cost of Coase. *Journal of Legal Studies*, v. XI, 1982. Disponível em: http://works.bepress.com/robert_cooter/97.

COUTINHO, Diogo R. Saneamento básico: aumentos tarifários para investimentos na melhoria e expansão do serviço. *RDA – Revista de Direito Administrativo*, Rio de Janeiro, v. 264, p. 293339, set/dez. 2013. Parecer.

CRUZ, Carlos Oliveira; SARMENTO, Joaquim Miranda. *Manual de parcerias público-privadas e concessões*. Belo Horizonte: Fórum, 2019.

DEMSETZ, Harold. Why regulate utilities. *Journal of Law and Economics*, v. 11, n. 1, p. 55-65, 1968.

GOMEZ-IBANEZ, Jose. *Regulating infrastructure*: monopoly, contracts and discretion. Cambridge, MA: Harvard University Press, 2003.

JOSKOW, Paul Lewis. The determination of the allowed rate of return in formal regulatory hearings. *Bell Journal of Economics*, n. 3, p. 632-644, 1972.

LOFGREN, Karl-Gustaf; PERSSON, Torsten; WEIBULL; Jorgen W. Markets with asymmetric information: the contributions of George Akerlof, Michael Spence and Joseph Stiglitz. *The Scandinavian Journal of Economics*, v. 104, n. 2, p. 195-211, jun. 2002.

MOREIRA, Egon Bockmann; GOMES, Gabriel Jamur; CAGGIANO, Heloísa Conrado. O novo marco legal do saneamento básico (Os pontos mais importantes da Medida Provisória nº 844/2018). *Revista de Direito Público da Economia – RDPE*, ano 16, n. 63, p. 89-116, jul./set. 2018.

NÓBREGA, Marcos. Análise econômica do direito administrativo. *In*: TIMM, Luciano Benetti. *Direito e economia no Brasil*. São Paulo: Atlas, 2012. p. 404-416.

OCDE. Meeting the water reform challenge. *OECD Studies on Water*, Paris, 2012.

PHILLIPS JR., C. F. *The regulation of public utilities*: theory and practice. Arlington, VA: Public Utilities Report Inc., 1993.

RAUEN, André Tortato. *Custos de transação e governança*: novas tipologias de relações interfirmas. Disponível em: http://www.espacoacademico.com.br/069/69rauen.htm.

SANTOS, E. M.; ARAGÃO, J. J. G.; CAMARA, M. T.; COSTA, E. J. S. C.; ALDIGUERI, D. R.; YAMASHITA, Y. Análise de desempenho em contratos de concessão rodoviária. *In*: CONGRESSO DE PESQUISA E ENSINO EM TRANSPORTES, XIX, 2005, Recife. *Panorama Nacional da Pesquisa em Transportes 2005*. Rio de Janeiro: Anpet, 2005. v. I. p. 120-131.

STIGLITZ, Joseph; WALSH, Carl. *Introdução à microeconomia*. Rio de Janeiro: Campus, 2003.

VASCONCELOS, Andréa Costa de; MARCATO, Fernando S. Serviços públicos de água e esgotamento sanitário: o subsídio direto como mecanismo de universalização. *Revista de Direito Público da Economia – RDPE*, Belo Horizonte, ano 13, n. 52, p. 27-44, out./dez. 2015.

WILLIAMSON, Oliver. *Economics of organization*: the transaction cost approach. [s.l.]: [s.n.], 1981.

WORLD BANK. International Bank for Reconstruction and Development. *Public-private partnerships*: reference guide version 3. Disponível em: https://openknowledge.worldbank.org/handle/10986/29052.

WORLD BANK. *Utility restructuring corporatization decentralization performance contracts*. Disponível em: https://ppp.worldbank.org/public-private-partnership/agreements/utility-restructuring-corporatization-decentralization. Acesso em: 10 maio 2021.

WORLD BANK. *Water & Sanitation PPPs*. Disponível em: https://ppp.worldbank.org/public-private-partnership/sector/water-sanitation/FR. Acesso em: 10 maio 2021.

Informação bibliográfica deste texto, conforme a NBR 6023:2018 da Associação Brasileira de Normas Técnicas (ABNT):

FREITAS, Rafael Véras de; TUROLLA, Frederico. Aspectos regulatórios do "Leilão da Cedae". *In*: GUIMARÃES, Fernando Vernalha (Coord.). *O novo direito do saneamento básico*: estudos sobre o novo marco legal do saneamento básico no Brasil (de acordo com a Lei nº 14.026/2020 e respectiva regulamentação). Belo Horizonte: Fórum, 2022. p. 263-283. ISBN 978-65-5518-299-6.

A CONTRATAÇÃO DIRETA DAS EMPRESAS ESTATAIS PARA A PRESTAÇÃO DE SERVIÇOS DE PRODUÇÃO DE ÁGUA – O CASO CEDAE

FERNANDO VERNALHA GUIMARÃES
FLÁVIO AMARAL GARCIA

1 Nota introdutória

No dia 30.4.2021 foi concluído, com enorme êxito, o leilão de desestatização dos serviços de saneamento no âmbito do estado do Rio de Janeiro. Conforme alinhado com a União, no âmbito do regime de recuperação fiscal, o Estado comprometeu-se a desestatizar o setor de saneamento, delegando algumas atividades então operadas pela Companhia Estadual de Águas e Esgotos (Cedae), empresa estatal estadual que atualmente presta serviços à maioria dos municípios fluminenses.

O Projeto de Desestatização dos Serviços de Água e Esgoto foi elaborado pelo BNDES, com os serviços tendo sido assim segregados: (i) etapa *upstream* (captação, adução e tratamento da água); (ii) etapa *downstream* (serviços de distribuição de água tratada ao usuário final e de coleta e tratamento de esgotos e disposição final de efluentes).

A modelagem concebeu a divisão da área da concessão em 4 (quatro) blocos de municípios, procurando mesclar, em um mesmo bloco, municípios integrantes da região metropolitana[1] e municípios não

---

[1] A Região Metropolitana do Rio de Janeiro foi criada pela Lei Complementar nº 184, de 27.12.2018, que dispõe sobre sua composição, organização e gestão, define as funções

metropolitanos. Observando a diretriz legal da prestação regionalizada, a divisão das áreas foi concebida a partir da racionalidade econômica do subsídio cruzado,[2] com o objetivo de assegurar os investimentos para o cumprimento das metas de universalização, abrangendo, também, os municípios com déficit na prestação dos serviços em razão da insuficiência de recursos arrecadados.

Para os municípios não integrantes da região metropolitana, as duas etapas (*upstream* e *downstream*) foram integralmente delegadas às concessionárias privadas na licitação. Contudo, a modelagem proposta pelo BNDES para a região metropolitana comportou solução distinta: a Cedae continuaria a prestar os serviços no *upstream* às concessionárias que se sagraram vencedoras, mediante a cobrança de tarifa.

A relação jurídica entre Cedae e as concessionárias privadas foi objeto de regulação por contrato, designadamente o contrato de interdependência, figurando a Agência Reguladora de Energia e Saneamento Básico do Estado do Rio de Janeiro (Agenersa) como interveniente. Com a segregação das atividades, faz-se indispensável que os distintos agentes econômicos (públicos ou privados) atuem de modo integrado e em regime de cooperação interdependente, com vistas a assegurar a adequação do serviço, conforme expressamente autorizado pelo §1º do art. 12 da Lei nº 14.026/20.[3]

---

públicas e serviços de interesse comum, cria a autoridade executiva da região metropolitana do Rio de Janeiro e dá outras providências.

[2] Veja-se, sobre o tema dos subsídios cruzados em matéria de saneamento, as pertinentes lições de Camila Gomes Câmara e Vladimir da Rocha França: "Quando diante de áreas metropolitanas, onde há cidades grandes, com capacidade financeira considerável de um lado e cidades menores, com baixa captação de recursos e um número pequeno da população do outro, caso a instalação dos serviços fique a depender dos recursos únicos da cidade pequena, em razão do alto custo para sua execução, a política de saneamento básico seria prontamente barrada, se mostrando inviável. [...] É em razão disso que muitos afirmam tratar-se o subsídio cruzado na Política do saneamento como verdadeiro mecanismo de justiça (o que fora anteriormente questionado) haja vista o atendimento aos princípios traçados pela Lei nº 11.445/2007, como a universalização do acesso, e garantia dos direitos fundamentais à saúde e a um meio ambiente ecologicamente equilibrado, primando pelo equilíbrio financeiro" (CÂMARA, Camila Gomes; FRANÇA, Vladimir da Rocha. O subsídio cruzado na política nacional de saneamento básico como mecanismo de garantia ao desenvolvimento sustentável e aos direitos fundamentais. *In*: CONPEDI; UFPB (Org.). *Direito e sustentabilidade I*. 1. ed. João Pessoa: Conpedi, 2014. v. 1. p. 37-63).

[3] "Art. 12. Nos serviços públicos de saneamento básico em que mais de um prestador execute atividade interdependente com outra, a relação entre elas deverá ser regulada por contrato e haverá entidade única encarregada das funções de regulação e de fiscalização. §1º A entidade de regulação definirá, pelo menos: I - as normas técnicas relativas à qualidade, quantidade e regularidade dos serviços prestados aos usuários e entre os diferentes prestadores envolvidos; II - as normas econômicas e financeiras relativas às tarifas, aos subsídios e aos pagamentos por serviços prestados aos usuários e entre os diferentes prestadores envolvidos; III - a garantia de pagamento de serviços prestados entre os diferentes prestadores dos serviços;

Outro aspecto da modelagem relevante a destacar foi a função e o papel do estado do Rio de Janeiro. Sabendo-se que os titulares do serviço são a região metropolitana e os municípios,[4] a modelagem proposta concebeu uma delegação dos titulares ao estado do Rio de Janeiro para que atuasse na condição de delegatário, o que justificou a celebração de convênios de cooperação com cada um dos entes federados que aderiram ao projeto.

Em linhas bastante gerais, esses são os principais aspectos da modelagem concebida, sendo o objetivo do presente artigo retratar os fundamentos jurídicos que autorizaram, no caso concreto, a contratação direta sem licitação da Cedae pela região metropolitana, representada pelo estado do Rio de Janeiro, para a prestação dos serviços na etapa *upstream* (captação, adução e tratamento da água).

O presente artigo reflete, portanto, a experiência dos seus subscritores na modelagem do referido projeto de desestatização, sendo o primeiro subscritor na qualidade de integrante do consórcio que auxiliou o BNDES na concepção jurídica do projeto[5] e o segundo subscritor na qualidade de advogado público que, juntamente com diversos outros procuradores do estado do Rio de Janeiro e o grupo de trabalho constituído pela Resolução PGE nº 4.610, de 29.9.2020, elaborou pareceres jurídicos para examinar as minutas de edital e de contrato.

Especificamente em relação à viabilidade jurídica da contratação direta da Cedae para os serviços de *upstream*, subsidiaram o entendimento jurídico a nota técnica produzida pelo Vernalha Pereira Advogados, subscrito também por Angelica Petian e Larissa Casares, além do Parecer Conjunto nº 3/2020 – AHWM/HBR/TCA, da lavra dos procuradores do estado Augusto Henrique Pereira de Souza Werneck Martins, Henrique Bastos Rocha e Thiago Cardoso Araújo, cujos argumentos serão adiante compartilhados.

IV - os mecanismos de pagamento de diferenças relativas a inadimplemento dos usuários, perdas comerciais e físicas e outros créditos devidos, quando for o caso; V - o sistema contábil específico para os prestadores que atuem em mais de um Município".

[4] O Supremo Tribunal Federal, no julgamento da ADI nº 1.842/RJ, fixou entendimento no sentido de que a competência para prestação de serviços públicos de saneamento básico é atribuída, pela Constituição, aos municípios, dada a prevalência do interesse local (art. 30, V, CRFB), mas pode, por aglutinação, pertencer a uma região metropolitana (*i.e.*, o colegiado de estado e municípios), caso seja essa, eventualmente, criada por lei complementar estadual, na forma do art. 25, §3º, CRFB (ADI nº 1.842. Rel. Min. Luiz Fux, Rel. p/ acórdão Min. Gilmar Mendes, Tribunal Pleno, j. 6.3.2013).

[5] O consórcio que auxiliou o BNDES teve como participantes o Banco Fator, Concremat Engenharia e Vernalha Pereira Advogados.

2 O fundamento legal da dispensa de licitação e seus contornos jurídicos

Interessa, na sequência, identificar o dispositivo legal no ordenamento jurídico brasileiro que autorizaria eventual dispensa de licitação para contratação direta de empresa estatal para prestação dos serviços de produção de água. Trata-se do §2º do art. 10-A da Lei nº 11.445/07, incluído pela Lei nº 14/026/20. Confira-se:

> *Art. 10-A.* Os contratos relativos à prestação dos serviços públicos de saneamento básico deverão conter, expressamente, sob pena de nulidade, as cláusulas essenciais previstas no *art. 23 da Lei nº 8.987, de 13 de fevereiro de 199 5*, além das seguintes disposições: [...]
>
> §2º As outorgas de recursos hídricos atualmente detidas pelas empresas estaduais poderão ser segregadas ou transferidas da operação a ser concedida, *permitidas a continuidade da prestação do serviço público de produção de água pela empresa detentora da outorga de recursos hídricos e a assinatura de contrato de longo prazo entre esta empresa produtora de água e a empresa operadora da distribuição de água para o usuário final, com objeto de compra e venda de água.* (Grifos nossos)

A redação do §2º do art. 10 da Lei nº 11.445/07, incluído pela Lei nº 14.026/20, evidencia comando normativo bastante claro: para a produção de água é permitida a *continuidade* na prestação do serviço, com a assinatura de contrato de longo prazo entre esta empresa produtora de água e a empresa operadora da distribuição de água para o usuário final.

No que toca à interpretação do §2º do art. 10-A da Lei nº 11.445/2007, o posicionamento adotado pela Procuradoria-Geral do Estado, por ocasião do Parecer Conjunto nº 3/2020 – AHWM/HBR/TCA, pode ser assim sintetizado: (i) a prestação de serviços públicos demanda licitação, a teor do art. 175 da Constituição Federal, mas a utilização do advérbio "sempre" não pode ser interpretada literalmente; (ii) a Lei nº 8.666/93 não é o único diploma legal que disciplina sobre hipóteses de contratação direta; (iii) a norma do §2º do referido art. 10-A encerra hipótese de dispensa de licitação e não um mecanismo de estabilização de situações precárias.

Cabe uma breve revisitação dos consistentes argumentos acima referidos.

A licitação é um instrumento e não um fim em si mesmo. Conforme um dos subscritores já teve a oportunidade de assentar, o próprio art. 37, inc. XXI, da Constituição Federal explicita a regra de que nem sempre a licitação é o único caminho para atender ao interesse público. A essência da contratação direta é a constatação de que o interesse público pode ser atendido por outros meios que não a licitação, que não é um fim em si mesmo, mas um veículo para a concretização de outros valores. A licitação tem caráter relativo e pode ceder perante a concorrência de princípios ou de valores substantivos fundamentais a serem satisfeitos.[6]

O mesmo raciocínio se aplica à interpretação do art. 175 da Constituição Federal. A utilização do advérbio "sempre" não induz que inexista a possibilidade de contratação direta em contratos de concessão. Evidente que, ao contrário do que ocorre com os contratos de desembolso, as hipóteses são raras, mas seria um exagero hermenêutico promover interpretação tão restrita que ignorasse situações fáticas de inviabilidade de competição (inexigibilidade) ou mesmo de novas situações de integração discricionária cogitadas pelo legislador em marcos setoriais (dispensa), como é o caso do referido §2º do art. 10-A da Lei nº 11.445/07, incluído pela Lei nº 14.026/20. A licitação, a despeito de concretizar o valor concorrência e instaurar a competição no mercado, pode ceder, excepcionalmente, em face de outros valores substantivos considerados relevantes pelo legislador.[7]

Na hipótese em exame, não há dúvida de que a Lei nº 14.026/2020 explicitou que o regime de prestação do serviço de saneamento básico é

---

[6] GARCIA, Flávio Amaral. *Licitações e contratos administrativos*. Casos e polêmicas. 5. ed. São Paulo: Malheiros, 2018. p. 286-287.

[7] O tema não é livre de polêmica. Maria Sylvia Zanella Di Pietro, por exemplo, sustenta a inaplicabilidade da figura da dispensa prevista na Lei nº 8.666/93 às concessões de serviço público, enfatizando que, "em contrato como a concessão de serviço público, de natureza extremamente complexa, envolvendo grande número de recursos e bens públicos, e com duração longa para permitir ao concessionário a recuperação dos investimentos, não se justifica a contratação direta, a não ser em casos de inexigibilidade de licitação" (DI PIETRO, Maria Sylvia Zanella. *Parcerias na Administração Pública*. 3. ed. São Paulo: Atlas, 1999. p. 115). Alexandre Santos de Aragão, por sua vez, admite em situações excepcionais e específicas a contratação direta via dispensa de licitação: "Em relação às dispensas, que pressupõem a possibilidade de licitação, por sua própria natureza não se aplicam as hipóteses enumeradas no art. 24 da Lei nº 8.666/1993, salvo nos casos de extrema urgência (art. 24, IV) ou no caso, bastante improvável, de baixo valor econômico do serviço a ser concedido (art. 24, I)" (ARAGÃO, Alexandre Santos de. *Direito dos serviços públicos*. 4. ed. Belo Horizonte: Fórum, 2017. p. 436). Para Marcos Juruena Villela Souto, "o emprego do advérbio 'sempre' no artigo 175 da CF, antes da menção à licitação para a concessão ou permissão de serviço público levou à conclusão precipitada de que não caberia, jamais, a dispensa de licitação. No que se refere à inexigibilidade, não há todavia, o que se questionar. Sendo impossível a competição, aplica-se o caput do artigo 25, da Lei nº 8.666/93, que, repita-se, é adotada subsidiariamente aos institutos da concessão e permissão. A hipótese é fática, e a lei simplesmente reconhece a realidade. [...]. Existem, ainda, outros casos específicos de dispensa arrolados na própria Lei nº 8.987/95, artigo 27, e na Lei nº 9.074195, razão pela qual não se pode interpretar que este instituto é incompatível com os contratos de concessão de serviço público; [...]" (SOUTO, Marcos Juruena Villela. *Desestatização*. Privatização, concessões e terceirizações. 3. ed. Rio de Janeiro: Lumen Juris, 2000. p. 104-105).

o das concessões e permissões em geral, estando sujeito, por evidente, à disposição do art. 175 da Constituição, a teor do que dispõe o seu art. 10 da Lei nº 11.445/2007, quando prescreve:

> a prestação dos serviços públicos de saneamento básico por entidade que não integre a administração do titular depende da celebração de contrato de concessão, mediante prévia licitação, nos termos do art. 175 da Constituição Federal, vedada a sua disciplina mediante contrato de programa, convênio, termo de parceria ou outros instrumentos de natureza precária.

Entretanto, foi o mesmo diploma legal que optou por conferir ao administrador a opção discricionária por afastar a licitação no caso dos serviços de produção de água para a estatal prestadora que detenha a outorga dos recursos hídricos, a teor da cristalina redação do §2º do art. 10-A. Que fique claro: não é impositiva a licitação ou a contratação direta. Confere-se espaço discricionário para decisão administrativa à luz da realidade fática que se apresenta em cada situação concreta.

Note-se bem que hipóteses de dispensa de licitação encerram normas gerais de licitação e, portanto, somente podem ser editadas pela União, a teor do disposto no art. 22, XXVII, o que, na hipótese, é plenamente atendido em razão da natureza da Lei nº 14.026/20.

O que é absurdo é considerar que apenas a Lei nº 8.666/93 poderia disciplinar sobre hipóteses de contratação direta, concentrando em um único diploma legal as exceções ao dever geral de licitar. Não é assim que se passa na prática.

Dois exemplos ilustram bem o que ora se afirma. É o que ocorre com a Lei nº 13.979/2020, que no seu art. 4º dispensou a licitação para a aquisição de bens, serviços e insumos de saúde destinados ao enfrentamento da pandemia decorrente da Covid-19, assim como a hipótese de dispensa incluída pela Lei nº 13.097/15, que, alterando a Lei nº 12.850/13 (que define organização criminosa e dispõe sobre a investigação criminal e os meios de obtenção de prova), autorizou a dispensa de licitação para contratação de serviços técnicos especializados, aquisição ou locação de equipamentos destinados à polícia judiciária para o rastreamento e obtenção de provas.

Precisaria o legislador ter sido expresso em afastar a licitação ou poderia se depreender essa hipótese de modo implícito a partir da leitura do §2º do art. 10-A da Lei nº 14.026/20? A rigor, o legislador é explícito em afastar a licitação, como nas situações acima narradas, o que tem sido a regra no ordenamento jurídico brasileiro. Não se vislumbra óbice, contudo, que por meio de uma interpretação finalística[8] do referido dispositivo legal se alcance a conclusão de que o legislador conferiu espaços de discrição administrativa para opções legítimas entre licitar e contratar diretamente a produção de água.

Nas palavras dos pareceristas por ocasião da prolação do Parecer Conjunto nº 3/2020 – AHWM/HBR/TCA:

> Assentadas as premissas, resta definir a mens legis do art. 10-A, §2º da Lei 11445/2007. Numa primeira leitura seria de se imaginar que a hipótese ventilada não é uma de dispensa de licitação, mas apenas um mecanismo de estabilização de situações precárias relativamente à prestação do serviço de saneamento básico por empresas estatais estaduais. O legislador, reconhecendo a impossibilidade de se reorganizar de imediato o setor, dado o conjunto de situações jurídicas atualmente existentes – como, por exemplo, os aludidos contratos de programa –, optou por uma espécie de regra de transição, permitindo a manutenção das outorgas de produção de água atualmente existentes. Trata-se de, num primeiro momento, preservar a continuidade do serviço para, em seguida, partir-se para a plena assimilação dessa atividade ao regime de concessões e permissões da Lei nº 8.987/1995.
>
> Entretanto, a leitura mais condizente, não somente com a intenção do legislador, mas com a própria redação do dispositivo, é que se está realmente diante de uma hipótese de contratação direta por dispensa de licitação.
>
> Uma leitura cuidadosa do texto mostra que o legislador, no dispositivo em questão, não trata propriamente de contratos de programa, mas sim do próprio serviço público de produção de água. *Assim, o legislador de fato criou uma faculdade para o respectivo Poder Concedente – que, repise-se, não é o Estado do Rio de Janeiro, mas a RMRJ e os respectivos Municípios - no sentido de permitir a esse último optar por dar continuidade à outorga de serviço público de produção de água atualmente existente em favor da CEDAE.*

---

[8] Confira-se os ensinamentos de Tércio Sampaio Ferraz Jr. quanto a este método de intepetação: "A interpretação teleológica-axiológica ativa a participação do intérprete na configuração do sentido. Seu movimento interpretativo, inversamente da interpretação sistemática que também postula uma cabal e coerente unidade do sistema, parte das consequências avaliadas das normas e retorna para o interior do sistema. É como se o interprete tentasse fazer com que o legislador fosse capaz de mover suas próprias previsões, pois, as decisões dos conflitos parecem basear-se nas previsões de suas próprias consequências. Assim, entende-se que, não importa a norma, ela há de ter, para o hermeneuta, sempre um objetivo que tem para controlar até as consequências da previsão legal (a lei sempre visa os fins sociais do direito às exigências do bem comum, ainda que, de fato, possa parecer que elas não estejam sendo atendidos)" (FERRAZ JÚNIOR, Tércio Sampaio. *Introdução ao estudo do direito*: técnica, decisão, dominação. 6. ed. São Paulo: Atlas, 2008. p. 266-267).

É o serviço público de produção de água que está em jogo aqui, e não apenas e tão somente a relação jurídica contratual entre a CEDAE e o Estado do Rio de Janeiro. *E a opção legislativa, tal como se pode perceber do dispositivo, foi no sentido de permitir ao Poder Concedente contratar diretamente a prestação do serviço público de produção de água com a CEDAE – ou qualquer outra estatal detentora da outorga –, apenas exigindo a formalização dessa relação por meio de um instrumento adequado que, na espécie, é o contrato de produção de água.* (Grifos do original)

Evidente que a simples autorização cogitada no §2º do art. 10-A da Lei nº 14.026/20 não permite que o administrador promova contratações diretas sem justificativas técnicas e adequadas à realidade de cada situação concreta e despidas de qualquer motivação quanto ao preço. Como ocorre em qualquer contratação direta – talvez aqui ainda como maior ônus argumentativo – o afastamento da licitação deverá estar embasado em sólidas justificativas técnicas, políticas, econômicas e sociais que sinalizem que essa é a opção que melhor atende a valores substantivos que não necessariamente estarão concentrados na realização de licitação pública para a etapa de *upstream*.

Como se pretende demonstrar no item que se segue, essa interpretação não é dissonante ou contrária aos objetivos da Lei nº 11.445/2007, com a versão que lhe foi dada pela Lei nº 14.026/2020 como, a princípio, poderia parecer.

3 A interpretação do §2º do art. 10-A da Lei nº 11.445/2007

Como notório, uma das normas centrais veiculadas pelo novo marco legal do saneamento básico está no art. 10 da Lei nº 11.445/2007, que estabelece a exigência de que a prestação deste serviço por entidade não integrante da administração do titular seja precedida de *licitação pública* e da celebração de *contrato de concessão*.

O advento desta exigência legal põe em xeque o desenho jurídico-institucional que prevaleceu até aqui para prestação do serviço de saneamento. Atualmente, as empresas estaduais operam o serviço no âmbito da gestão associada estabelecida entre os estados e os seus titulares, a partir de contratos de programa celebrados com estes sem licitação. A nova regra excepciona a norma do art. 24, VIII, da Lei nº

8.666/93, no que se refere ao serviço de saneamento básico, exigindo que estes serviços sejam contratados apenas por meio de licitação.[9] A mesma Lei nº 11.445/2007, contudo, nos termos do novo dispositivo do §2º do art. 10-A, incluído pela Lei nº 14.026/2020, expressamente admite que as companhias estaduais detentoras da outorga de recursos hídricos possam continuar a prestar os serviços de produção de água, assim como estabelecer com a concessionária de distribuição de água contrato de longo prazo para a sua compra e venda. O objetivo do legislador foi admitir que as companhias estaduais que atualmente prestam este serviço no contexto da gestão associada possam continuar a fazê-lo, com vistas a fornecer água para os sistemas de distribuição operados por concessionárias privadas.

A norma do art. do §2º do art. 10-A da Lei nº 11.445/2007 contém três comandos bem definidos: (i) a possibilidade de segregação ou transferência das outorgas de recursos hídricos atualmente detidas pelas empresas estaduais da operação de distribuição de água a ser concedida; (ii) a permissão para a continuidade da prestação do serviço público de produção de água pela empresa detentora da outorga de recurso hídrico; (iii) a permissão para a assinatura de contrato de longo prazo entre a empresa detentora da outorga do recurso hídrico produtora de água e a empresa operadora da distribuição de água para o usuário final, com objeto de compra e venda de água.

O comando (i) pretende conferir flexibilidade à modelagem da concessão do serviço de saneamento. Infere-se que a lei facultou que as outorgas de recursos hídricos sejam concedidas separadamente dos serviços que serão objeto da concessão. O comando (ii) autoriza que, uma vez segregadas as outorgas, o serviço público de produção de água possa continuar a ser prestado pela empresa detentora da outorga de recursos hídricos. O comando (iii) é nitidamente complementar aos comandos (i) e (ii).

Assim a norma parece abarcar três possíveis alternativas para a produção da água: (i) conceder a outorga de recursos hídricos em conjunto com o objeto de desestatização do serviço; (ii) segregar a outorga e delegar a etapa da produção de água a um terceiro; (iii) segregar a outorga, mantendo-a com a empresa estadual que a detém

---

[9] A Lei nº 14.026/2020 também inseriu o §8º no art. 13 da Lei nº 11.107/2005: "Os contratos de prestação de serviços públicos de saneamento básico deverão observar o art. 175 da Constituição Federal, vedada a formalização de novos contratos de programa para esse fim".

e permitindo a continuidade da prestação do serviço de produção de água pela referida empresa.

No caso de se optar pelas duas primeiras alternativas, estar-se-á diante da regra geral prevista no art. 10 da Lei nº 11.445/2007, a saber, a obrigatoriedade de licitar. Caso se decida pela segregação da outorga com a manutenção de sua titularidade pela empresa estadual que a detém, permitindo-se a continuidade da prestação do serviço de produção de água, entendemos que se estará diante de uma exceção à regra geral, sendo essa a hipótese passível de gerar maior controvérsia e sobre a qual nos dedicamos neste trabalho.

Observe-se que o dispositivo não é exato ou expresso quanto ao alcance da *permissão* de continuidade da prestação do serviço público de produção de água pela empresa detentora da outorga de recursos, dando ensejo a duas leituras alternativas.

A primeira leitura consistira em supor que a função deste comando estaria limitada a assegurar a possibilidade de manutenção da prestação daquele serviço dentro das condições de prazo e operacionais estabelecidas nos respectivos contratos de programa vigentes. Sob esta linha de interpretação, a expressão "continuidade" referida pela norma seria alusiva à *manutenção da vigência* dos atuais contratos de programa, a despeito da possibilidade de segregação e transferência das atividades de distribuição de água a um novo operador.

A segunda leitura traduziria um alcance mais abrangente para a norma, supondo que aquele comando estaria permitindo a continuidade da prestação do serviço, independentemente dos limites de vigência dos atuais contratos de programa. *Continuidade*, aqui, não é a continuidade dos contratos de programa em si, mas da prestação do serviço de produção de água, por meio de instrumentos de gestão associada e a partir de contratação direta a ser estabelecida entre o titular do serviço, ou quem os represente, e a companhia estadual detentora do recurso hídrico.

Parece-nos que a segunda interpretação é a que a corresponde à *mens legis* do §2º do art. 10-A da Lei nº 11.445/2007. Isso porque a primeira leitura acabaria por retirar completamente a utilidade da norma, uma vez que a possibilidade da continuidade dos atuais contratos de programa, ainda que com a redução do objeto para limitá-lo à prestação dos serviços de produção de água, assim como o estabelecimento do contrato de longo prazo entre a companhia produtora de água e a concessionária distribuidora, são situações já admitidas pelo direito. Entender que a função daquela norma seja apenas a de declarar a sua correspondência com o direito seria presumir a sua inutilidade.

O respeito à vigência dos contratos de programa em execução quando da entrada em vigor da Lei nº 14.026/2020 deriva, primeiramente, da própria teoria do ato jurídico perfeito. É sabido que o ato jurídico já consumado não pode ser atingido pela modificação superveniente da legislação (art. 6º, §1º, LINDB – Decreto-Lei nº 4.657/1942). Embora se possa admitir a suscetibilidade dos contratos de programa regularmente constituídos à incidência de certas normas trazidas com a Lei nº 14.026/2020, sua vigência está preservada em função de serem atos jurídicos perfeitos, consumados sob a égide da legislação anterior.

Mas o fato é que a própria Lei nº 14.026/2020, ao introduzir novas regras no conteúdo da Lei nº 11.445/2007, cuidou de dispor sobre a preservação da manutenção dos contratos de programa vigentes. A despeito de o *caput* do art. 10 da Lei nº 11.445/2007 vedar a prestação de serviços de saneamento por meio de contrato de programa, o seu §3º expressamente prevê que "os contratos de programa regulares vigentes permanecem em vigor até o advento do seu termo contratual".

Em termos objetivos: a manutenção dos atuais contratos de programa é não apenas uma situação protegida pela teoria do ato jurídico perfeito, mas expressamente resguardada pela norma do §3º do *caput* do art. 10. Não faria sentido, então, presumir que a função primordial da norma do §2º do art. 10-A da Lei nº 11.445/2007 fosse preservar a vigência dos contratos de programa até o seu termo contratual. Afinal, outra norma da mesma lei já o prescreve explicitamente.

Quanto aos demais comandos, são hipóteses também já admitidas pelo direito, que não dependeriam de autorização ou de permissão pela nova lei para serem consideradas situações válidas ou regulares.

Veja-se que a segregação em si dos serviços de produção de água dos demais serviços de saneamento, para fins de serem desempenhados por operadores distintos, é perfeitamente admitida pela legislação e pelo direito. Aliás, e supondo-se que a norma do §2º do art. 10-A estivesse apenas assegurando a continuidade de vigência dos atuais contratos de programa, a previsão acerca de sua "segregação" dos serviços a serem concedidos seria absolutamente inútil, por ser uma decorrência lógica da preservação da vigência dos contratos de programa. Se o contrato de programa pode continuar vigente em relação à integralidade de seu objeto, pode, por óbvio, continuar vigente apenas no que diz com as atividades de produção de água. Vale, aqui, a máxima de que quem pode o mais pode o menos.

Da mesma forma, a celebração de um contrato de longo prazo de compra e venda de água entre o produtor e o distribuidor do insumo, neste contexto, é uma hipótese que não necessitaria da permissão do §2º do art. 10-A para ser válida. Ou seja: fosse aquele o sentido da norma do §2º do art. 10-A, as *permissões* para a prática destes atos seriam supérfluas e ociosas. Não constituiriam nenhum direito que já não estivessem reconhecidos pelo ordenamento jurídico. Seria uma norma destituída de utilidade.

Daí que esta interpretação esbarra na advertência de princípio hermenêutico fundamental cujo conteúdo normativo impede que se presuma o caráter supérfluo ou inútil das palavras da lei. No dizer de Carlos Maximiliano: "presume-se que a lei não contenha palavras supérfluas; devem ser todas entendidas como escritas adrede para influir no sentido da frase respectiva".[10]

No rigor do exame, a exatidão de algumas de suas indicações terminológicas e gramaticais do §2º do art. 10-A não deve ser desprezada pelo intérprete. Percebe-se a utilização de três indicações terminológicas que respaldam a interpretação ampliativa de que a norma estaria permitindo a continuidade da prestação dos serviços de produção de água, independentemente dos limites de prazo dos atuais contratos de programa, por meio de instrumentos de gestão associada e a partir de contratação direta a ser estabelecida entre o titular do serviço, ou quem os represente, e a companhia estadual detentora do recurso hídrico.

A primeira é a de que o dispositivo permite a continuidade da *prestação do serviço de produção de água* e não propriamente a continuidade da vigência dos *contratos de programa vigentes* – até porque, como já dito, a continuidade da vigência de contratos de programa vigentes (até o seu termo) já está autorizada por outra norma da mesma lei. A alusão à continuidade da *prestação do serviço de produção de água* oferece uma conotação mais específica do que a continuidade da relação jurídica do contrato de programa em si.

Reforça essa orientação o fato de que tanto o art. 10 da Lei nº 11.445/2007, quanto o art. 13, §8º, da Lei nº 11.107/2005, que prescrevem a obrigatoriedade de licitação, utilizam a expressão "serviços públicos de saneamento básico", enquanto que no §2º do art. 10-A o legislador

---

[10] MAXIMILIANO, Carlos. *Hermenêutica e aplicação do direito*. 19. ed. Rio de Janeiro: Forense, 2001. p. 91. O autor ainda elucida: "As expressões do Direito interpretam-se de modo que não resultem frases sem significação real, vocábulos supérfluos, ociosos, inúteis. Pode uma palavra ter mais de um sentido e ser apurado o adaptável à espécie, por meio de exame do contexto ou por outro processo; porém a verdade é que sempre se deve atribuir a cada uma a sua razão de ser, o seu papel, o seu significado, a sua contribuição para precisar o alcance da regra positiva. [...]. Dá-se valor a todos os vocábulos e, principalmente, a todas as frases, para achar o verdadeiro sentido de um texto; porque deve ser entendido de modo que tenham efeito todas as suas provisões, nenhuma parte resulte inoperativamente ou supérflua, nula ou sem significação alguma" (p. 204).

empregou a expressão distinta e mais específica "serviço público de produção de água". Desse modo, aludir à continuidade da prestação do serviço não é o mesmo que aludir à continuidade da vigência do contrato de programa, bem como serviço público de saneamento básico não é sinônimo de serviço público de produção de água. A utilização de locução com sentido mais específico não deve ser desconsiderada pelo intérprete, neste particular.

A segunda é a alusão à *segregação* ou *transferência* dos serviços de produção de água da *operação a ser concedida*. Ao que se infere, o contexto pressuposto pela norma é o do momento da delegação de um serviço de saneamento por meio de concessão, quando os contratos de programa já estão extintos. E é sob este contexto da concessão da operação, por meio de licitação, que a norma permite a *segregação* ou a *transferência* das *outorgas detidas pelas empresas estaduais*, bem como a *continuidade da prestação do serviço* exclusivamente quanto à produção da água.

Logo, ao pressupor o contexto da concessão dos serviços de saneamento (mediante processo de licitação), a norma permite que as outorgas detidas pelas empresas estaduais possam ser segregadas para o fim de que continuem a prestar (à margem da licitação, portanto) o serviço de produção de água. Não fosse para autorizar a contratação direta dos serviços de produção de água, não faria sentido que a norma autorizasse a segregação destes serviços e a continuidade de sua prestação pela empresa *estadual* detentora da outorga do recurso hídrico.

Outra indicação da norma – a terceira – que concorre para a mesma conclusão é a alusão à permissão para a celebração de *contrato de longo prazo* entre a empresa produtora e a empresa distribuidora de água. Ao referir ao prazo longo desta contratação, a norma deixa claro se tratar de uma relação jurídica de longevidade compatível à relação jurídica da concessão. Isso sugere que o contrato de compra e venda de água tenha prazo compatível com o do contrato de concessão de distribuição de água, por serem contratos conexos.

Esta conclusão também desmerece a interpretação restritiva referida acima, pois se a função da norma fosse apenas dispor sobre a preservação da vigência dos contratos de programa, cujo prazo residual é descoincidente com os prazos da concessão de distribuição e presumidamente mais curto do que este, não faria sentido algum a permissão à celebração de contrato de longo prazo entre a empresa encarregada da produção e aquela encarregada da distribuição da água.

Por isso tudo, parece que, relativamente aos serviços de produção de água, o §2º cria a possibilidade de excepcionar o dever de licitar imposto pelo *caput* do art. 10 à contratação dos demais serviços de saneamento. Significa uma norma especial em relação àquela. Ao permitir a continuidade do serviço de produção de água pelas *empresas estaduais detentoras da outorga de recursos hídricos*, a norma nitidamente afasta da exigência de licitar imposta pelo *caput* do art. 10 os serviços de produção de água que vinham sendo prestados por estas companhias no contexto da gestão associada estabelecida entre o seu controlador e os titulares do serviço.

4 Breves conclusões

Das ponderações acima, é possível alcançar as seguintes conclusões:

(i) O comando da norma do art. 175 da Constituição não proscreve a possibilidade de contratação direta para a delegação da prestação do serviço público. A utilização do advérbio "sempre" pelo texto da norma não induz que inexista a possibilidade de contratação direta em contratos de concessão. Seria um exagero hermenêutico promover interpretação tão restrita que ignorasse situações fáticas de inviabilidade de competição (inexigibilidade) ou mesmo de novas situações de integração discricionária cogitadas pelo legislador em marcos setoriais (dispensa). A licitação, a despeito de concretizar o valor concorrência e instaurar a competição no mercado, pode ceder, excepcionalmente, em face de outros valores substantivos considerados relevantes pelo legislador.

(ii) A norma do §2º do art. 10-A da Lei nº 11.445/2007 encerra uma hipótese de dispensa de licitação, permitindo que as companhias estaduais detentoras da outorga do recurso hídrico sejam contratadas pelos titulares (ou por quem os represente) para viabilizar a continuidade da prestação dos serviços de produção de água, podendo estabelecer com a concessionária de distribuição de água contrato de longo prazo para a sua comercialização. O objetivo do legislador foi admitir que as companhias estaduais que atualmente prestam este serviço no contexto da gestão associada possam continuar a fazê-lo, com vistas a fornecer água para os sistemas de distribuição operados por concessionárias privadas.

(iii) Essa norma contém três comandos bem definidos: (i) a possibilidade de segregação ou transferência das outorgas de recursos hídricos atualmente detidas pelas empresas estaduais da operação de distribuição de água a ser concedida; (ii) a permissão para a continuidade da prestação do serviço público de produção de água pela empresa detentora da outorga de recurso hídrico; (iii) a permissão para a assinatura de contrato de longo prazo entre a empresa detentora da outorga do recurso hídrico produtora de água e a empresa operadora da distribuição de água para o usuário final, com objeto de compra e venda de água.

(iv) Sob o princípio hermenêutico que desaconselha a presunção da ociosidade dos termos utilizados pela norma, conclui-se que a interpretação que deve prevalecer para o comando (ii) é a que lhe atribui um sentido mais abrangente, admitindo a continuidade da prestação do serviço, independentemente dos limites de vigência dos atuais contratos de programa. O objeto da norma não é a estabilização de situações precárias ou a preservação dos contratos vigentes, mas a instituição de hipótese de dispensa de licitação. A *continuidade* referida no texto do dispositivo não é atinente à vigência dos contratos de programa em si, mas à prestação do serviço de produção de água, por meio de instrumentos de gestão associada e a partir de contratação direta a ser estabelecida entre o titular do serviço, ou quem os represente, e a companhia estadual detentora do recurso hídrico.

(v) Assim, o §2º do art. 10-A da Lei nº 11.445/2007 se constitui numa regra de exceção (norma especial) em relação à regra veiculada pela norma do *caput* do art. 10 da mesma lei (norma geral), que impõe o dever de licitar à contratação dos serviços de saneamento em geral. Ela afasta a obrigatoriedade do dever de licitar à contratação dos serviços de produção de água que vinham sendo prestados pelas companhias estaduais no contexto da gestão associada estabelecida entre o seu controlador e os titulares do serviço.

Informação bibliográfica deste texto, conforme a NBR 6023:2018 da Associação Brasileira de Normas Técnicas (ABNT):

GUIMARÃES, Fernando Vernalha; GARCIA, Flávio Amaral. A contratação direta das empresas estatais para a prestação de serviços de produção de água – O caso Cedae. *In*: GUIMARÃES, Fernando Vernalha (Coord.). *O novo direito do saneamento básico*: estudos sobre o novo marco legal do saneamento básico no Brasil (de acordo com a Lei nº 14.026/2020 e respectiva regulamentação). Belo Horizonte: Fórum, 2022. p. 285-300. ISBN 978-65-5518-299-6.

SOBRE OS AUTORES

Adilson Abreu Dallari
Professor Titular de Direito Administrativo pela Faculdade de Direito da PUC-SP. Membro do Conselho Científico da Sociedade Brasileira de Direito Público – SBDP. Membro do Conselho Superior de Assuntos Jurídicos e Legislativos – Conjur, da FIESP. Membro do Núcleo de Altos Temas – NAT, do Secovi. Membro do Conselho Superior de Direito da Fecomércio. Membro do Conselho Consultivo da Associação Brasileira de Direito Administrativo e Econômico – Abradade. Membro do Conselho Superior de Orientação do Instituto Brasileiro de Estudos de Direito Administrativo, Financeiro e Tributário – IBEDAFT. Membro do Instituto dos Advogados de São Paulo (IASP). Consultor jurídico.

Alexandre Santos de Aragão
Professor Titular de Direito Administrativo da UERJ. Doutor em Direito do Estado pela USP. Mestre em Direito Público pela UERJ. Procurador do Estado. Árbitro. Advogado.

André Luiz Freire
Professor da Faculdade de Direito da PUC-SP. Pós-Doutor em Direitos Humanos e Democracia pelo Ius Gentium Conimbrigae da Universidade de Coimbra. Doutor (S.J.D.) em Filosofia do Direito e LL.M. (Master of Laws) pela Universidade de Virgina (EUA). Doutor e Mestre em Direito Administrativo pela PUC-SP. Advogado. Sócio do Mattos Filho Advogados.

Angélica Petian
Pós-Doutora em Direito pela USP. Professora de Direito Administrativo. Advogada. *Head* da área de Infraestrutura e Projetos do Vernalha Pereira.

Bernardo Strobel Guimarães
Mestre e Doutor em Direito do Estado pela FADUSP. Professor da PUCPR. Advogado.

Cesar Pereira
Doutor em Direito Administrativo pela PUC-SP. FCIArb. Advogado. Sócio de Justen, Pereira, Oliveira e Talamini.

Daniela Sandoval
Vice-Presidente de Assuntos Corporativos e Regulação da BRK Ambiental. Vice-Presidente da ABCON. Membro do Conselho de Orientação de Saneamento Básico (COSB) da ARSESP. Membro do Conselho Consultivo da ABDIB.

Formação em Direito pela Universidade de São Paulo. LL.M pela New York University. CORe (Credential of Readiness) em Administração pela HBX – Harvard Business School.

Egon Bockmann Moreira
Doutor em Direito pela UFPR. Professor de Direito Econômico da Faculdade de Direito da UFPR. Foi Professor visitante nos programas de Pós-Graduação das Faculdades de Direito de Lisboa, USP e FGV-RJ. Advogado. Árbitro.

Fernando Vernalha Guimarães
Doutor e Mestre em Direito do Estado pela UFPR. Foi Visiting Scholar na Columbia University School of Law, Estados Unidos da América, em 2017. Professor de Direito Administrativo convidado de instituições diversas. Autor de livros e artigos na área de Direito Público. Advogado.

Flávio Amaral Garcia
Doutor em Direito Público pela Universidade de Coimbra. Professor de Direito Administrativo da FGV/RJ. Procurador do Estado do Rio de Janeiro.

Frederico Turolla
Doutor e Mestre em Economia de Empresas pela Fundação Getúlio Vargas – SP (2005, 1999), com intercâmbio em International Economics and Finance pela Brandeis University.

Guilherme Jardim Jurksaitis
Professor da FGV Direito SP (FGV Law). Doutor e Mestre em Direito Administrativo pela USP. LL.M. pela University of Sussex, Inglaterra (Chevening Scholar, FCO-UK). Assessor Técnico-Procurador no Tribunal de Contas do Estado de São Paulo.

Gustavo Kaercher Loureiro
Pós-Doutor pela Universidade de Turim (IT). Doutor em Direito pela UFRGS. Foi Professor da UnB e da FGV-RJ. Pesquisador do Centro de Estudos em Regulação e Infraestrutura da FGV. Advogado.

Rafael Daudt D'Oliveira
Doutorando em Direito Público e Mestre em Direito Ambiental e Urbanístico pela Universidade de Coimbra, Portugal. Professor de Direito Ambiental da PUC-Rio. Professor de Direito Ambiental e Coordenador do módulo de Direito Ambiental da Pós-Graduação da Esap – Escola Superior da Advocacia Pública. Ex-Conselheiro do Conama e do Conema – RJ. Ex-Procurador-Chefe do Instituto Estadual do Ambiente – RJ. Procurador do Estado do Rio de Janeiro. Procurador Adido ao Gabinete do Procurador-Geral do Estado para assuntos de Patrimônio e Meio Ambiente. Sócio do Escritório Daudt Advogados. Autor do livro *A simplificação no direito administrativo e ambiental*. Autor de diversas publicações sobre Direito Ambiental no Brasil e na Europa.

SOBRE OS AUTORES | 303

Rafael Hamze Issa
Doutor e Mestre em Direito Administrativo pela USP. Pesquisador visitante na Université Paris II – Panthéon-Assas. Assessor técnico no Tribunal de Contas do Estado de São Paulo.

Rafael Véras de Freitas
Professor do LL.M em Infraestrutura da FGV Direito Rio. Doutorando e Mestre em Direito da Regulação pela Fundação Getúlio Vargas - FGV/RJ.

Sergio Ferraz
Advogado. Consultor. Professor livre-docente da Universidade Federal do Rio de Janeiro.

Thaís Rey Grandizoli
Graduada em Direito pela Pontifícia Universidade Católica de São Paulo. Pós-Graduada em Direito Administrativo pela FGVlaw. Mestre em Direito dos Negócios pela Escola de Direito da Fundação Getúlio Vargas de São Paulo. Advogada especialista em Regulação na BRK Ambiental.

Vera Monteiro
Professora da FGV Direito SP e da Sociedade Brasileira de Direito Público – sbdp. Doutora em Direito pela USP. Mestre em Direito pela PUC-SP.

Esta obra foi composta em fonte Palatino Linotype, corpo 10
e impressa em papel Pólen Bold 70g (miolo) e Supremo 250g (capa)
pela Gráfica Paulinelli.